Tobias Leenaert
Der Weg zur veganen Welt

D1996677

Human-Animal Studies | Band 23

Tobias Leenaert, Redner, Trainer und Stratege, ist Mitgründer von »ProVeg International«, einer Organisation für bewusste Ernährung, die sich mit dem Ziel, den Tierverbrauch bis 2040 um 50% zu senken, für einen Wandel im globalen Ernährungssystem einsetzt, sowie Mitgründer des Center for Effective Vegan Advocacy (CEVA). Leidenschaftlich an Wirksamkeit interessiert, schreibt er regelmäßig für seinen Blog »The Vegan Strategist«.

Tobias Leenaert

Der Weg zur veganen Welt

Ein pragmatischer Leitfaden

Mit einem Vorwort von Sebastian Joy

Mit Illustrationen von Amy Hall-Bailey

Aus dem Englischen von Dennis Schmidt und Leandra Thiele

[transcript]

First published as
How to Create a Vegan World. A Pragmatic Approach
© Tobias Leenaert, 2017
published by Lantern Books, 128 Second Place, Garden Suite, Brooklyn, NY 11231-4102, USA

Diese Übersetzung wurde gefördert und inhaltlich begleitet von ProVeg International – einer international tätigen gemeinnützigen Organisation, die es sich zum Ziel gesetzt hat, das globale Ernährungssystem nachhaltiger, gerechter und tierfreundlicher zu gestalten, indem tierische Nahrungsmittel durch pflanzliche und zellkultivierte Alernativen ersetzt werden. Die Arbeit von ProVeg ist nachhaltig auch durch die Ideen von Tobias Leenaert beeinflusst.

Bibliografische Information der Deutschen Nationalbibliothek
Die Deutsche Nationalbibliothek verzeichnet diese Publikation in der Deutschen Nationalbibliografie; detaillierte bibliografische Daten sind im Internet über http://dnb.d-nb.de abrufbar.

© 2022 transcript Verlag, Bielefeld

Alle Rechte vorbehalten. Die Verwertung der Texte und Bilder ist ohne Zustimmung des Verlages urheberrechtswidrig und strafbar. Das gilt auch für Vervielfältigungen, Übersetzungen, Mikroverfilmungen und für die Verarbeitung mit elektronischen Systemen.

Umschlaggestaltung: Maria Arndt, Bielefeld
Korrektorat: Jonas Geske, Bielefeld
Satz: Francisco Bragança, Bielefeld
Druck: Friedrich Pustet GmbH & Co. KG, Regensburg
Print-ISBN 978-3-8376-5161-4
PDF-ISBN 978-3-8394-5161-8
EPUB-ISBN 978-3-7328-5161-4
https://doi.org/10.14361/9783839451618
Buchreihen-ISSN: 2702-945X
Buchreihen-eISSN: 2702-9468

Gedruckt auf alterungsbeständigem Papier mit chlorfrei gebleichtem Zellstoff.
Besuchen Sie uns im Internet: *https://www.transcript-verlag.de*
Unsere aktuelle Vorschau finden Sie unter *www.transcript-verlag.de/vorschau-download*

Stimmen zum Buch

»Der Weg zur veganen Welt« ist eine Pflichtlektüre für alle, die ihre Wirkung maximieren möchten, um die Welt zu einem besseren Ort für Tiere zu machen. Tobias Leenaert verbindet eine Fülle von Forschungsergebnissen mit seinen eigenen umfangreichen Erfahrungen als Veganer, um klare Argumente und praktische Tipps für ein effektives Engagement für die Sache zu geben. Ich empfehle dieses Buch sehr! – ***Dr. Melanie Joy,*** *Autorin von Warum wir Hunde lieben, Schweine essen und Kühe anziehen; Gründerin von Beyond Carnism, Mitgründerin von Center for Effective Vegan Advocacy (CEVA)*

Tobias Leenaert liefert ein sehr überzeugendes Argument dafür, warum der Fokus auf Nahrungsmittel ein wesentlicher Teil des strategischen Werkzeugkastens der Tierschutzbewegung sein sollte. Ein erfrischendes, überzeugendes und letztlich sehr positives Buch, das alle lesen sollten, die Tieren helfen wollen. – ***Bruce Friedrich,*** *geschäftsführender Direktor, Good Food Institute*

Tobias' Pragmatismus in diesem Buch ist erfrischend. Jeder Ansatz, der zu einer Reduzierung des Ressourcenverbrauchs, Treibhausgasemissionen und Tierleid führt, sollte verfolgt werden. Um Tobias' Argumente in diesem Buch zu veranschaulichen: Meine persönliche Bereitschaft, als ein gewohnheitsmäßiger Fleischesser Vegetarier oder Veganer zu werden, wird durch das Essen in einem spektakulären veganen Restaurant, die Tatsache, dass ich eine vegetarische Tochter habe, und die Begegnung mit vernünftigen Menschen wie Tobias mehr gefördert als durch meine beruflichen Bemühungen oder einen erhobenen Zeigefinger. – ***Mark Post,*** *Pionier in der Zellkultivierung von Fleisch, Mosa Meat*

»Der Weg zur veganen Welt« liefert einige nicht immer leichte Wahrheiten über unsere Wirksamkeit als Menschen, die sich für die Sache der Tiere einsetzen. Es ist ein Denkanstoß vom Feinsten – und eine Pflichtlektüre für alle pragmatischen Aktivisten, die nach evidenzbasierter Forschung und bewährten Strategien suchen. – ***Matthew Glover,*** *Mitbegründer, Veganuary, CEO, Vegan Fried Chicken*

Dieses Buch enthält viele der Ideen, von denen ich wünschte, ich hätte sie gleich gehabt, als ich 2005 vegan wurde. Es hätte mich und andere vor unzähligen fruchtlosen Diskussionen bewahrt. Sehr empfehlenswert für jeden vegan lebenden Menschen, der etwas bewegen will! – ***Mahi Klosterhalfen**, CEO und Präsident, Albert Schweitzer Stiftung*

»Der Weg zur veganen Welt« ist ein spannender Leitfaden für alle Menschen, die mehr über den Zusammenhang zwischen unserem tierlastigen Ernährungssystem und zahlreichen drängenden Problemen verstehen wollen – und die vor allem nach pragmatischen Lösungen suchen, die wirklich funktionieren. Ein absolutes Muss für alle, die etwas bewegen wollen – für die Tiere, das Klima und uns alle. – ***Ria Rehberg**, CEO, Veganuary*

Pflanzliche Ernährung hat sich längst zum Mainstream-Phänomen entwickelt, und die Menschen suchen zunehmend nach ethischen und nachhaltigen Alternativen zum Konsum von Tierprodukten. »Der Weg zur veganen Welt« führt mitten hinein in die wichtigen Fragen, wie die Ernährungswende zum Erfolg werden kann – und das auf äußerst spannende und lösungsorientierte Weise. Absolut lesenswert! – ***Niko Rittenau**, Ernährungswissenschaftler und Bestseller-Autor*

Ein großartiges Buch – nach dem Motto: Hör auf, perfekt sein zu wollen und fange lieber an, die Welt zu verändern. Geschrieben von dem Mitgründer einer der effektivsten Organisationen, die an der Transformation unseres Ernährungssystems arbeiten. – ***Rutger Bregman**, Bestseller-Autor*

Wenn Sie einen Beitrag zur Veganbewegung und zu der besseren Welt, die sie anstrebt, leisten wollen, ist dieses Buch ein ausgezeichneter Anfang; und wenn Sie bereits Teil dieser Bewegung sind, wird dieses Buch Ihnen helfen, über Ihren Einsatz für Tiere Bilanz zu ziehen und Ihnen Wege aufzeigen, wie Sie sich noch besser engagieren können. – ***Peter Singer**, Philosoph, Bioethiker an der Universität Princeton*

Tobias Leenaerts Buch ist Pflichtlektüre für alle, die das Leid in der Welt strategisch klug verringern wollen. Zu lange haben wir dabei die Tiere ignoriert, obwohl sie nicht weniger leidensfähig sind als wir. Das schadet auch uns selbst, denn die Tiernutzung treibt den Klimawandel an, erhöht das Pandemierisiko und schafft weitere Probleme mehr. Auf dem Weg zu einer veganen Welt brauchen wir nun aber die Unterstützung möglichst vieler Mitbürgerinnen und Mitbürger – eine vegane Subkultur wird wenig bewirken. Leenaert zeigt kenntnisreich und überzeugend auf, dass die vielen Vegetarier:innen, Flexitarier:innen und Reduzierer:innen zusammen viel mehr zu einer veganen Welt beitragen als wir Veganer:innen. – ***Adriano Mannino**, Philosoph, Mitgründer Solon Center for Policy Innovation*

Dieses Buch ist für Aktivisten und Profis, für Neueinsteiger und Routiniers in Sachen Veganismus gleichermaßen wertvoll. Tobias' strategische Überlegungen haben bereits viele inspiriert und liegen jetzt endlich auch in deutscher Übersetzung vor. Wenn ich ein Buch über Aktivismus auswählen und empfehlen müsste, wäre es klar dieses. – ***Felix Hnat**, CEO, Vegane Gesellschaft Österreich*

Seit vielen Jahren befasst sich Tobias Leenaert mit der veganen Bewegung und sucht den optimalen Weg zu einer veganen Welt. In diesem Buch hat er sein fundiertes Wissen darüber zusammengefasst. Dabei sind dies keine rein theoretischen Überlegungen sondern kommen aus der langjährigen erprobten Praxis. Sehr empfehlenswert für alle Aktivisten. – ***Renato Pichler,** CEO, Swissveg und V-Label GmbH*

Zuversicht ist der Vogel, der das Licht spürt und singt,
wenn es am Morgen noch dunkel ist. – *Rabindranath Tagore*

Inhalt

Vorwort

Tobias habe ich zum ersten Mal 2008 getroffen. Damals war ich ganz frisch zum stellvertretenden Vorsitzenden des Vegetarierbund Deutschland (VEBU) gewählt worden und hatte eine Rundreise durch Europa gemacht, um die Vertreter:innen der verschiedenen europäischen Organisationen und Verbände im Bereich Vegetarismus und Veganismus persönlich zu treffen. Tobias hatte einige Jahre zuvor in Belgien die Organisation EVA gegründet und mit seinem innovativen Ansatz und sichtbaren Erfolg für viel Aufsehen in der Szene gesorgt. Auf meine Reise nach Gent hatte ich mich daher ganz besonders gefreut, um Tobias und seine Herangehensweise aus erster Hand kennen zu lernen. Und in der Tat hat mich dann Tobias' Ansatz maßgeblich dabei geprägt, den Vegetarierbund in eine einflussreiche und pragmatische Organisation umzubauen. Innerhalb weniger Jahre konnten wir so unsere Mitgliederzahlen verfünffachen und viele erfolgreiche Initiativen, Veranstaltungen und Kampagnen etablieren. Aufbauend auf diesem Erfolg und der entstandenen Freundschaft mit Tobias haben wir dann – zusammen mit der Sozialpsychologin und Autorin Dr. Melanie Joy (die ich inzwischen auch meine Frau nennen darf) – den Entschluss gefasst, eine weltweite Organisation mit dem Namen ProVeg International aufzubauen.

Für den »Weg zur veganen Welt« sprechen viele gute Gründe. Denn die landwirtschaftliche Tierhaltung, die aktuell unseren Hunger nach Fleisch, Milch und Eiern stillt, ist mitverantwortlich für eine lange Reihe an Problemen: Sie trägt zu rund 15 % der weltweiten Treibhausgasemissionen und bis zu 80 % der Regenwaldzerstörung bei; sie verschlingt über 80 % der nutzbaren Landfläche, 30 % des Trinkwassers und 75 % der Sojaernte; und sie tötet jährlich über 75 Milliarden Landtiere und unfassbare 2,3 Billionen Fische, nachdem zuvor noch rund 75 % unserer Antibiotika in sie geflossen sind. Zudem trägt der hohe

Konsum an Tierprodukten aufgrund der schlechten Konversionsrate von pflanzlichen Futtermitteln zu Tierprodukten zum Welthunger bei. Und gleichzeitig erhöht er verschiedene Gesundheitsrisiken – nicht nur für diejenigen, die Tierprodukte essen, sondern für uns alle: von Wohlstandskrankheiten wie Herz-Kreislauferkrankungen, Diabetes Typ-2 und Übergewicht, über Antibiotikaresistenzen bis hin zu zoonotischen Pandemien wie Covid-19.

Die Lösung all dieser Probleme liegt auf der Hand: Die Abkehr von der landwirtschaftlichen Tierhaltung und die Ersetzung von Tierprodukten wie Fleisch, Milch und Eiern durch Alternativen auf Pflanzen-, Fermentations-, oder Zellkultivierungsbasis. Durch diese beispiellose Transformationsleistung kann unser Ernährungssystem zu einer Multiproblemlösung werden – und zwar weltweit.

Ein solcher Transformationsprozess erfordert das Zusammenwirken der individuellen und institutionellen Ebene – der Menschen und der Umgebungsbedingungen. Um Veränderung zu bewirken, kann man nun entweder von den Menschen mehr Anstrengung fordern – oder aber es ihnen leichter machen. Und Letzteres ist genau das, was Tobias Leenaert als ausgezeichneter Kenner der menschlichen Psychologie in diesem Buch empfiehlt. Ferner bedarf es einer Orientierung an Effektivität, Ergebnissen und Fakten – und natürlich eine grundlegende Offenheit, um das eigene Vorgehen immer wieder kritisch zu prüfen und gegebenenfalls anzupassen.

All das haben auch wir bei ProVeg uns ausdrücklich auf die Fahnen geschrieben, um unsere Mission, den weltweiten Tierkonsum bis 2040 um 50 % zu reduzieren, erfolgreich umzusetzen.

Es hat sich viel getan in den letzten Jahren – sehr viel. Denn die Transformation des globalen Ernährungssystems findet bereits statt. Alle gesellschaftlichen Bereiche zeigen erste bis deutliche Veränderungen. Am beeindruckendsten sind die Weiterentwicklungen in der Gesellschaft: Nicht nur internationale Stars und Vorbilder wie Beyoncé oder Lewis Hamilton machen Werbung für Veganismus und die pflanzliche Lebensweise; die Botschaft ist inzwischen auch in der Mitte der Gesellschaft angekommen. Weltweit identifizieren sich inzwischen 42 % der Menschen als Flexitarier:innen – Menschen also, die ihre Ernährung flexibler gestalten, ihren Konsum von tierischen Lebensmitteln aktiv reduzieren und offener für pflanzliche Alternativen sind. In Deutschland sind es laut einer aktuellen Studie sogar 55 %. Auch wenn Flexitarier:innen noch nicht komplett vegan sind, haben sie sich auf den Weg gemacht, wie Tobias sagen würde. Und dabei sollten wir es ihnen so leicht wie möglich machen. Dass auch genau das bereits stattfindet, zeigen die Entwicklungen in anderen gesellschaftlichen Bereichen.

Auf politischer Ebene mahnen die Vereinten Nationen bereits seit Jahren, dass ein globaler Wechsel zu einer pflanzlichen Ernährung essentiell ist, um die Welt vor Hunger und den schlimmsten Auswirkungen des Klimawandels zu bewahren. Und die EU hat sich mit der Farm-to-fork-Strategie ambitionierte Ziele im Rahmen ihres Green Deals zum Klimaschutz gesetzt. Dabei kann sich die Politik auf eine breite Unterstützung aus der Wissenschaft berufen, die inzwischen aus verschiedenen Gründen eine deutliche Reduktion des Tierkonsums fordert.

Laut der Deutschen Gesellschaft für Ernährung ist eine Reduktion des Fleischkonsums in Deutschland um bis zu 70 % aus gesundheitlichen Gründen dringend angeraten. Und auch für die Gesundheit und das Klima unseres Planeten ist ein Wandel zu mehr pflanzlichen Alternativen die einzige Möglichkeit, gesteckte Ziele zu erreichen. Ferner warnen Wissenschaftler:innen vor einer drohenden Antibiotika-Apokalypse, bei der ab dem Jahr 2050 bis zu 10 Millionen Menschen jährlich an den Folgen von Infektionen mit multiresistenten Keimen sterben werden – unter anderem, weil bis zu 75 % unserer lebenswichtigen Antibiotika in die landwirtschaftliche Tierhaltung gehen und ihre Wirksamkeit verlieren. Und schließlich hat auch die aktuelle Covid-19-Pandemie wissenschaftliche Argumente für eine Proteinwende befeuert. Denn mit jeder neuen Massentierhaltungsanlage, die wir bauen, und mit jedem weiteren Lebensraum, den wir zerstören, erhöhen wir das Risiko zukünftiger zoonotischer Ereignisse. Wir essen sozusagen unseren Weg zur nächsten Pandemie.

Ganz entscheidend ist aber, dass inzwischen auch die Wirtschaft die Zeichen der Zeit verstanden und den Weg zur veganen Welt als einzigartige Gelegenheit erkannt hat. Investoren wie Bill Gates und Richard Branson setzen auf alternative Proteine; Startups, die an pflanzlichen, fermentationsbasierten oder zellkultivierten Alternativen zu Fleisch, Milch und Käse arbeiten, sprießen wie die Pilze aus dem Boden und bringen immer weitere innovative und attraktive Produkte auf den Markt; und auch die etablierten Lebensmittelhersteller integrieren immer mehr Produkte in ihr Portfolio.

Es hat sich also vieles geändert, seit ich Tobias kennengelernt habe – eines jedoch nicht: die Richtigkeit und Wichtigkeit eines pragmatischen, lösungsorientierten Vorgehens. Und da ist Tobias Leenaerts Buch zeitlos wichtig. Wer sich nicht nur selbst auf den Weg zur veganen Welt machen will, sondern ihn insbesondere auch allen anderen ebnen will, findet in diesem Buch einen reichen Erfahrungsschatz und anwendbares Wissen, das keine bloße Theorie bleibt. Die aktuell positiven Entwicklungen verdanken sich auch Vordenkern wie Tobias und Büchern wie diesem. Und die Verbreitung dieser Ideen ist auch weiterhin wichtig und wirkungsvoll, um diese Entwicklungen weiter zu befördern.

Daher ist es mir eine große persönliche Freude, dass dieses wichtige Buch jetzt auch auf Deutsch vorliegt. Ich wünsche ihm eine zahlreiche und interessierte Leserschaft, die sich von Tobias' Überlegungen genauso inspiriert fühlt wie ich und unsere gesamte Organisation!

Sebastian Joy,
Mitgründer und Vorsitzender ProVeg International,
Mitgründer 50by40.org

Einführung
Der lange Weg nach Veganville

> In allen Angelegenheiten ist es gesund, die Dinge, die man lange für selbstverständlich gehalten hat, hin und wieder mit einem Fragezeichen zu versehen. – *Bertrand Russell zugeschriebenes Zitat.*

Das Töten und Leiden von Tieren durch Menschenhand zu beenden könnte eine der größten Herausforderungen sein, die jemals von einer Gruppe von Menschen in Angriff genommen wurde. Wenn Sie dieses Buch lesen, gehören Sie wahrscheinlich zu dieser Gruppe. Vielleicht sind Sie Vegetarier:in, Veganer:in, Fleischreduzierer:in oder einfach ein:e Fürsprecher:in oder ein:e Verbündete:r. Vielleicht spenden Sie für die Sache der Tiere oder arbeiten oder engagieren sich ehrenamtlich für eine Tierrechts- oder Veganismusorganisation. Vielleicht sind Sie in der Wirtschaft oder für den Staat tätig, oder Sie möchten einfach mehr darüber erfahren, wie Sie Tieren helfen können. Ich hoffe, dass Sie unabhängig davon, wer Sie sind und was Sie tun, aus diesem Buch neue Einsichten gewinnen werden, wenn Sie helfen wollen, eine bessere Welt für Tiere zu schaffen.

Der Weg zur veganen Welt präsentiert eine pragmatische Strategie, die uns zu einem Wendepunkt in Bezug auf die Einstellung und das Verhalten der Gesellschaft gegenüber Tieren, insbesondere landwirtschaftlichen Nutztieren, führen soll. Hier ist ein kurzer Abriss von dem, was Sie erwartet.

Während ich dies schreibe, sind wir alle abhängig von Tieren. Immer mehr Menschen auf der ganzen Welt essen tierische Mahlzeiten, manchmal dreimal am Tag. Ich nenne diese Menschen *Steakholder*. Um diese Situation zu ändern, können wir uns nicht hauptsächlich oder übermäßig darauf verlassen, sie mit ethischen Argumenten zu überzeugen; vielmehr müssen wir alle uns zur Verfügung stehenden Mittel einsetzen. Traditionell versucht die Tierrechtsbewegung seit jeher, die Einstellung der Menschen zu ändern und sie so zu motivieren, ihr Verhalten zu ändern. Der komplementäre Ansatz, den ich in diesem Buch beschreibe, besteht darin, sich darauf zu konzentrieren, Verhaltensänderungen zu erleichtern, sodass weniger Motivation erforderlich ist.

Pragmatisch zu sein verstehe ich folgendermaßen:

- Anstatt sich nur auf die Botschaft »Werde vegan!« zu verlassen, verwenden wir auch beträchtliche Energie darauf, Menschen zu ermutigen, ihren Konsum von Tierprodukten zu reduzieren. Mit einer Vielzahl von Reduzierer:innen können wir den Wendepunkt schneller erreichen als mit einer kleinen Anzahl von Veganer:innen.
- Wir erlauben es den Menschen, aus welchen Gründen auch immer umzusteigen, nicht nur, weil sie aus moralischen Gründen davon überzeugt sind, dass sie keine Tiere essen sollten. Menschen ändern ihre Einstellung oft erst nachdem und nicht bevor sie ihr Verhalten ändern.
- Wir fördern eine Umgebung, die den Umstieg erleichtert, vor allem dadurch, dass wir Alternativen zu tierischen Produkten besser, billiger und noch besser verfügbar machen.
- Wir entwickeln ein entspannteres Verständnis von Veganismus.

Langsame Meinung

Wir urteilen oft vorschnell über Dinge. Das Internet und die sozialen Medien – wo es nur ein paar Sekunden dauert, um einen Kommentar oder eine spöttische Bemerkung zu veröffentlichen – tragen zu einer »schnellen Meinung« bei. Ich bin ein begeisterter Befürworter der »langsamen Meinung«. Wenn Sie ein:e »langsame:r Meinungsbildner:in« sind, sind Sie sich der Komplexität des Lebens, der Menschen und der modernen Gesellschaft bewusst, und Sie weigern sich, sich eine Meinung zu bilden, bevor Sie die Dinge durchdacht und sich über sie informiert haben.

Langsame Meinungsbildner:innen glauben nicht, dass diejenigen, die bei einem Argument oder einer Frage die Gegenposition einnehmen, zwangsläufig falsch liegen. Und sie werden nicht verfrüht Ja oder Nein zu etwas sagen. Langsame Meinungsbildner:innen stellen Fragen, und sie werden der Person, die gegenwärtig mit ihrer Position nicht einverstanden ist, sagen, dass sie auf sie zurückkommen werden, nachdem sie sich etwas Zeit genommen haben, um über das Argument ihres »Gegners« nachzudenken. Bei langsamer Meinungsbildung geht es auch um Empathie. Es geht darum, sich zu fragen, wie es ist, in der Haut der anderen Person zu stecken. Langsame Meinungsbildner:innen interessieren sich für andere Menschen: Welche Werte sind für sie wichtig? In welchen Positionen befinden sie sich? Könnten sie vielleicht einen guten Grund haben, dies zu sagen, zu schreiben oder zu tun? Einer der größten Vorteile einer langsamen Meinung ist, dass sie der Neigung zur vorschnellen und pauschalen Verurteilung anderer Menschen (einschließlich derer, die wir nur allzu gerne hassen, wie etwa Politiker:innen und Berühmtheiten) und ihrer Meinungen entgegenwirken kann.

Die Bewegungen für Tierrechte und Veganismus könnten von langsamen Meinungen und tiefem Nachdenken sehr profitieren. Es würde uns gut stehen, weniger urteilend zu sein – sowohl gegenüber Menschen auf unserer Seite als auch gegenüber denen auf der anderen. Eine langsame Meinung würde uns helfen, unsere Strategien zur positiven Beeinflussung der Menschen zu verfeinern.

In den Augen vieler meiner Mitstreiter:innen für Tierrechte und Veganismus wird der Ansatz, den ich in diesem Buch darlege, vermutlich wie ein Bruch mit den Regeln und ein Abweichen von bekannten Pfaden erscheinen. Aber ich glaube, dass alles – selbst unsere tiefsten Überzeugungen – gelegentlich hinterfragt werden sollte, damit wir sicherstellen können, dass wir auf dem richtigen Weg sind und unsere Taktiken und Strategien kontinuierlich verbessern. Auch wenn Sie vielleicht nicht mit allem, was Sie lesen, einverstanden sein werden, empfehle ich Ihnen, offen zu bleiben und ein:e langsame:r Meinungsbildner:in zu sein.

Herausfinden, was funktioniert

Eine langsame Meinung mag uns bedächtiger und strategischer machen, aber unsere Offenheit für Nuancen und Unschärfen darf uns nicht lähmen. Deshalb müssen wir mit der gebührenden Sorgfalt herausfinden, was funktioniert. Manchmal müssen wir Ansätze testen, derer wir uns nicht sicher sind, um zu sehen, ob sie uns unserem Ziel näherbringen oder nicht.

In Steven Spielbergs Film *Lincoln* diskutieren der gleichnamige Held und der Abgeordnete Thaddeus Stevens, wie der Zusatzartikel zur Abschaffung der Sklaverei verabschiedet werden kann. Stevens spricht über unseren »inneren Kompass« und wie er nach Norden zeigen sollte, um uns zu zeigen, wohin wir gehen sollen und was richtig ist. Bedauerlicherweise, fügt er hinzu, sei der Kompass vieler Menschen nicht richtig ausgerichtet. Darauf entgegnet Lincoln:

> Ein Kompass, so habe ich es beim Vermessen gelernt, zeigt... zeigt immer den Wahren Norden von Ihrem Standort aus an, aber er enthält keine Hinweise auf die Sümpfe, Wüsten und Abgründe, auf die Sie auf Ihrem Weg stoßen werden. Wenn Sie bei der Verfolgung Ihres Ziels ohne Rücksicht auf Hindernisse vorwärtsstürmen und nichts weiter erreichen, als in einem Sumpf zu versinken ... was nützt es dann, den Wahren Norden zu kennen? (Tuttle)

Lincoln (zumindest im Film) ist schlau und gerissen, obwohl seine Vorsicht und Bedachtsamkeit diejenigen wütend macht, die das Gefühl haben, dass die moralischen Imperative ihres Anliegens direkte Taten erfordern. Lincoln weiß, dass wirksame Strategien oder Taktiken diejenigen sind, die uns helfen, unser Ziel so schnell wie möglich zu erreichen; sie sind nicht unbedingt die geradlinigsten oder reinsten oder, in diesem Fall, die offensichtlichsten.

Wenn wir Strategien diskutieren, begehen viele von uns wahrscheinlich einen von zwei Fehlern. Der erste ist, zu glauben, dass es nur einen richtigen Ansatz gebe. Die Menschen und die Gesellschaft sind offensichtlich zu vielfältig und komplex, als dass dies wahr sein könnte. Der zweite ist das Gegenteil des ersten: zu glauben, dass alle Strategien nützlich und notwendig sind. Einige werden besser funktionieren als andere und wir wollen unsere begrenzten Ressourcen in die besten oder vielversprechendsten von ihnen investieren. Wir sollten uns nicht mit wahren, aber trivialen Aussagen wie »unterschiedliche Ansätze funktionieren für unterschiedliche Menschen« zufriedengeben. Wenn wir nur eine Person überzeugen, obwohl wir inzwischen schon tausend hätten überzeugen können, haben wir unsere Mühen vergeudet, es sei denn natürlich, diese eine Person hat erheblichen Einfluss in der Gesellschaft. Darüber hinaus ist es möglich, dass einige Strategien mehr

Schaden als Nutzen anrichten. Wenn eine Strategie hundert Menschen anspricht, aber tausend andere abschreckt, ist sie vermutlich nicht effektiv.

Wenn wir wissen wollen, welche Strategien, Taktiken oder Kampagnen erfolgreicher sind als andere, können wir uns nicht einfach auf unsere persönlichen Erfahrungen, unser Bauchgefühl oder unsere Intuition verlassen. Sie alle haben ihren Platz, aber wir müssen sie mit gesicherten Forschungsergebnissen stützen. Unsere Annahmen darüber, was andere Menschen antreibt oder beeinflusst, sind oft falsch, und wir sind zudem leicht anfällig für allerlei Voreingenommenheiten.

Kurz gesagt: Wir müssen alles gut durchdenken. Wir sollten wissenschaftlich vorgehen und Daten und Beweise sammeln, auch wenn wir keine endgültigen Ergebnisse und Antworten auf all unsere Fragen erwarten können. Wir sollten viele verschiedene Faktoren, Parameter und Unwägbarkeiten aus einem breiten Spektrum von Forschungsmethoden berücksichtigen. Einige Forscher:innen, ob aus Organisationen oder akademischen Institutionen, messen die Reaktionen von Menschen auf Aussagen und Bilder, ihre psychologischen Veranlagungen und Motivationen, wie sie online »klicken« und andere Verhaltensweisen. Einige analysieren die Geschichte anderer sozialer Bewegungen, um daraus wertvolle Lehren für unsere eigene zu ziehen. Wir können auch Ergebnisse aus Studien anderer Bereiche heranziehen, z.B. aus der Psychologie oder den Sozialwissenschaften, oder auch aus Marketing-, Innovationsforschung und weiteren Disziplinen. Die Erkenntnisse, die wir so gewinnen, helfen uns, unsere Bemühungen zu optimieren, um die von uns gewünschten Veränderungen herbeizuführen.

Für dieses Buch habe ich so weit wie möglich auf Forschungsarbeiten zurückgegriffen, wie sie im vorigen Absatz aufgeführt wurden, und meine Aussagen entsprechend belegt. Das meiste von dem, was ich vorbringe, wird durch unterschiedlich starke Belege untermauert. Der Rest ist etwas spekulativer und mag durch zukünftige Studien bestätigt werden oder auch nicht. Ein Teil der Funktion dieses Buches besteht darin, Fragen aufzuwerfen, die zum Denken und zur weiteren Forschung anregen sollen.

Effektiver Altruismus

Effektiver Altruismus (EA) ist eine Philosophie und Bewegung, deren Anhänger:innen wissenschaftliche Forschung und Evidenz nutzen, um Leiden zu verringern und Glück zu vermehren. Die EA-Bewegung spielt nicht nur eine wichtige Rolle bei der weiteren Verbreitung des Themas Tierleid, sondern sie hatte in den letzten Jahren auch einen bedeutenden Einfluss auf die Tierrechtsbewegung selbst. Die Konzepte und Ideen des EA haben der Tierrechtsbewegung geholfen, sich mehr auf Effektivität zu konzentrieren, indem sie die verschiedenen Kriterien betont, die wir berücksichtigen sollten, wenn wir Entscheidungen treffen und unsere eigene Wirkung bewerten. Zu den Kriterien gehören (1) das Ausmaß und die Intensität des Leidens, (2) die Ressourcen, die bereits in ein bestimmtes Problem investiert werden (wird es, mit anderen Worten, vernachlässigt?), und (3) ob es gute und eindeutige Lösungen für dieses Problem gibt.

Eine EA-Organisation im Bereich der Tierrechtsbewegung ist *Animal Charity Evaluators*, die versucht, effektive Methoden zur Verbesserung des Lebens von Tieren zu finden und diese bekannt zu machen. Auch die Bücher von Nick Cooney *(Veganomics, Change of Heart, How to Be Great at Doing Good)* und die Organisation *Faunalytics* haben maßgeblich dazu beigetragen, die Tierrechtsbewegung evidenzbasierter und ergebnisorientierter zu gestalten. Siehe Anhang und Literaturverzeichnis für weitere Einzelheiten.

Der Weg nach Veganville

Im gesamten Buch verwende ich eine Metapher, um meine Argumentation zu illustrieren und verschiedene Konzepte zu verdeutlichen. Dadurch lässt sich die Strategie leichter merken.

Veganville ist eine imaginäre Stadt auf dem Gipfel eines Berges. Die meisten von Ihnen, die dieses Buch lesen, leben vielleicht schon dort. Aber wenn Sie das tun, ist es Ihr (und mein) Ziel, so bald wie möglich so viele andere Menschen wie möglich dazu zu bewegen, mit uns zu leben. Wie alle Metaphern ist auch diese nicht perfekt – so wäre unsere Stadt irgendwann etwa extrem überfüllt –, aber sie dient einem Zweck. Im Folgenden werden die verschiedenen Bestandteile der Metapher ausführlicher erläutert.

- In Kapitel 1, »**Wie wir uns orientieren**«, werfen wir einen Blick darauf, wohin wir gehen wollen und wo genau wir im Moment stehen. Aus einem kurzen Blick auf die gegenwärtige Situation schließe ich, dass unsere Bewegung eine hohe Dosis Pragmatismus braucht. In jedem der nächsten Kapitel erkläre ich, wie man pragmatisch sein kann.
- In Kapitel 2, »**Der Handlungsaufruf**«, untersuchen wir, was wir von den Menschen idealerweise verlangen sollten, um sie dazu zu bringen, sich auf die Reise zu machen. Es mag den Anschein haben, dass das Naheliegendste, was man ihnen sagen könnte, wäre: »Kommt zu uns. Jetzt sofort!« Aber, der Logik Lincolns folgend, gibt es vielleicht verschiedene Wege nach Veganville. Wir können den Menschen sagen, dass sie die Reise in Etappen machen oder dass sie uns bei Tagesausflügen besuchen sollen.
- Kapitel 3, »**Argumente**«, fragt, welche Gründe wir nutzen können oder sollten, um andere zu ermutigen, sich uns anzuschließen. Die Menschen müssen viele Tage lang bergauf wandern, um nach Veganville zu gelangen. Wir wissen, dass es die Mühe wert ist, aber sie tun es nicht – zumindest noch nicht. Wie können wir sie also am besten motivieren?
- In Kapitel 4, »**Umgebung**«, geht es um alles, was außerhalb unserer Reisenden liegt. Wir müssen die Wege verbessern und dafür sorgen, dass es Hütten, Rastplätze und Helfer gibt, falls die Reisenden unterwegs Hilfe brauchen.
- In Kapitel 5, »**Unterstützung**«, geht es darum, dass wir vom Berg herunterkommen und die Menschen ermutigen, den Aufstieg zu beginnen und fortzusetzen. Es geht um unsere alltäglichen Interaktionen und Kommunikation mit ihnen. In diesem Kapitel gehe ich auch näher darauf ein, wie wir Veganismus definieren sollten.
- In Kapitel 6, »**Nachhaltigkeit**«, geht es darum sicherzustellen, dass unsere Reisenden, wenn sie es einmal geschafft haben, bleiben und dass diejenigen, die anderen helfen den Berg zu besteigen, nicht ausbrennen.

In der Abbildung des Weges nach Veganville auf der nächsten Seite (Abb. 1) geben die Zahlen die Kapitel des Buches an.

Abb. 1: Der Weg nach Veganville

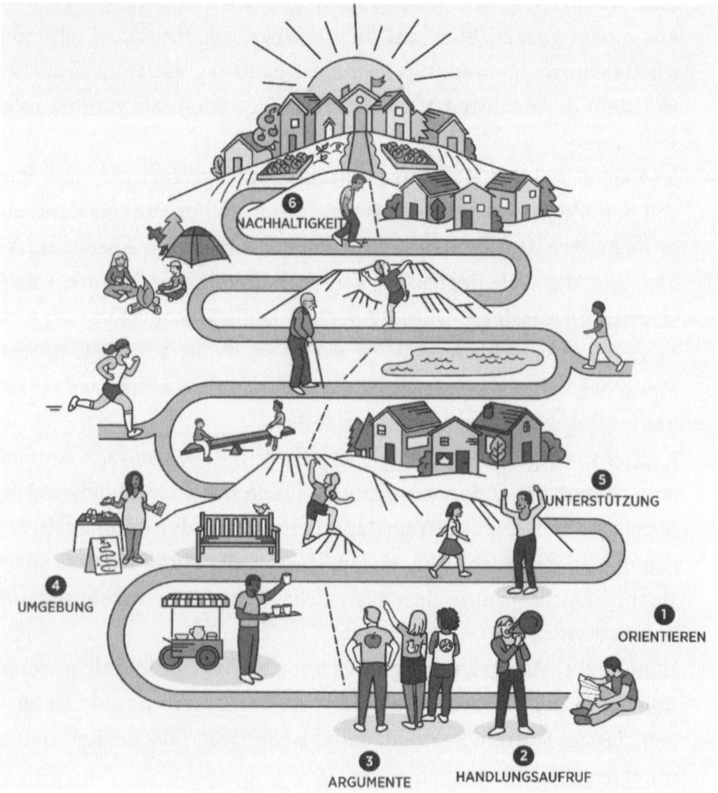

Begriffe und Geltungsbereich

Obwohl Tiere nicht nur wegen unserer Essgewohnheiten leiden und getötet werden, konzentriere ich mich hauptsächlich auf Strategien zur Verringerung des Konsums und der Produktion von tierischen Lebensmitteln. Die Nutztierhaltung ist die weitreichendste und folgenreichste Form der Tierausbeutung. Auf sie entfallen 99 Prozent der vom Menschen getöteten Tiere und in der Lebensmittelindustrie sterben viel mehr Tiere als durch wissenschaftliche Forschung, Jagd und die Bekleidungs- und Unterhaltungsindustrie zusammengenommen.

Wenn ich von »Fleisch« spreche, meine ich in der Regel *Fleisch und andere tierische Produkte,* einschließlich Fisch, Milchprodukte und Eier, ebenso steht »Fleischreduzierer:in« für *Reduzierer:in von tierischen Pro-*

dukten allgemein. Wenn ich von »Veganer:innen« schreibe, schließe ich auch Vegetarier:innen ein. Wenn der Unterschied zwischen beiden relevant ist, schreibe ich entsprechend »Vegetarier:in und Veganer:in«. Unter der *Veganbewegung* oder der *Tierrechtsbewegung* verstehe ich eine diverse und sich ständig verändernde Gruppe von Menschen, die das Töten und die Leidzufügung sowie die Ungerechtigkeiten in Bezug auf Tiere minimieren wollen (über das genaue Ziel werden wir auf den nächsten Seiten sprechen), auch wenn sie sich hinsichtlich des Endziels – und noch mehr über den Weg dorthin – bisweilen voneinander unterscheiden. Ich möchte Menschen, die speziell oder hauptsächlich aus Sorge um ihre Gesundheit motiviert sind, hierbei nicht ausschließen, denn das halte ich für strategisch nicht sinnvoll. Wenn ich in diesem Buch von der »Veganbewegung« spreche, denke ich jedoch an diejenigen, die von der Überzeugung motiviert sind, dass es unethisch ist, Tiere für Nahrung, Kleidung und andere Zwecke auszunutzen. Ich zähle mich selbst zu diesen Menschen – mit einigen Vorbehalten, wie sich zeigen wird.

Meine Beispiele kommen hauptsächlich aus der Bewegung in Europa und Nordamerika. Und auch die meisten verfügbaren Studien stammen aus diesen Regionen, insbesondere aus den USA. Manchmal können Fakten und Daten auf andere Regionen übertragen werden; manchmal können oder sollten sie es nicht. (In Nordamerika und Europa etwa stagniert oder geht der Verbrauch von Tierprodukten zurück; in Entwicklungsländern dagegen steigt er oft schnell an.)

Schließlich verwende ich der Kürze halber den Begriff »Tiere« anstelle von »nichtmenschliche Tiere«.

1. Wie wir uns orientieren
Wohin gehen wir, und wo sind wir?

> Geschwindigkeit ist irrelevant, wenn man in die falsche Richtung geht. – *Mohandas K. Gandhi*

Wenn wir wollen, dass alle nach Veganville ziehen, müssen wir uns ein Bild von der Situation machen, in der wir uns gerade befinden. Wie viele Menschen leben am Fuß des Berges? Was denken und fühlen sie? Ist es einfach für sie, die Reise anzutreten? Wie ist der Zustand der Wege? Übertragen auf die Veganbewegung geht es bei diesen Fragen um die öffentliche Unterstützung für unser Ziel, um die Vorstellungen, die die Menschen von Tieren haben, um die verfügbaren Alternativen, um die Hindernisse, die einer Umstellung auf eine vegane Lebensweise im Wege stehen, und darum, was Veganer:innen motiviert. Bevor wir uns jedoch der gegenwärtigen Situation zuwenden, wollen wir kurz untersuchen, inwieweit wir uns über unsere Endziele einig sind. Denn diese sind nicht so offensichtlich, wie es erscheinen mag.

Die Ziele dieser Bewegung

Ganz allgemein gesagt wollen wir in der Veganbewegung so vielen Tieren wie möglich so viel wie möglich *helfen*. Was bedeutet in diesem Zusammenhang »helfen«? Hier sind drei Möglichkeiten, diese Frage zu verstehen. Helfen könnte bedeuten:

1. So viel Tierleid wie möglich zu reduzieren
2. Die Zahl der Tötungen so weit wie möglich zu reduzieren
3. Die Ungerechtigkeit gegenüber Tieren so weit wie möglich zu reduzieren

Ich vermute, die meisten Leser:innen dieses Buches werden den Punkten (1) und (2) zustimmen. Ich bin mir bewusst, dass viele Menschen es für akzeptabel halten, Tiere zu töten, wenn es schmerzlos geschieht und das Tier »ein gutes Leben« hatte (was auch immer das bedeutet), aber das Publikum, das ich in diesem Buch im Auge behalte, sind diejenigen, die das Schlachten von Tieren für Nahrung, Kleidung oder Vergnügen als verwerflich empfinden und es abschaffen wollen.

Punkt (3) auf unserer Liste ist komplizierter. Einige unserer Handlungen gegenüber oder Beziehungen zu Tieren, die als speziesistisch[1] angesehen werden könnten oder den Tieren zugeschriebene Rechte verletzen, sind nicht unbedingt schädlich für sie. Diskutieren könnte man z.B. über das Reiten von Pferden, über Hühner, die im Garten Eier legen, oder sogar über Hunde und Katzen als tierische Gefährten. Ich persönlich bin gegen fast jeden Gebrauch von Tieren, vor allem, weil ich sie vor Leid und/oder Tötung schützen möchte. Tiere sind vielleicht nicht ganz frei, aber das bedeutet nicht unbedingt, dass ihnen Schaden zugefügt wird (nicht jeder »Gebrauch« stellt einen »Missbrauch« dar). Umgekehrt können Tiere, die in freier Natur leben, zuweilen extremem Leid ausgesetzt sein (siehe Kasten »Das Leiden der Wildtiere«).

Es liegt außerhalb des Rahmens dieses Buches, eine ausführliche philosophische Diskussion über die ultimativen Ziele der Tierrechtsbewegung zu führen, die über die drei oben aufgeführten Ziele hinausgehen. Ich nehme es als gegeben an, dass Veganer:innen und Tierrechtsaktivist:innen diesen Zielen weitgehend zustimmen und ihre Verwirklichung voranbringen wollen.

Eine vegane Welt ist daher eine Welt, in der keinem Tier von Menschen mutwillig Leid zugefügt, in der kein Tier getötet wird und in der die Haltung und Nutzung von Tieren fast vollständig abgeschafft wurde, auch wenn einige für beide Seiten vorteilhafte Beziehungen zwischen Mensch und Tier bestehen bleiben mögen. Nach dieser Definition ist eine vegane Welt nicht das Ziel an sich, so wie Veganismus kein Selbstzweck ist, sondern ein Mittel für diese Vision.

Das Leiden der Wildtiere

Tiere in freier Wildbahn leiden unter Hunger, Bejagung, Krankheiten, Parasiten und ungünstigen klimatischen Bedingungen – unabhängig von menschlichem Handeln oder Nichthandeln. Diese Realität veranschaulicht auf nützliche Weise die Unterschiede zwischen der Fokussierung auf Leiden (und Töten) einerseits und Gerechtigkeit, Fairness,

Autonomie und anderen Werten andererseits. Selbst wenn wir uns auf die Beseitigung von Ungerechtigkeiten fokussieren, werden all diese natürlichen Realitäten bestehen bleiben.

Die für viele von uns schwer zu akzeptierende Wahrheit ist, dass die *Ursache* des Leidens – menschlich oder nicht – für diejenigen, die es erfahren, irrelevant ist. Für ein Kaninchen macht es keinen Unterschied, ob es an einer schrecklichen Krankheit leidet oder ob es in der Falle eines Menschen gefangen wurde. Die Krankheit könnte tatsächlich mehr Leid mit sich bringen, aber nur der Fallensteller und nicht die Natur oder Raubtiere können sich einer moralischen Übertretung schuldig machen. Der springende Punkt hierbei ist, dass die Fokussierung auf Leiden als das Grundproblem dazu führen kann, dass wir uns (wenn möglich und wirksam) in die Natur einmischen sollten. Die Werte, auf die wir uns fokussieren, können also einen Unterschied in unserem Handeln und unserer Argumentation machen.

Eine doppelte Forderung

Wenn wir uns in der Veganbewegung genauer anschauen, was wir von Nicht-Veganer:innen verlangen, stellen wir fest, dass dies zwei verschiedene Dinge sind. Erstens wollen wir, dass andere ihr *Verhalten* ändern: dass sie aufhören, tierische Produkte zu konsumieren. Zweitens wollen wir auch, dass sie ihre *Einstellung* ändern: Sie sollen aufhören, tierische Produkte zu konsumieren, *weil sie sich um Tiere sorgen*. Mit anderen Worten, wir wollen nicht nur, dass die Menschen das Richtige tun; wir wollen, dass sie das Richtige *aus den richtigen Gründen* tun. Um das noch deutlicher zu machen: Stellen Sie sich eine Welt vor, in der niemand mehr tierische Produkte isst, da sie als »Ressourcen« überflüssig geworden sind, und es besser verfügbare, billigere und gesündere Alternativen gibt. Ich bin ziemlich sicher, dass die meisten Vegan-Aktivist:innen, mich eingeschlossen, sich in dieser »zufällig veganen« Welt nicht ganz wohl fühlen würden. Wir wünschen uns, dass die Menschen aus moralischer Überzeugung motiviert werden – und zwar nicht nur, weil solche Einstellungen die Grundlage für die Nachhaltigkeit der Veränderung zu sein scheinen, sondern auch, weil es an sich schon wertvoll ist, moralisch zu sein. Wir wollen eine »beabsichtigte vegane Welt«, in der die Menschen moralische Werte und Einstellungen gegenüber Tieren vertreten, die ihnen inhärente und nicht-instrumentelle Rechte zusprechen; in der sie tatsächlich die Gewohnheiten und Traditionen aufgeben, die scheinbar einen Großteil unseres Fleischkonsums verursachen, und sich ihrer Nahrungsmittelwahl bewusst werden.

Die folgende Illustration (Abb. 2) zeigt, was die meisten von uns in der Bewegung wollen: dass die Menschen Veganer:innen werden, weil sie Tiere mögen. Alle anderen Optionen – selbst wenn man aus anderen Gründen Veganer:in ist – erscheinen uns als weniger ideal (daher die unglücklichen Gesichter).

Abb. 2: Verhalten und Motivation

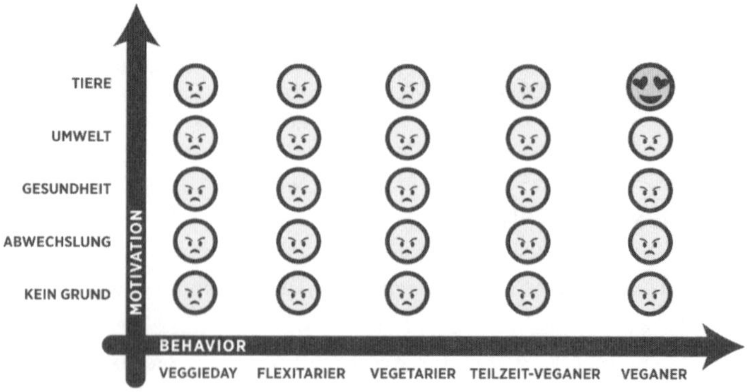

Sowohl Verhalten als auch Einstellungen sind wichtig. Wie ich jedoch in den folgenden Kapiteln erläutern werde, brauchen wir nicht beides gleichzeitig zu fordern, und wir brauchen diese doppelte Forderung nicht in allen unseren Botschaften.

Da wir nun eine Vorstellung davon haben, wo wir hinwollen, werfen wir einen Blick auf die aktuelle Situation.

Zu viele »Steakholder«

Die enorme Menge an tierischen Produkten, die konsumiert wird, wird durch eine riesige, wirtschaftlich bedeutende Industrie ermöglicht, unterstützt und aufrechterhalten. Um eine Vorstellung von dem wirtschaftlichen Wert zu bekommen, den Tiere allein im Bereich der Nahrungsmittelprodukte erzeugen, müssen wir Verschiedenes berücksichtigen: die Primärproduktion (Menschen, die ihr Geld mit der Aufzucht von Schweinen, Kühen, Hühnern und anderen Tieren verdienen), die Landwirt:innen, die Tierfutter anbauen, Unternehmen, die landwirtschaftliche Geräte herstellen, die Pharmaindustrie, die Antibiotika und andere Medikamente an Landwirt:innen verkauft, Tierärzt:innen und Lebensmittelkontrolleur:innen, Schlachthöfe, Speditionen, Supermärkte und Restaurants und Caterer, um nur einige zu nennen.

In seinem Buch *Changing the Game* kommt der verstorbene Norm Phelps nach Ermittlung und Addition der Zahlen für Landwirtschaft, Weiterverarbeitung und Einzelhandelsverkauf allein in den Vereinigten Staaten auf einen direkten Jahresumsatz von 2,74 Billionen Dollar. Vergleichen Sie dies mit den »nur« 734 Milliarden Dollar an direktem Jahresumsatz in der Automobilindustrie – einschließlich Herstellung, Verkauf und Service (Phelps, S. 45). Zu dieser Zahl können wir noch ein ganzes Universum von Köch:innen, Kochbuchautor:innen, Kochwettbewerben, Kochkursen und vielen anderen Sektoren oder Untersektoren hinzufügen, die zumindest für einen Teil ihres Umsatzes oder Erfolgs auf tierische Produkte angewiesen sind. Und wir haben noch nicht einmal damit begonnen, Tiere in der Kleidung, Unterhaltung oder Forschung zu berücksichtigen.

Diese Skizze macht deutlich, wie umfassend abhängig unsere Gesellschaft von der Nutzung von Tieren ist. Man könnte fast sagen, dass dieser Planet, oder die Menschheit, »von Tieren angetrieben« wird. Meines Wissens gibt es bisher keine Studie über das volle Ausmaß der Abhängigkeit, aber sie scheint unsere Ausbeutung von versklavten Menschen, Frauen oder Kindern in den Schatten zu stellen. Diese Abhängigkeit ist grundlegend und muss angegangen werden. Doch es ist nicht leicht, etwas zu ändern, wenn man völlig abhängig ist oder glaubt, es zu sein. Tatsächlich ist es nicht allzu weit hergeholt zu sagen, dass die (Aus-)Nutzung von Tieren zum jetzigen Zeitpunkt ein zu wesentlicher Teil unserer Kultur und Wirtschaft ist, als dass man sie aufgeben könnte, selbst wenn die ganze Welt uns zustimmen würde, dass die gegenwärtige Situation problematisch ist.

Diese systemische Realität könnte durchaus ein Grund dafür sein, warum es für die meisten Menschen so schwer ist, zu akzeptieren, dass eine Abkehr von den Tieren notwendig ist, und dieses Bewusstsein in die Praxis umzusetzen. Weitere Gründe werden durch die »drei N's der Rechtfertigung« der Psychologin Melanie Joy abgedeckt (Joy 2010; Piazza et al. 2015):

- Es ist *normal*, Tiere zu essen. Tierische Produkte sind auf fast allen Speisekarten, in allen Supermärkten, in Kochsendungen im Fernsehen und in vielen weiteren Bereichen des täglichen Lebens zu finden.
- Es ist *natürlich*, Tiere zu essen. Wir essen seit Zehntausenden Jahren Fleisch und nutzen Tierprodukte, und so wie viele Tiere andere Tiere töten und essen, erscheint es den meisten Menschen nur natürlich, dass auch der Homo sapiens andere Arten tötet und isst.
- Es ist *notwendig*, Tiere zu essen. Während viele Menschen es als bedauerlich empfinden mögen, dass wir Tiere zur Ernährung aufziehen und töten, sind sie überzeugt, dass wir Fleisch oder zumindest einige Tierprodukte essen müssen, um zu gedeihen. Die Sorge um die eigene Gesundheit ist einer der Hauptfaktoren, die Menschen davon abhalten, vegetarisch oder vegan zu werden oder zu bleiben, während gleichzeitig die Gesundheit für viele Menschen ein großer Motivator ist, den Konsum von Tierprodukten zu reduzieren (Faunalytics 2012; Cooney 2014, S. 81; Piazza et al. 2015).

Ein vierter Grund, den es zu berücksichtigen gilt, ist, dass viele Menschen den Verzehr tierischer Produkte ansprechend oder schmackhaft finden. Neben gesundheitlichen Bedenken ist Geschmack der andere Hauptgrund, warum Menschen nicht Vegetarier:innen werden (Faunalytics 2012; Cooney 2014, S. 82; Mullee et al. 2017). Sie wollen auf ihr saftiges Steak nicht verzichten und finden die Alternativen – soweit sie sie probiert haben – unbefriedigend. Wenn tierische Produkte natürlich, normal, notwendig und lecker sind, erscheint eine Veränderung der Ernährungsgewohnheiten und eine Reduktion tierischer Produkte – geschweige denn ein völliger Verzicht darauf – unnatürlich, unnormal, unmöglich und unattraktiv.

Gewohnheitstiere

In den 1950er Jahren rekrutierte der amerikanische Psychologe Solomon E. Asch Studierende am Swarthmore College in Pennsylvania für ein inzwischen berühmt gewordenes Experiment (Asch 1951, 1956). Asch erzählte seinen Proband:innen, dass er die Wahrnehmung erforsche. Tatsächlich aber führte er eine Studie über Konformität und sozialen Druck durch.

Abb. 3: Das Konformitätsexperiment von Solomon Asch

Asch zeigte den Teilnehmer:innen eine Reihe von Bildern wie das in Abb. 3. Dann fragte er sie, welcher der drei Balken auf der rechten Seite gleich lang sei wie der auf der linken Seite. (Es ist keine optische Täuschung: die richtige Antwort ist offensichtlich A.) Die Teilnehmer:innen mussten in der Gruppe laut antworten, eine:r nach dem:r anderen. Mit einer Ausnahme waren jedoch alle Mitglieder der Gruppe Eingeweihte, die Asch angewiesen hatte, die gleiche, falsche Antwort zu geben. Der:die einzige echte, ahnungslose Teilnehmer:in musste nach allen anderen antworten. Zu seiner Überraschung stellte Asch fest, dass in dieser Situation über ein Drittel (37 Prozent) der Befragten eine falsche Antwort gab, im Vergleich zu nur einem Prozent in der Kontrollgruppe. Als sie nach den Gründen für ihre falsche Antwort gefragt wurden, sagten einige Personen, dass sie glaubten, die Gruppe würde richtig liegen. Andere Befragte hatten Angst davor, sich von der Gruppe abzuheben oder wollten keinen Ärger verursachen. Asch schloss: »Die Neigung zur Konformität in unserer Gesellschaft ist so stark, dass einigermaßen intelligente junge Menschen in bester Absicht bereit sind, weiß schwarz zu nennen.« (Asch 1955, S. 5).

Es ist nicht schwer, diese Erkenntnisse auf unser eigenes Thema zu übertragen. Studien zeigen, dass es 63 Prozent der ehemaligen Vegetarier:innen und Veganer:innen nicht gefiel, dass ihre Ernährung sie aus der Masse hervorhob (Asher et al. 2014). Selbst abgesehen von dem Bedürfnis, sich anzupassen, ist es offensichtlich, dass es für jede:n schwer ist, von seinen:ihren eigenen abweichenden Ansichten völlig überzeugt zu sein, wenn eine große Mehrheit der Menschen anders denkt als man selbst. Wenn Menschen ständig sehen, dass der Konsum von Tierprodukten als normal angesehen wird, fällt es ihnen schwer, an das vage Unbehagen, das sie möglicherweise empfinden, auch nur zu glauben, und es wird sehr viel schwieriger, zu glauben, dass hieran etwas falsch ist. Selbst wenn Sie bereits Vegetarier:in oder Veganer:in sind und den Grundsatz verinnerlicht haben, dass es problematisch ist, tierische Produkte zu essen, kennen Sie vielleicht diese Momente des Zweifels, in denen Sie sich fragen, ob Ihre Ansichten tatsächlich richtig sind. Der in Südafrika geborene Autor und Nobelpreisträger J. M. Coetzee schreibt die folgenden Gedanken seiner vegetarischen Romanfigur Elizabeth Costello zu:

> Es ist so, dass ich nicht mehr weiß, wo ich bin. Ich scheine mich ganz unbeschwert unter den Menschen zu bewegen, ganz normale Beziehungen zu ihnen zu haben. Ist es möglich, frage ich mich, dass sie alle an einem Verbrechen von überwältigenden Ausmaßen beteiligt sind? Bilde ich mir das alles nur ein? Ich muss verrückt sein! Doch jeden Tag sehe ich die Beweise. Genau die Leute, die ich verdächtige, produzieren die Beweise, präsentieren sie, bieten sie mir an. Leichen. Leichenteile, die sie für Geld gekauft haben... Doch ich träume nicht. Ich schaue in eure Augen... und ich sehe nur Güte, menschliche Güte. Beruhige dich, sage ich mir, du machst aus einer Mücke einen Elefanten. So ist das Leben. Alle anderen kommen damit klar, warum du nicht? *Warum kannst du es nicht?* (Coetzee)

Nur weil eine kleine Minderheit von Menschen Fleischkonsum als problematisch erachtet und sich anders verhält, fängt die Mehrheit nicht auf einmal an, über Fleischkonsum als moralische Frage nachzudenken, geschweige denn, sich entsprechend zu verhalten. Der Psychologe Steven Pinker betrachtet es als eine der großen Erkenntnisse der Sozialpsychologie, dass »die Menschen ihre Anhaltspunkte dafür, wie sie sich verhalten sollten, von anderen Menschen übernehmen« (S. 674). Eine Antwort auf die Frage, warum die meisten Menschen Fleisch essen, lautet also:

Die meisten Menschen essen Fleisch, weil die meisten Menschen Fleisch essen.

Selbst wenn man zu dem Schluss kommt, dass es falsch ist, Tiere zu essen, ist es nicht einfach, diese Erkenntnis in die Praxis umzusetzen. Die Menschen haben Angst, zu stark aufzufallen, Unannehmlichkeiten oder gesundheitliche Probleme zu bekommen, oder dass ihnen nichts Leckeres zu essen übrig bleibt – um nur einige Ängste und Sorgen zu nennen. Alles in allem hat es den Anschein, dass die große Mehrheit der Menschen nicht die Absicht hat, auf Fleisch, geschweige denn auf andere tierische Produkte zu verzichten (Faunalytics 2007, Ivox), und selbst wenn sie es in Betracht ziehen, glauben viele, dass es schwierig umzusetzen ist. Wie Matt Ball schreibt: »Niemand sitzt herum und denkt: ›Wow, ich würde wirklich gerne auf all meine Lieblingsspeisen verzichten und anders als meine Freunde und Familie sein!‹« (2014, S. 112) Vegan zu werden ist nach wie vor ein beschwerlicher Weg – weshalb in unserer Metapher Veganville auf einem Berggipfel liegt.

Alle Veganer:innen, die anderer Meinung sind, und sagen, dass es einfach ist, vegan zu werden, betrachten die Dinge wahrscheinlich nur aus ihrer Sicht. Wir werden später sehen, wie wir uns in die Lage anderer versetzen können. Fürs Erste: Wenn Sie nicht glauben, dass es für viele Menschen schwer ist, vegan zu werden, bedenken Sie, dass es nach Untersuchungen von Faunalytics sogar schwer ist, vegan zu *bleiben:* 84 Prozent der Vegetarier:innen oder Veganer:innen geben ihre Ernährungsweise irgendwann auf (Asher et al. 2014). Darauf komme ich in Kapitel 6 zurück.

Unsere Sache ist anders

Strategisch eingestellte Aktivist:innen »sind sich der Einzigartigkeit der Bewegung bewusst und für sie sensibilisiert«, schreibt Melanie Joy in *Strategic Action for Animals.* Es ist ein wichtiger Gedanke, dass sich unser Engagement deutlich von allen anderen früheren Bestrebungen unterscheidet. Veganer:innen vergleichen unseren Einsatz für die Tiere gerne mit den früheren und gegenwärtigen Menschenrechtsbewegungen wie der Bewegung zur Abschaffung der Sklaverei, der Frauenbewegung, dem Kampf gegen Rassismus oder für die Rechte von Homosexuellen. Und natürlich gibt es Ähnlichkeiten und die Tierbefreiung kann als eine Bewegung für soziale Gerechtigkeit wie diese betrachtet werden, in der wir versuchen, die Stellung der Unterdrückten zu verbessern, damit ihre Interessen rechtlich gleichermaßen berücksichtigt werden (Nibert).

Darüber hinaus lassen sich zwischen der Art und Weise, wie ideologische Überzeugungen wie Rassismus und Sexismus Vorurteile gegenüber menschlichen »Out-Groups« rechtfertigen und der Art und Weise, wie wir Tiere behandeln und über sie denken, Parallelen ziehen (Regan, Singer 1995, Spiegel; Joy 2010). Menschen, die einen größeren Unterschied zwischen Mensch und Tier sehen (Costello und Hodson 2010, 2014) oder speziesistischere Einstellungen befürworten (Dhont et al.), zeigen gleichzeitig mehr Vorurteile gegenüber Zuwanderern oder Menschen mit anderer ethnischer Herkunft. Unser Verständnis der Beziehungen zwischen menschlichen Gruppen kann uns also durchaus helfen, die Beziehungen zwischen Mensch und Tier zu verstehen (Dhont und Hodson 2015).

Doch obwohl Vergleiche mit anderen Bewegungen nützliche Hilfsmittel bieten, mit denen Menschen Tiere anders sehen oder anders über sie denken können, sollten wir die Unterschiede nicht aus den Augen verlieren oder automatisch davon ausgehen, dass wir Lehren aus anderen Bewegungen auf unsere eigene übertragen können. Im Folgenden werfe ich einen kurzen Blick auf einige der einzigartigen Herausforderungen der Tierrechtsbewegung.

Tiere sind keine Menschen

Ob *wir* relevante Unterschiede zwischen nichtmenschlichen und menschlichen Tieren sehen oder nicht, die meisten unserer Mitmenschen tun es. Antispeziesistische Argumente sind oft elegant, schlagkräftig und vernünftig, aber die meisten Menschen kaufen sie uns bislang nicht ab. Bei allen anderen Bewegungen – mit Ausnahme einiger Aspekte der Umweltbewegung, die ohnehin oft anthropozentrisch ist – geht es um Menschen. Es stimmt, dass Frauen, People of Color oder Nicht-Heterosexuelle als Out-Groups betrachtet wurden und teilweise auch heute noch betrachtet werden, und dass Mitglieder einiger dieser

Randgruppen zu bestimmten Zeiten und an bestimmten Orten in der Geschichte überhaupt nicht als Menschen betrachtet wurden. Dennoch ist es einfacher, Ähnlichkeiten zwischen verschiedenen Menschengruppen zu erkennen als zwischen Menschen und Tieren. Tiere sind vielleicht die ursprüngliche Out-Group, das ultimative »Andere«.

Trotz der Ähnlichkeiten zwischen den Machtdynamiken zwischen menschlichen Gruppen und zwischen Mensch und Tier halten die meisten Menschen diesen Zusammenhang nicht für relevant (Costello und Hodson 2014). Einige Studien zeigen, dass ein Vergleich von Mensch und Tier für die Verbesserung der Einstellung von Menschen gegenüber Tieren ineffektiv sein könnte (Costello und Hodson 2010). Insbesondere Menschen mit traditionellen kulturellen Werten könnten Veganismus als eine Bedrohung ihres sozialen Status und der Normen der Mainstream-Kultur ansehen. Es ist möglich, dass das Eintreten für Tierrechte tatsächlich mehr Speziesismus und Fleischkonsum als aktive Reaktion auf den wachsenden Erfolg der Veganbewegung fördern könnte (Dhont und Hodson 2014, 2015).

Kämpfen ohne die Opfer

»Wir versuchen, die erste Bewegung für soziale Gerechtigkeit in der Geschichte zu sein, die ohne die organisierte, bewusste Beteiligung der Opfer erfolgreich ist«, schreibt Norm Phelps (S. 25). Die Zahl der Menschen, die sich für Tiere einsetzen, ist immer noch gering: Mehr als 95 Prozent der Bevölkerung sind noch nicht überzeugt von der Vision der Minderheit, geschweige denn von ihrer Praxis. Um das System zu verändern, bedarf es noch viel mehr Unterstützung, und die wird nicht von den Tieren kommen, die nicht wie in George Orwells *Animal Farm* oder in dem Animationsfilm *Chicken Run* revoltieren werden.

Um es auf den Punkt zu bringen: In jeder Bewegung haben die Privilegierten für und mit den Unterdrückten gekämpft – manchmal in Führungsrollen, manchmal als Unterstützer. Zumindest aber war eine kritische Masse der Unterdrückten in den Kampf involviert. Erschwerend kommt hinzu, dass die Tatsache, dass wir für andere sprechen, an sich schon eine Schwierigkeit darstellt. Melanie Joy schreibt: »Direkte Opfer haben viel mehr moralische Autorität, um auf ihr eigenes Leiden aufmerksam zu machen; es wird ihnen oft erlaubt und sogar von ihnen erwartet, empört und engagiert zu sein. Dagegen wirken diejenigen, die sich stellvertretend für die Opfer einsetzen, oft moralisierend, wenn sie in deren Namen sprechen.« (2008, S. 45)

Etwas Uraltes verändern

Unsere Einstellung zu unserer Ernährung ist bekanntermaßen schwer zu ändern. Die meisten Leser:innen wissen, wie schwer es ist, auf Essen, von dem wir wissen, dass es nicht gut für uns ist, zu verzichten oder zu vermeiden, dass wir zu viel davon essen. (Der dritte oder vierte vegane Donut sieht immer noch lecker aus!) Den Fleischkonsum der Menschen zu reduzieren, ist vielleicht sogar noch schwieriger. In ihrem Buch *Meathooked* geht die Journalistin Marta Zaraska auf die Suche nach einer Erklärung dafür, warum so viele von uns süchtig nach Fleisch sind. Sie schreibt über die Rolle, die Fleisch in unserer Evolution gespielt haben könnte, und darüber, wie das Teilen von Fleisch zum Aufbau von Gemeinschaften beigetragen hat. Ob es uns nun gefällt oder nicht, Fleisch ist seit Jahrtausenden etwas Besonderes für uns, abgesehen davon, dass es ein bequemes Mittel ist, uns wertvolles Protein zu liefern. Zaraska befasst sich auch mit den Inhaltsstoffen im Fleisch, die es für Menschen so attraktiv und manchmal suchterzeugend machen. Es sind das Fett, die Aromen und der Umami-Geschmack. Sie erklärt, wie die Ursprünge für unsere Ernährungsvorlieben aus unserer Zeit im Mutterleib stammen können, wenn wir eine Vorliebe für das entwickeln, was unsere Mutter isst, und später für das, was über die Muttermilch aufgenommen wird.

Die meisten Menschen sind sich bewusst, dass ihre Ernährung ihre Gesundheit, andere Menschen, Tiere und unseren Planeten beeinflusst. Da diese Menschen jedoch damit aufgewachsen sind, regelmäßig tierische Produkte zu essen und den Geschmack und die Bequemlichkeit zu schätzen wissen, befassen sie sich selten mit den Folgen oder mit tierfreien Lebensmitteln als Alternative. Pflanzenbasierte Lebensmittel werden von vielen als wenig schmackhaft, abwechslungsreich und verfügbar angesehen. Die Organisation ProVeg International, zu deren Mitbegründer:innen ich gehöre (siehe Kasten »Die Mächtigen beeinflussen« auf S. 125), nennt dieses Phänomen »Veggie-Vorurteile«. Veggie-Vorurteile halten viele Menschen davon ab, ihr Wissen in Taten umzusetzen.

Fleisch hat auch einen symbolischen Wert. In *Wir streicheln und wir essen sie* zitiert der Psychologe und Anthrozoologe Hal Herzog den Besitzer eines Grillrestaurants wie folgt: »Es hat sich in unseren Köpfen eingeprägt, dass es ein Zeichen des Erfolgs ist, sich hinzusetzen und ein gutes Stück Fleisch zu essen. Es gibt einem ein gutes Gefühl.« (S. 180) Unabhängig davon, ob das nun wissenschaftlich fundiert ist oder nicht, dürfte genanntes Gefühl in etwa dem entsprechen, was viele Menschen auf irgendeiner Ebene über den Verzehr von Fleisch denken, besonders Männer. Wie viele Autor:innen gezeigt haben, steht Fleisch für Männlichkeit, und es nicht zu essen, gilt als unmännlich (siehe Zaraska, Fiddes, Adams). Dann ist da noch die Rolle, die Fleisch in unserer Kultur spielt, und der Platz, den es in unseren geselligen Zusammenkünften einnimmt. In gewisser Weise hat die Tierproduktindustrie eine leichte Aufgabe. Sie verführt uns mit dem, was die meisten von uns hören wollen: Tierische Lebensmittel sind begehrenswert, normal, gesund und lecker.

Ich war fleischsüchtig.

Ich erinnere mich, wie ich im Alter von acht oder zehn Jahren dachte, ich sollte aufhören, Fleisch zu essen, weil ich Tiere liebte. Ich schaute auf meinen Hund, der gemütlich am Kamin lag, während draußen im Regen eine Kuh graste, die dazu bestimmt war, geschlachtet zu werden. Ich fragte mich, warum ich das eine streichelte und das andere aß. Ich konnte keinen moralisch relevanten Grund finden, der die unterschiedliche Behandlung dieser beiden Tierarten erklären könnte, und kam zu dem Schluss, dass ich logischerweise aufhören sollte, Tiere zu essen. Trotzdem änderte ich nichts, weil ich den Fleischgeschmack liebte und es mir zu umständlich war, mit dem Fleischverzehr aufzuhören. Die Versuche meiner gesundheitsbewussten Mutter, mich in vegetarische Restaurants mitzunehmen, sowie ab und zu vegetarische Gerichte zu kochen, stießen bei mir auf großen Widerstand. Meine erste Wahl beim Restaurantbesuch war ausnahmslos *Steak au poivre*.
Wann immer ich mit einem:r Vegetarier:in konfrontiert wurde (ich kannte damals keine Veganer:innen), setzten alle meine Abwehrmechanismen ein. Ich wollte es nicht wissen. Ich wollte mich nicht ändern. Dennoch konnte ich nicht leugnen, dass das, was ich tat, nicht das war, was ich für die Tiere wollte. Während meines Studiums las ich Peter Singers *Animal Liberation* und wurde noch zwiespältiger. Ein nicht-vegetarischer Freund, der von meinem Unbehagen beim Fleischessen wusste, schloss mit mir eine Wette ab: Wenn ich einen Monat lang kein Fleisch oder Fisch essen würde, würde er mir 25 Dollar geben – an-

sonsten müsste ich ihm diesen Betrag bezahlen. Ich gewann die Wette ohne große Schwierigkeiten. Anschließend wurde ich *immer noch* nicht ganz zum Vegetarier: Ich beschloss, kein Fleisch zu essen, außer in Nudelgerichten, die für mich als Student ein unvermeidliches Grundnahrungsmittel waren. Ich aß auch noch Fisch. Dann hörte ich auf, Fleisch in Nudelgerichten zu essen, und später Fisch. Zwei Jahre später (jetzt vor fast zwei Jahrzehnten) wurde ich zum Veganer.
Ich weiß also, wie das ist. Selbst wenn man seine Ernährung umstellen *will*, ist es leicht zu sagen, wenn man vor einer Speisekarte sitzt: *Diesmal nicht. Diesmal nehme ich einfach das, von dem ich weiß, dass es mir schmecken wird. Die Veränderung kommt morgen.*

Zeit für Pragmatismus

> Der Pragmatismus stellt seine übliche Frage. ›Angenommen, eine Idee oder eine Überzeugung ist wahr‹, heißt es, ›welchen konkreten Unterschied wird ihr Wahrheitsgehalt im tatsächlichen Leben eines Menschen machen? Wie wird die Wahrheit verwirklicht werden? Welche Erfahrungen werden sich von denen unterscheiden, die man machen würde, wenn die Überzeugung falsch wäre? Was, kurz gesagt, ist der bare Wert der Wahrheit?‹ – *William James*

Es sollte inzwischen klar sein, dass die Gesellschaft vom Fleisch zu entwöhnen eine gewaltige Aufgabe ist. Als Individuen und als Gesellschaft haben wir ein unglaublich starkes Interesse an und Abhängigkeit von der Verwendung von Tieren. Diese Wahrheit – in Kombination mit den einzigartigen Herausforderungen der Tierrechts- und Veganbewegung – macht einen Wandel langsam und schwierig. Obwohl wir unsere Organisationen ausbauen und professionalisieren, machen Vegetarier:innen und Veganer:innen selbst in den in dieser Hinsicht »fortgeschrittensten« Ländern nicht mehr als ein paar Prozent der erwachsenen Bevölkerung aus. Auch wenn wir das anders wahrnehmen mögen, ist die Zahl der Veganer:innen in den letzten Jahrzehnten nicht spektakulär angestiegen (VRG). Hal Herzogs Einschätzung ist keine, über die wir uns freuen können: »Ungeachtet dessen, was man manchmal hört, hat die Tierrechtsbewegung in den letzten dreißig Jahren unseren Wunsch, andere Tierarten zu verzehren, nicht besonders beeinträchtigt.« (S. 176) Veganville scheint für die meisten Menschen unvorstellbar weit weg zu sein, auf einem Berg, der zu hoch ist, um ihn zu besteigen. Währenddessen versuchen unsere Gegner:innen zu verhindern, dass Menschen den Aufstieg überhaupt antreten, indem sie buchstäblich Milliarden von Euro in Werbung investieren, damit die Menschen auch weiterhin süchtig nach Fleisch bleiben.[2]

In der gegenwärtigen Lage reicht es daher nicht aus, sich nur auf den Ansatz zu konzentrieren, Menschen dazu zu bringen, für die Tiere vegan oder direkt zu erklärten Anti-Speziesisten zu werden. Norm Phelps schreibt 2014:

> Dies ist nicht die Zeit, in der wir erwarten können, dass direkte Strategien zum Erfolg führen. Dies ist eine Zeit für indirekte Strategien; für das Säen von Samen, die in der Zukunft Früchte tragen werden [...] Dies ist eine Zeit, in der wir Kraft sammeln und den Grundstein für künftige Erfolge legen müssen. (S. 64)

Kurz gesagt, es ist eine Zeit, in der man sehr pragmatisch sein muss. Pragmatismus ist laut dem *Cambridge Essential English Dictionary* der Ansatz, ein Problem auf eine Art und Weise anzugehen, die den real existierenden Bedingungen entspricht, anstatt festen Theorien, Ideen oder Regeln zu folgen. Pragmatisch zu sein bedeutet also, sich um die Realität und nicht um abstrakte Regeln zu kümmern. Es ist schwierig, ein gutes Wort für das Gegenteil von Pragmatismus zu finden. *Dogmatismus* hat eine zu negative Konnotation, während ein anderer Kandidat, der *Idealismus*, übermäßig positiv wirkt. Ich schlage vor, ein Spektrum wie dieses zu erwägen (Abb. 4):

Abb. 4: Das Spektrum von Idealismus bis Pragmatismus

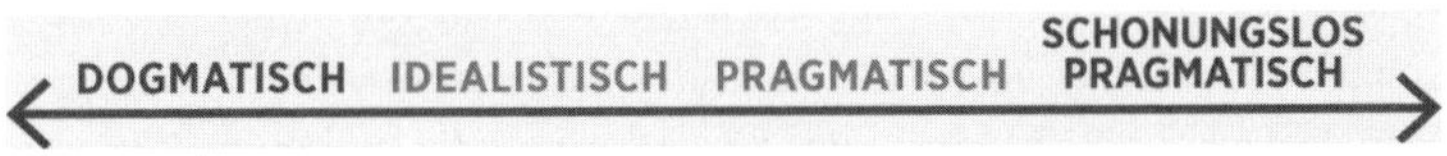

Sich zu weit entlang des Spektrums in die eine oder andere Richtung zu bewegen, kann problematisch sein. Ein Dogma ist gefährlich und unproduktiv, aber wenn man zu weit in die andere Richtung geht, läuft man Gefahr, zu viele Kompromisse einzugehen oder bei der Erreichung seiner Ziele skrupellos zu sein. Ich werde das Wort *idealistisch* als das Gegenteil von *pragmatisch* verwenden und dabei im Auge behalten, dass Dogmatismus hinter jeder Ecke lauern kann.

Lassen Sie mich den Unterschied zwischen Pragmatismus und Idealismus am Beispiel der Kampagne für einen Veggieday (oder fleischfreien Montag) veranschaulichen. Dazu später mehr, aber nehmen wir vorerst einmal an, dass es gute Gründe dafür gibt zu glauben, dass diese Kampagne uns unserem Ziel näherbringt. Diejenigen mit einer pragmatischen Einstellung würden die Kampagne also befürworten, weil sie sich am meisten mit der Frage beschäftigen: Funktioniert das? Diejenigen auf der anderen Seite des Spektrums könnten jedoch Probleme damit haben, von den Menschen zu verlangen, nur einen Tag in der Woche fleischfrei zu leben. Wenn wir glauben, dass das Töten von Tieren moralisch falsch ist, so die Argumentation, dann können wir die implizite Annahme auch nicht stillschweigend dulden, dass es in Ordnung sei, an den anderen sechs Tagen der Woche Tiere zu essen. (Dasselbe Argument könnte man in der Diskussion zwischen Veganer:innen und Vegetarier:innen anführen. Fleischlos bedeutet nicht vegan.) Dies entspricht nicht der Überzeugung der Idealist:innen. Sie werden sagen, dass die Forderung nach nur einem Veggieday nicht richtig ist und deshalb nicht befürwortet werden sollte.

Obwohl diese unterschiedlichen Positionen zu zwei unterschiedlichen Schlussfolgerungen führen können, wie z.B. die Unterstützung der Veggieday-Kampagne oder nicht, ist es wichtig zu beachten, dass die Idealist:innen – die sich auf »Richtigkeit« konzentrieren – Effizienz nicht grundsätzlich ignorieren. Sie denken vielleicht sogar wirklich, dass die Kampagne nicht funktioniert. Darüber hinaus glauben Idealist:innen oft, dass das, was moralisch richtig ist, zum besten Ergebnis führt, oder umgekehrt, dass etwas, was in ihren Augen nicht richtig ist, nicht funktionieren kann. Aber das ist eher eine Phantasie als eine Tatsache. In ähnlicher Weise stimmen Pragmatiker:innen – die sich auf die »Wirksamkeit« konzentrieren – mit dem Prinzip überein, keine Tiere zu nutzen, und ignorieren dabei die Frage der »Richtigkeit« nicht. Wir sehen also, dass sowohl Pragmatiker:innen als auch Idealist:innen sowohl die Wirksamkeit als auch die Richtigkeit (die Ergebnisse und die Prinzipien) für wertvoll halten. Nur ihre Schwerpunkte sind verschieden. Niemand ist rein ergebnisorientiert, und niemand ist rein auf Regeln oder Prinzipien fixiert. Jede:r bis auf den:die skrupelloseste:n Pragmatiker:in hat Prinzipien, die er:sie niemals brechen wird. Alle bis auf den:die dogmatischste:n Idealist:in werden zustimmen, dass wir in bestimmten Situationen der Wirkung Vorrang einräumen und ein Prinzip vorübergehend zurückstellen müssen. (Siehe Seite 62 für eine weitere Diskussion des Veggieday.)

Die unten aufgeführte Tabelle gibt eine weitere mögliche Beschreibung sowohl eines idealistischen als auch eines pragmatischen Ansatzes in der Veganbewegung. Dabei sollten wir eher von einem Spektrum als von einer strengen Dichotomie sprechen.

	Idealistisch	**Pragmatisch**
Endziel	Beendigung des Tötens, Leidens und der ungerechten Behandlung von Tieren	
Strategisches Ziel	mehr Veganer:innen	Reduzierung des Konsums
Handlungsaufruf	Handlungsaufruf, der das Endziel bestätigt: »Werdet vegan«	Handlungsaufruf, der zur Erreichung des Ziels beiträgt: »reduzieren«, »mehr pflanzlich essen«, »fleischlos essen«, »Veggieday einführen«, »Vegetarier:in werden«
Argumente	wegen der Tiere	aus beliebigem Grund (Tiere, Gesundheit, Geschmack, Nachhaltigkeit)
Fokussierung	Fokus auf persönliche Werte, Pflichten, Moral	Fokus auch auf die Alternativen/ Umgebung
Partner	exklusiv: Zusammenarbeit mit Gleichgesinnten	inklusiv: Zusammenarbeit mit allen, die zur Erreichung des Ziels beitragen können
Tierwohlreformen	nicht befürwortet oder gar unterstützt	begrüßt oder zumindest nicht abgelehnt

Leider ist innerhalb von sozialen Bewegungen eher eine Polarisierung typisch. Das idealistische Lager stellt sich gegen das pragmatische und umgekehrt. Idealist:innen bezeichnen Pragmatiker:innen als Verräter:innen an der Sache, dass sie auf Mittel zurückgreifen, die nicht durch den Zweck gerechtfertigt werden, oder dass sie mehr und mehr vom Ziel abweichen. Erik Marcus schreibt auf seiner Website *vegan.com*, dass »der Preis dafür, ein Pragmatiker zu sein, unter anderem darin besteht, dass die eigene Integrität und Motivation immer wieder in Frage gestellt wird«. Pragmatiker:innen ihrerseits werfen Idealist:innen vor, dass sie sich in ihren eigenen Regeln festgefahren und den Kontakt zur realen Welt verloren haben, was sie ineffektiv macht. Im schlimmsten Fall entsteht daraus ein aktiver Konflikt zwischen den Vertreter:innen der extremen Enden des Spektrums.

Einige Gedankenexperimente: Idealistisch oder pragmatisch?

Sie können testen, inwieweit Sie einen eher idealistischen oder eher pragmatischen Ansatz verfolgen, indem Sie sich fragen, was Sie in den folgenden Situationen tun würden.

Essen in nicht-veganen Restaurants. Aus idealistischer Sicht sollten Sie es vermeiden, Geld für Konsum auszugeben, der nicht vegan ist (wenn Sie die Wahl haben). Die davon profitierenden Unternehmen könnten nämlich Ihr Geld in weitere Produkte investieren, die mit Tierleid verbunden sind. Von einem eher pragmatischen Standpunkt aus könnten Sie argumentieren, dass Unternehmer bei einer gesteigerten Nachfrage nach veganen Produkten oder Speisen ihre Anzahl und Vielfalt erhöhen, sodass viele andere Kunden eher die veganen als die tierischen Produkte probieren würden. Diese Frage kann sich auch bei größeren wirtschaftlichen Entscheidungen stellen. Nehmen wir an, eine hauptsächlich omnivor ausgerichtete Fast-Food-Kette testet einen neuen veganen Burger. Schlagen Sie als Aktivist:in in einer Veganorganisation, die eine erhebliche Veränderung bewirken kann, Ihren Mitgliedern und Anhänger:innen vor, den Burger zu kaufen, um den Verkauf anzukurbeln, damit er landesweit auf den Markt kommt und viele fleischessenden Menschen ihn anstelle ihres üblichen Fleischburgers wählen können?

Der hervorragende vegetarische Burger und der schreckliche vegane Burger. Stellen Sie sich eine Situation vor, in der Sie einem wirklich hungrigen nicht-veganen Freund (nennen wir ihn Bill), ein Mittagessen spendieren können. Das Restaurant bietet zwei fleischlose Speisen an: einen herrlich schmeckenden vegetarischen Burger (mit Ei als Bindemittel) und einen schrecklich schmeckenden veganen Burger. Welchen wählen Sie? Von einem idealistischen Standpunkt aus betrachtet, könnten Sie argumentieren, dass Sie sich nicht erlauben dürfen, etwas Nicht-Veganes zu kaufen oder gar zu empfehlen. Pragmatisch gesehen könnten Sie entscheiden, dass Bill eine Erfahrung machen wird, die buchstäblich und metaphorisch einen schlechten Nachgeschmack hat, wenn er den schlechten veganen Burger isst. Dadurch könnte Bill in Zukunft weniger geneigt sein, andere vegane Produkte auszuprobieren und würde entsprechend sein »Veggie-Vorurteil« schwerer verlieren. Einen leckeren vegetarischen Burger zu essen, würde dagegen eine gewisse Mitschuld an Tierleid bedeuten, aber der psychologische Effekt einer Person, die denkt: »Ist das fleischlos? Das ist ja lecker!« ist langfristig wahrscheinlich wesentlich katalytischer und wertvoller.

Wenn ich behaupte, dass dies eine Zeit für erheblichen Pragmatismus ist, dann meine ich damit auch, dass eine Zeit kommen wird, in der ein idealistischer Ansatz angebracht ist. Wie pragmatisch oder idealistisch eine Bewegung sein kann oder sollte, hängt in hohem Maße davon ab, in welcher Phase sie sich befindet. Im Laufe der Zeit, wenn die öffentliche Anerkennung unserer Sache wächst und die Abhängigkeit von Tiernutzung abnimmt, wird die Bedeutung des Pragmatismus abnehmen und idealistische Botschaften werden produktiver und notwendiger werden. Wir können dies wie folgt darstellen (Abb. 5):

Abb. 5: Pragmatismus und Idealismus im Laufe der Zeit

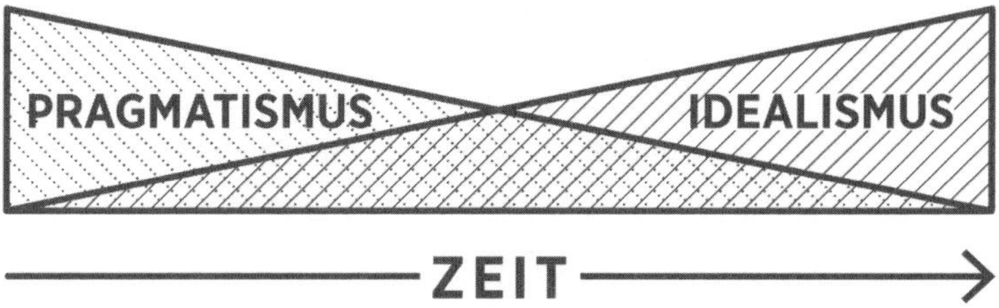

Die Laufbahn eines:r Vegan-Aktivist:in

Im Laufe Ihres Lebens als Vegan-Aktivist:in werden Sie Ihren Ansatz und Ihre Überzeugungen darüber, was angemessen oder wirksamer ist, wahrscheinlich ändern. Lassen Sie mich die Phasen beschreiben, die ich selbst in fast zwanzig Jahren Aktivismus durchlaufen habe.

1. Interesse und Konvertierung

Nachdem es lange Zeit in meinem Hinterkopf herumgegeistert war, rückte das »Veganwerden« schließlich in den Vordergrund. Der wesentliche Grund dafür war die grausame Behandlung von Tieren. (Andere sind vielleicht besorgt um ihre Gesundheit, oder um die Auswirkungen der Tierlandwirtschaft auf die Umwelt oder werden vegan, weil ihr:e Lebensgefährt:in vegan lebt.) Ich begann, tierische Produkte aus meiner Ernährung zu streichen. Nach zwei Jahren, ab 1998, begann ich, mich als Veganer zu bezeichnen.

2. Aktivierung

Ich las immer mehr über den Schrecken der Tiermisshandlung und beschloss, dass ich mehr tun musste. Ich begann, für die Sache zu brennen und wollte allen Menschen dabei helfen, vegan zu werden. Inzwischen glaubte ich voll und ganz an die Befreiung der Tiere. Ich schrieb meine Masterarbeit darüber und absolvierte unmittelbar nach meinem Abschluss Praktika bei vier verschiedenen Tierrechtsorganisationen in den Vereinigten Staaten.

3. Radikalisierung

Nach einer Weile wurde ich frustriert und gelegentlich wütend über die Unempfänglichkeit der Menschen im Angesicht von so viel Ungerechtigkeit und Leid. Ich lernte verschiedene Menschen in der Veganbewegung kennen und las Artikel und Bücher, die eine krasse Schwarz-Weiß-Sicht des Veganismus vermittelten. Ich entschied, dass es »keine Entschuldigung für Tiermissbrauch« gab und dass Menschen vegan werden müssten, sobald sie die Fakten kannten. Ich kritisierte einige Tierrechtsorganisationen, die eine pragmatische Position einnahmen, und hielt sie für Verräter an der Sache, »tierwohlorientiert«[3] und zu weich. Ich stellte ihre Motive in Frage.

4. Realisierung

Nach mehr Lektüre, Nachdenken und Gesprächen *realisierte* ich, dass der Ansatz, den ich verfolgte, nicht der effektivste war, und wurde *realistischer* und pragmatischer, ohne auch nur eines meiner Prinzipien zu ändern oder zu verraten. Ich kam zu dem Schluss, dass die Menschen mehr als nur moralische Überzeugungsarbeit brauchen und dass Ermutigung besser funktioniert als Schuldzuweisungen. Ich beobachtete immer wieder, wie viele Menschen um mich herum ihre Essgewohnheiten änderten, ohne dass ich ihnen dies gepredigt hätte. Ich erkannte auch, dass die meisten Menschen, die für Tierrechtsorganisationen arbeiten, gute Absichten haben und wichtige Arbeit leisten.

Fazit

Die Frage danach, was funktioniert und was nicht, muss immer im Kontext der Umstände beantwortet werden: Das Wo und Wann der Situation ist entscheidend. Jede Strategie, die heute gut funktioniert, wird vielleicht in zehn Jahren nicht mehr funktionieren. Umgekehrt sind manche Strategien oder Kampagnen heute vielleicht nicht ideal, können aber in der Zukunft nützlich werden – wenn es, wie zu hoffen ist, mehr öffentlichen Rückhalt für radikalere Maßnahmen gibt.

Aufgrund der extremen Abhängigkeit der Menschen von der Nutzung von Tieren, der Einzigartigkeit der Herausforderung der Tierrechtler:innen, der Tatsache, dass wir relativ wenige sind, und der großen Opposition gegen unsere Sache brauchen Veganer:innen eine hohe Dosis Pragmatismus. In diesem Zusammenhang schlage ich in den nächsten Kapiteln Folgendes vor:

- Wir sind pragmatisch in dem, was wir von den Menschen fordern.
- Wir sind pragmatisch in den Gründen, die wir den Menschen für eine Veränderung anführen.
- Wir schaffen eine Umgebung, die den Umstieg erleichtert.
- Wir setzen auf ein entspannteres Konzept von Veganismus.

Es ist leicht, ein Philosoph zu sein und wahre Dinge über Tierrechte zu sagen. Viel schwieriger ist es, sich die Hände schmutzig zu machen und die richtigen Dinge zur richtigen Zeit zu tun, um wirklich etwas zu bewirken. Das ist die Kunst des wirkungsvollen Aktivismus.

2. Der Handlungsaufruf
Was wir von den Menschen fordern

> Man kann über den höchsten Berg gehen, einen Schritt nach dem anderen. – *John Wanamaker*

Wir wollen, dass so viele Menschen wie möglich nach Veganville kommen und dort leben. Aber folgt daraus, dass »Kommt zu uns nach Veganville!« *die* Botschaft ist, die wir vermitteln sollten? Was wäre, wenn wir etwas vorschlagen könnten, das attraktiver und erreichbarer klingt? Was wäre, wenn wir einige Zwischenziele anbieten würden? Oder vielleicht können wir den Besucher:innen sagen, dass sie nicht bis nach Veganville kommen müssen, sondern überall auf dem Berg hervorragend leben können. Sie hätten eine tolle Aussicht und viele der Vorteile, die ein Leben in der Nähe von Veganville mit sich bringt! Oder was, wenn wir die Leute nur einladen, uns zu besuchen? Anstatt ein Haus in Veganville zu kaufen oder zu bauen, können wir ihnen einen Monat in einem Hotel oder Resort anbieten und sehen, wie es ihnen gefällt.

Was sollten wir in einer Zeit, in der Menschen in immer mehr Ländern komplett fleischsüchtig sind, idealerweise von ihnen verlangen? Vegan werden? Vegetarier:in werden? Weniger Fleisch essen? Am Veggieday teilnehmen? Wenn wir etwas Geringeres als Veganismus verlangen, sollten wir den Menschen dann immer noch klar zu verstehen geben, dass Veganismus letztlich dennoch das Ziel ist?

Nennen wir das, was wir sowohl von Einzelpersonen als auch von Institutionen verlangen, den *Handlungsaufruf*. Es gibt keinen Konsens unter Veganer:innen über den besten Handlungsaufruf. Es gibt nicht einmal einen Konsens darüber, was wir bisher tun. Einige Aktivist:innen werden das, was sie als schleppenden Fortschritt empfinden, darauf zurückführen, dass wir die Menschen *nicht* dazu auffordern, vegan zu leben. Andere werden das Gegenteil behaupten: Wir haben die

»Werde vegan!«-Botschaft zu sehr betont. In jedem Fall werden viele Veganer:innen sagen, dass unser Handlungsaufruf nicht ideal war. Das ist ein Grund mehr, ihn zu überprüfen.

Wenn wir nun den Handlungsaufruf infrage stellen, können wir ihn wiederum aus einer pragmatischen oder aber einer idealistischen Richtung betrachten. Sind wir pragmatisch, suchen wir nach dem Handlungsaufruf, der den größten Nutzen hat, der uns die besten Ergebnisse bringt, die wir uns wünschen (weniger Leiden, Töten oder Ungerechtigkeit). Diejenigen, die eher idealistisch eingestellt sind, werden hingegen sehr darauf achten, welche die moralisch richtige Frage ist, die man stellen muss. Ist es z.B. ethisch angemessen, Menschen zu bitten, weniger Fleisch zu essen, den Veganismus für eine Weile auszuprobieren oder zunächst einmal auf Fisch und Hühner zu verzichten?

Es geht also darum, ob wir einen *schrittweisen* Handlungsaufruf nutzen können oder sollten. Schrittweise Handlungsaufrufe können unterschiedlich formuliert werden. Variieren können hierbei:

- Die Häufigkeit (weniger Fleisch essen; unter der Woche kein Fleisch essen, einen veganen Tag einlegen, vor sechs Uhr abends vegan sein)
- Die Portionen (kleinere Fleischportionen essen)
- Der Zeitraum (im Januar vegan leben, wie es die Kampagne Veganuary vorschlägt)
- Die Art der Tiere, die Sie essen oder nicht essen (z.B. aufhören, Huhn zu essen, wie es die Organisation One Step for Animals vorschlägt)
- Die Art des Fleisches (mehr »Bio«, »Freilandhaltung«, »grasgefüttert« essen)

Kompromissbereitschaft ist keine Komplizenschaft

Etwas anderes zu fordern als das, was man wirklich will, beunruhigt viele Veganer:innen, aber es ist ein üblicher Ansatz in allen sozialen Bewegungen und es ist ein Markenzeichen des Pragmatismus. Im Jahr 1806 befanden sich die britischen Abolitionist:innen in einer Zwickmühle.[4] Seit über 20 Jahren hatten sie erfolglos versucht, den britischen Sklavenhandel zu verbieten. Nach mehreren teuren und demütigenden Kriegsniederlagen und dem andauernden Konflikt mit Napoleons Frankreich war die öffentliche und politische Meinung ihrer Sache gegenüber feindlich geworden. Die Abolitionist:innen waren zunehmend entmutigt. In dieser dunklen Stunde schlug der Abolitionist und Seerechtsexperte James Stephen eine neue Strategie vor. Anstatt dem Parlament ein weiteres unrealistisches Abolitionsgesetz vorzulegen, plante er, ein Gesetz einzubringen, das es den Briten lediglich verbot, in den Sklavenhandel Frankreichs und seiner Verbündeten, insbesondere der Vereinigten Staaten, zu investieren, den Handel zu versichern, zu beliefern oder sich anderweitig daran zu beteiligen. Zudem legalisierte dieses Gesetz die Beschlagnahmung französischer und verbündeter Sklavenschiffe durch britische Marineschiffe und Freibeuter.

Dies war aus zwei Gründen eine geniale Idee. Sie würde die nationalistischen Gesinnungen ansprechen. Und sie würde Marine- und Schifffahrtsvertreter:innen ansprechen, da die Besatzungen berechtigt wären, einen Prozentsatz des Wertes jedes illegalen Schiffes zu beanspruchen, das sie gekapert haben. Der britischen Öffentlichkeit und den Politikern war nicht bewusst, dass etwa zwei Drittel der britischen Sklavenschiffe entweder unter französischer oder unter US-amerikanischer Flagge segelten. Obwohl das Gesetz als patriotische Floskel erschien, sollte es einen großen Teil des britischen Sklavenhandels abschaffen.

Dennoch zögerten viele Abolitionist:innen. War es richtig, sich mit einer Teillösung für ein grundsätzliches Übel zu begnügen? War es vielleicht sogar möglich, dass sie durch die Ausschaltung der Konkurrenz den bestehenden Sklavenhandel noch verstärkten? Und könnte die Öffentlichkeit nicht annehmen, dass die Abolitionist:innen die Sklaverei unter der eignen britischen Flagge damit stillschweigend befürworteten?

Letztlich beschlossen die Abolitionist:innen, Stephens Plan zu folgen. Der Foreign Slave Trade Act erwies sich als großer Erfolg. Er eliminierte sofort einen großen Teil des britischen Sklavenhandels und destabilisierte, den Befürchtungen der Abolitionist:innen zum Trotz, den Rest. Zudem stärkte dieses Vorgehen die Unterstützung für die Abolition. Nur ein Jahr später wurde das lang ersehnte Gesetz zur Abschaffung des Sklavenhandels verabschiedet.

Dies war nicht der einzige schwierige Kompromiss, den die Abolitionist:innen eingingen. Ein noch härterer Kompromiss war fast 20 Jahre zuvor getroffen worden. Bei einem ihrer ersten Treffen stimmten sie dafür, nur für die Beendigung des Sklavenhandels zu arbeiten und nicht für die Befreiung der britischen Sklav:innen (und der Sklav:innen der Kolonien). Sie trafen diese Entscheidung nicht leichtfertig. Sie wussten, dass damit mehr als eine halbe Million Menschen versklavt blieben, die meisten von ihnen unter entsetzlichen Umständen auf den karibischen Zuckerplantagen. Allerdings hielten sie diesen Kampf *zu jenem Zeitpunkt* für aussichtslos. Sie hofften, dass die Beseitigung des Sklavenhandels den Grundstein für die zukünftige Emanzipation legen würde, was letztlich auch geschah.

Eine Lektion vom Glutenfrei-Phänomen

Für die Mitglieder der britischen Anti-Sklaverei-Bewegung waren pragmatische Forderungen entscheidend, um ihr Endziel zu erreichen. Um zu zeigen, wie ein pragmatischer Handlungsaufruf ähnlich vorteilhaft für Tierrechtsbefürworter:innen und Veganer:innen sein kann, wenden wir uns zunächst einem anderen lebensmittelbezogenen Phänomen zu.

Egal, aus welchem Land Sie kommen, Sie haben wahrscheinlich bemerkt, dass in den letzten fünf oder zehn Jahren der Trend zu glutenfreien Produkten und Mahlzeiten immer größer geworden ist. Es gibt ihn noch nicht so lange wie den Veganismus, aber die glutenfreien Optionen in Geschäften und Restaurants scheinen sogar noch prominenter zu sein als die veganen. Wie ist es dazu gekommen?

Auf die Antwort stieß ich, als ich einen Kommentar einer Frau auf Facebook sah. Sie schrieb etwa folgendes (Abb. 6):

Abb. 6: Eine Beobachtung des Glutenfrei-Phänomens

Für diese Frau ist es eine Frage von Leben und Tod, glutenfrei zu leben. Sie leidet an Zöliakie und schon ein einziges Gramm Gluten kann schwerwiegende Folgen haben. Auf der anderen Seite gibt es Menschen, die vorgeben, dass sie glutenfrei leben müssen. Sie glauben, dass Gluten schädlich ist und dass die Vermeidung von Gluten einen positiven Effekt auf ihre Gesundheit und ihr Leistungsvermögen hat. Wissenschaftler:innen scheinen anderer Meinung zu sein und behaupten, dass es für die meisten Menschen ohne Zöliakie nicht notwendig ist, auf Gluten zu verzichten. Nennen wir diese Menschen *Simulant:innen*, wobei die Verwendung dieses Begriffs in diesem Zusammenhang nicht despektierlich gemeint ist.

Da glutenfreie Simulant:innen Gluten nicht wie die Pest meiden müssen, werden sie nicht ganz so streng damit sein. Sie können sich damit anfreunden, hier und da ein wenig Gluten zu konsumieren und es vielleicht nur zeitweise zu meiden. Die (allergische) Frau klagte darüber, dass es ihr durch dieses Verhalten erschwert würde, andere Menschen – wie z.B. Kellner:innen in Restaurants – davon zu überzeugen, ihre spezielle Ernährungsweise wirklich ernst zu nehmen. Die Kellner:innen und andere Personen sind vielleicht den Umgang mit Simulant:innen gewohnt, gehen davon aus, dass unsere Frau mit Zöliakie eine von diesen ist und sind daher vielleicht nicht streng genug bei der Berücksichtigung ihrer Anfrage. Vergleichen Sie das damit, wie Veganer:innen es problematisch finden, wenn manche Menschen sich als Vegetarier:in oder Veganer:in bezeichnen, aber ab und zu Fisch essen oder andere Ausnahmen machen. Diese Leute, so glauben wir, machen es dem Rest von uns schwerer, indem sie Verwirrung stiften. Ehe wir uns versehen, bekommen wir in einem Restaurant einen Fisch vorgesetzt, weil der Koch sich an den:die letzte:n »Veganer:in« erinnert, der:die ihn mit Freude gegessen hat.

Entscheidend ist hier der andere Punkt, den unsere Frau mit Zöliakie anspricht. Dank all der Simulant:innen kann sie jetzt aus einer Fülle von glutenfreien Produkten wählen, sowohl in Geschäften als auch in Restaurants – Produkte, die noch vor ein paar Jahren einfach nicht erhältlich waren. Die Parallele sollte klar sein. In der Veganbewegung haben wir eine kleine Gruppe echter Veganer:innen, für die die vegane Ernährung eine Frage von Leben und Tod ist, wenn auch nur in einem moralischen Sinne. Eine viel größere Menge von Menschen isst jedoch gerne ab und zu vegetarisch oder vegan, in unterschiedlichem Maße. Tatsächlich stimmen die Zahlen der Veganbewegung und des Glutenfrei-Phänomens mehr oder weniger überein: Etwa eine von hundert Personen ist allergisch gegen Gluten bzw. lebt vegan. Dagegen ist der Bevölkerungsanteil, der seinen Gluten- bzw. Fleischkonsum reduzieren möchte, um ein Vielfaches größer. Einer der Gründe, warum es viel mehr Reduzierer:innen als Veganer:innen gibt, ist natürlich, dass es für die meisten Menschen viel einfacher ist oder erscheint, ein:e Reduzierer:in zu sein als ein:e Veganer:in. Und diese Zahlen sind entscheidend.

Warum Fleischreduzierer:innen so wichtig sind

Die glutenfreien Simulant:innen oder Part-Timer waren entscheidend für den Zuwachs glutenfreier Produkte. Sie haben dazu beigetragen, einen Markt zu schaffen, der für die Hersteller profitabel war. Auf die gleiche Weise sind die Fleischreduzierer:innen entscheidend für unsere eigene Bewegung. Hier sind die Hauptgründe:

1. Viele Fleischreduzierer:innen zusammen können das System schneller verändern als ein paar Veganer:innen.

Da Reduzierer:innen zusammen viel mehr vegetarische und vegane Mahlzeiten konsumieren als Vegetarier:innen und Veganer:innen (siehe Abb. 7), können wir davon ausgehen, dass sie auch die Hauptkäufer:innen von veganen Mahlzeiten und Produkten sind.

Abb. 7: Fleischreduzierer:innen, Vegetarier:innen und Veganer:innen

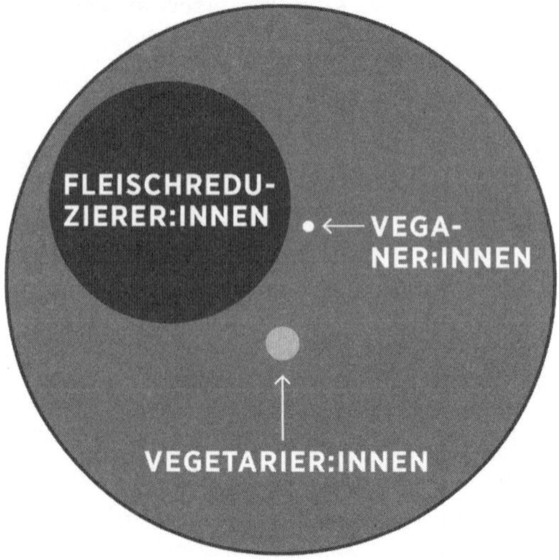

Es macht Sinn, dass Hersteller und Vertreiber von veganen Mahlzeiten und Produkten dieses Marktsegment als ihre Hauptzielgruppe sehen (Shore). Yves Potvin ist der Gründer und Präsident der kanadischen Firma Gardein, die Fleischalternativen herstellt. In einer persönlichen Korrespondenz sagte er mir: »Flexitarier:innen sind der Schlüssel zur Veränderung der Welt und die größte Gruppe, die Gardein kauft, da Veganer:innen und Vegetarier:innen immer noch einen kleinen Prozentsatz der Bevölkerung ausmachen und Flexitarier:innen auf dem Vormarsch sind.« Ähnlich äußerte sich Seth Tibbott, Gründer und Vorsitzender der berühmten Tofurky-Marke, mir gegenüber: »Obwohl Veganer:innen und Vegetarier:innen überdurchschnittlich stark vertreten sind, schätzen wir, dass sie höchstens etwa 20 bis 25 Prozent unseres Kundenstamms ausmachen. Wir sind der Meinung, dass Fleischreduzierer:innen, von denen einige ehemalige Veganer:innen oder Vegetarier:innen sind, den größten Teil unseres Umsatzes ausmachen.« Selbst in einem Nischengeschäft wie dem Herbivorous Butcher in Minneapolis schätzen die Besitzer, dass 60 bis 70 Prozent ihrer Kund:innen Omnivoren oder Fleischreduzierer:innen sind (Bird). Das Gleiche kann man wahrscheinlich für die meisten veganen Restaurants sagen.

Diese große Gruppe von Reduzierer:innen befördert also die Nachfrage und hat einen größeren Einfluss auf den Markt als die kleine Gruppe der Vegetarier:innen und Veganer:innen. Lebensmittelfirmen entwickeln neue Produkte, um diese Nachfrage zu befriedigen – manchmal, um ihre rückläufigen Umsätze mit tierischen Produkten zu kompensieren oder als Absicherung für die Zukunft. Supermärkte bieten diese Produkte an und Köch:innen bereiten Gerichte mit ihnen zu.[5]

Was wir hier sehen, ist ein positiver Kreislauf von Angebot und Nachfrage. Wenn die Nachfrage wächst, steigt die Auswahl und damit auch die Bereitschaft, sich vegetarisch oder vegan zu ernähren. Dieses Wachstum macht es für jede:n einfacher, sich weiter in Richtung Veganismus zu bewegen – genauso wie die Simulant:innen das Einkaufen, Kochen und Essen für die Frau mit Zöliakie einfacher gemacht haben. Wenn man bedenkt, wie wichtig vegane Alternativen für jede:n von uns sind, ist es nicht abwegig zu sagen, dass viele Leser:innen dieses Buches wenigstens zum Teil dank der viel größeren Gruppe von Fleischreduzierer:innen, die ihnen unwissentlich den Weg bereitet haben, heute Vegetarier:in oder Veganer:in sind. Kurz gesagt, während die Fleischreduzierer:innen zwar nicht das Sinnbild individuellen Wandels sind, scheinen sie dennoch entscheidend für den gesellschaftlichen Wandel zu sein. Und gesellschaftlicher Wandel wiederum sollte zu mehr individuellem Wandel führen. Der Bericht der Forschungsorganisation Faunalytics über ehemalige Vegetarier:innen stellt fest: »Nutztiere *könnten* mehr von Aktionen profitieren, die viele Menschen dazu ermutigen, ihren Konsum von Tierprodukten zu reduzieren, als von solchen, die nur einen kleinen Teil dazu inspirieren, vollständig auf tierische Lebensmittel zu verzichten.« (Asher et al. 2014, S. 3)

Reduzierer:innen sind, im Gegensatz zu Vegetarier:innen und Veganer:innen, nicht unbedingt oder in geringerem Maße durch ethische Gründe motiviert. Die Motivation ist jedoch irrelevant in Bezug auf den Effekt, den sie auf die Nachfrage haben. Auf den Aspekt der Motivation gehe ich im nächsten Kapitel ein.

Beispiel Sojamilch

Angebot und Nachfrage lassen sich auch am Beispiel von Sojamilch und anderen Milchalternativen verdeutlichen. Im Vereinigten Königreich z.B. entscheidet sich heute etwa jeder fünfte Haushalt für pflanzenbasierte Alternativen zu Milchprodukten. Zwischen 2011 und 2013 ist der Markt laut einer Mintel-Studie (Harrison-Dunn) um unglaubliche 155 Prozent gewachsen. Selbst der:die optimistischste Veganer:in wird, auch ohne irgendwelche Umfragen zu sehen, wissen, dass dieser Markt nicht ausschließlich aus Veganer:innen besteht. Auch greifen all diese Konsument:innen nicht unbedingt deswegen zu Alternativen, weil sie sich um die Situation der Milchkühe und ihrer Kälber sorgen. Vielmehr kaufen sie solche Produkte hauptsächlich aus gesundheitlichen Gründen und aufgrund von Geschmacksvorlieben. Diese Motivationen lassen den Markt wachsen, da sie die Hersteller dazu bringen, mehr und bessere Alternativen anzubieten, was es für Sie und mich heute einfacher macht, vegan zu leben.

2. Als Gruppe retten die Fleischreduzierer:innen mehr Tiere als Vegetarier:innen und Veganer:innen zusammen.

Alle Reduzierer:innen zusammen vermeiden mehr Tiertötungen als Vegetarier:innen und Veganer:innen zusammen. (Würden wir Reduzierer:innen plus Vegetarier:innen den Veganer:innen gegenüberstellen, wäre der Unterschied noch größer.) Eine landesweite Umfrage der Vegetarian Resource Group (VRG) in den USA von 2016 ergab, dass insgesamt 3,4 Prozent der Bevölkerung Vegetarier:innen und Veganer:innen sind, während 33 Prozent vegetarische oder vegane Mahlzeiten zu sich nehmen (VRG). Die Gesamtzahl der Mahlzeiten, die von Reduzierer:innen gegessen werden (sie werden nach der Häufigkeit vegetarischer Mahlzeiten aufgeschlüsselt), ist etwa drei- bis viermal höher als die Menge, die von Vegetarier:innen und Veganer:innen zusammengenommen gegessen wird.

3. Fleischreduzierer:innen werden eher zu Vegetarier:innen oder Veganer:innen als regelmäßige Fleischesser.

Laut dem Faunalytics-Bericht *Advocating Meat Reduction and Vegetarianism to Adults in the US* zeigen moderate Fleischkonsument:innen im Vergleich zu regelmäßigen Fleischkonsument:innen eine doppelt so hohe Bereitschaft, Vegetarier:in zu werden, während die Bereitschaft bei Halbvegetarier:innen fast sechsmal so hoch ist (2007). Die Forschung hat gezeigt, dass kleine Erfolge, sogenannte *Small Wins*, die Menschen oder Organisationen erzielen, psychologisch von unschätzbarem Wert sind, mit einem Effekt, der unverhältnismäßig größer ist als die eigentliche Leistung selbst. Der mit dem Pulitzer-Preis ausgezeichnete Journalist Charles Duhigg, der das Konzept der kleinen Erfolge in seinem Buch *The Power of Habit* bekannt gemacht hat, schreibt: »Kleine Erfolge treiben transformative Veränderungen an, indem sie winzige Vorteile in Verhaltensmuster verwandeln, die Menschen davon überzeugen, dass größere Erfolge in Reichweite sind.« (S. 112) Menschen zu kleinen Schritten aufzufordern (z.B. einen Tag auf Fleisch zu verzichten) und damit die Chance auf ein Erfolgserlebnis zu erhöhen, ist ein entscheidender Schritt, um einen Wandel zu schaffen. Und auch das Gegenteil kann zutreffen. Menschen können sich überfordert und frustriert fühlen, wenn sie etwas versuchen und es dann nicht schaffen.

Im nächsten Kapitel werden wir uns mit einigen psychologischen Theorien befassen, die erklären können, warum Reduzierer:innen wahrscheinlichere Kandidaten für einen Umstieg zur vegetarischen oder veganen Lebensweise sind als normale Fleischesser:innen.

4. Weniger Rückfälle

Verschiedenen Studien zufolge ist es wahrscheinlich, dass rückfällige Vegetarier:innen und Veganer:innen mit einem Schlag aufgehört haben, Fleisch zu essen. Menschen, die Vegetarier:in oder Veganer:in geblieben sind, haben dagegen eher einen allmählichen als einen abrupten Übergang zum Vegetarismus oder Veganismus vollzogen. Diese

Erkenntnislage ist immer noch nur vorläufig, sollte aber berücksichtigt werden. Der Ratschlag an Raucher:innen: »Reduzieren Sie, bevor Sie aufhören«, könnte auch für Omnivoren gelten (Haverstock und Forgays, Asher et al. 2014).

5. Der Streufaktor

Ein letzter Grund, warum Reduzierer:innen mehr Einfluss haben könnten, ist, dass sie in der Gesellschaft weiter verbreitet sind und somit mit mehr Menschen, Institutionen und spezifischen Umgebungen in Kontakt kommen, die sie beeinflussen können. Die vereinte Nachfrage der Reduzierer:innen nach Speisen und Produkten verbreitet sich so auf mehr und unterschiedliche Orte, Restaurants, Supermärkte und andere Verkaufsstellen.

Auf diese Weise konfrontieren die Reduzierer:innen potenziell einen größeren Teil des Angebots mit der veganen Nachfrage. Ein:e Gastronom:in könnte geneigt sein, sich mehr Mühe für sieben Personen zu geben, die an einer »Meatless Monday«-Kampagne teilnehmen, als für eine:n einzelne:n Veganer:in. Abgesehen von den Zahlen ist es möglich, dass Veganer:innen eher unter sich bleiben, vegane Restaurants bevorzugen und in veganen Gruppen essen, sodass ihr potenzieller Einfluss geringer ist. Andererseits sind Veganer:innen vielleicht öffentlich aktiver und haben in dieser Hinsicht einen stärkeren Einfluss auf ihre Umgebung. Z.B. sind es meist Veganer:innen, die es durch ihr Schreiben und Kommunizieren schaffen, eine Firma dazu zu bewegen, eine tierische Zutat aus ihrem Produkt zu entfernen und es zu veganisieren. Dies ist alles etwas spekulativ, doch es wäre interessant, die Auswirkungen der »Verbreitung« zu untersuchen.

Unseren Handlungsaufruf verbessern

Aus unserem Bestreben, eine bessere Welt für Tiere zu schaffen, folgt eindeutig eine (im Prinzip) vegane Welt. Da im Allgemeinen nicht-vegane Produkte und Konsumgewohnheiten zum Leiden der Tiere beitragen, würde es für Veganer:innen inkonsequent erscheinen, von den Menschen etwas anderes zu verlangen als »Werdet vegan!« Wenn also Konsistenz in unseren Zielen und unserer Ideologie das Kriterium für unseren Handlungsaufruf ist, dann scheint die Forderung nach Veganismus zwangsläufig. Wenn wir jedoch die Effektivität als Kriterium berücksichtigen, sollten wir die Botschaft, den Konsum tierischer Produkte zu *reduzieren*, in unseren Aktionsaufruf wenigstens einbeziehen. Die Reduzierung des Konsums zu fordern, ist nicht so dramatisch oder streng wie »Werdet vegan!«, daher wollen wir Kriterien prüfen, die uns bei der Formulierung eines starken Handlungsaufrufs zum Reduzieren helfen können.

1. Ein Handlungsaufruf, für den die Menschen offen sind

Ein Handlungsaufruf sollte so formuliert sein, dass die Menschen nicht sofort Augen und Ohren davor verschließen. Es geht nicht um die Umsetzung, sondern um den Schritt davor: die Offenheit der Menschen für das, was Veganer:innen sagen, schreiben oder vorleben. Sie werden eher offen sein, wenn wir sie um etwas bitten, das machbar ist und von dem sie sich vorstellen können, es auch selbst umzusetzen.

Wir können ihnen natürlich sagen, dass sie Vegetarier:in oder Veganer:in werden sollen, aber es ist hilfreich zu bedenken, dass ein solcher Schritt für den größten Teil unseres Publikums entmutigend ist. Wie ich bereits erwähnte, scheint »für die meisten Erwachsenen [...] der Verzicht auf Fleisch eine beängstigende oder absurde Vorstellung zu sein. Fast 8 von 10 sagen, dass es ›überhaupt nicht wahrscheinlich‹ ist, dass sie jemals ganz auf Fleisch verzichten werden« (Faunalytics 2007) – eine Zahl, die sich im letzten Jahrzehnt leicht zu unseren Gunsten verändert haben könnte. Eine aktuellere belgische Umfrage zeigte jedoch, dass praktisch keiner der regelmäßigen Fleischesser:innen daran denkt, Vegetarier:in zu werden (Ivox). Und dabei sprechen wir hier noch gar nicht von Veganismus.

Während sich das Bild von Vegetarismus und Veganismus in der Öffentlichkeit in den letzten Jahren verbessert zu haben scheint, haben viele Menschen immer noch negative Assoziationen mit diesen Themen, insbesondere mit dem Veganismus sowie mit der Idee der Tierrechte (Cooney 2014, S. 48). Dies trägt natürlich kaum dazu bei, den direkten Appell »Werde vegan!« wirksamer zu machen.

Natürlich könnten wir uns fragen, inwieweit die Aufgeschlossenheit unseres Publikums eine Rolle spielt. Ein Grund für die Abneigung ist zweifellos das Festhalten der Menschen an ihrer bevorzugten Ernährung, und viele werden sicher immer nach einer Ausrede suchen, um nicht zuzuhören. Aber selbst wenn wir die Bereitschaft der Menschen zuzuhören nicht vollständig kontrollieren können, wäre es dennoch sinnvoll, Botschaften zu wählen, die eine offenere Haltung hervorrufen.

2. Ein Handlungsaufruf, dem Menschen auch folgen

Obwohl »Werde vegan!« vielleicht nicht die ideale Botschaft ist, weil es eine zu schwierige Forderung ist, ist die Aussage »Iss weniger Fleisch« (oder weniger tierische Produkte) vielleicht auch nicht unsere effektivste Option. Zum einen ist »Esst weniger Fleisch« nicht konkret. Die Menschen werden nicht wissen, was sie tun sollen und keine klare Vorstellung davon haben, ob sie das Ziel erreichen. Viele werden sagen, dass sie bereits weniger Fleisch essen, aber in vielen Fällen stimmt das einfach nicht.[6] Ein weiteres Problem ist, dass eine Verhaltensänderung – besonders bei einem schwierigen Thema wie Essen und insbesondere bei tierischen Produkten – einfacher ist, wenn die Menschen eine Art Struktur oder System haben. In ihrem Buch *Switch: How to Change Things When Change Is Hard* geben Chip und Dan Heath den Tipp, »die kritischen Schritte aufzuschreiben«. Sie schlagen vor, dass wir unseren Zuhörer:innen klare Anweisungen für die zu ergreifenden Maßnahmen geben sollten. Das ist vor allem deshalb notwendig, weil Menschen sonst Gefahr laufen, in die sogenannte Analyse-Lähmung zu geraten. Konfrontiert mit zu vielen Optionen und zu vielen widersprüchlichen Informationen drehen sie sich im Kreis und tun am Ende gar nichts.

Angenommen wir sind uns einig, dass es in vielen Situationen strategisch sinnvoll ist, nicht den »Werde vegan!«-Handlungsaufruf zu verwenden, sondern vorzuschlagen, dass die Menschen weniger Fleisch oder weniger tierische Produkte essen, dann ist hier eine Liste mit konkreten Handlungsaufrufen, die wir verwenden *könnten*:

- Veggieday am Donnerstag (oder jeder andere fleischlose Tag, wie z.B. der Meatless Monday oder der Dienstag in Brasilien)
- Vegan vor Sechs, eine Idee, die vom amerikanischen Food-Blogger und ehemaligen *New York Times*-Journalisten Mark Bittman ins Leben gerufen wurde
- Wochentags-Vegetarismus
- Veganismus zu Hause
- Eine zeitlich begrenzte Vegan Challenge oder ein Vorsatz wie Veganuary (siehe Kasten auf S. 63)

Jeder dieser Handlungsaufrufe hat seine Vor- und Nachteile. Nichtsdestotrotz bieten alle den Menschen einen Ansatz oder eine Struktur, zu der sie sich verpflichten können. Auch können sie praktikabler und machbarer erscheinen als die Aufforderung zum »kalten Entzug«.

Ein Handlungsaufruf, den ich weniger befürworte, ist die Aufforderung, kleinere Fleischportionen zu essen, wie es viele Regierungsempfehlungen vorsehen. Diese Aufforderung ist nicht konkret, es ist schwer, eine Kampagne darum aufzubauen, und vor allem bietet sie den Menschen nicht die Möglichkeit, neue Speisen auszuprobieren. Es ist unwahrscheinlich, dass Fleischesser:innen ein kleines Stück Rindfleisch *und* ein Stück Tofu oder einen halben Veggie-Burger auf ihrem Teller haben werden. Folglich wird sie dies nicht näher an eine Ernährung *ohne* Fleisch (oder tierische Produkte) heranführen, auch wenn es natürlich einen erheblichen Einfluss auf die Nachfrage haben könnte, wenn viele Menschen so essen würden.

Veganuary und andere Kampagnen

Viele vegane Organisationen auf der ganzen Welt führen Vorsatz-Kampagnen durch, bei denen man sich selbst vornimmt, eine Zeit lang vegan (oder vegetarisch) zu leben. In Bezug auf unsere Metapher werden die Menschen eingeladen, eine Zeit lang in Veganville zu leben, um zu sehen, wie es ihnen gefällt.

Das bekannteste Beispiel ist die Veganuary-Kampagne, die in Großbritannien begann (www.veganuary.com). Kampagnen wie diese haben einige besondere Vorteile. Viele von denen, die in Erwägung ziehen, vegan zu werden, befürchten, dass sie die Lebensweise irgendwann wieder aufgeben werden. Allein der Gedanke an zukünftiges Versagen, Peinlichkeit oder Kritik kann diese Personen davon abhalten, überhaupt etwas zu tun. Indem sie sich vornehmen, eine Zeit lang vegan zu leben, verpflichten sie sich nicht, für immer vegan zu sein, was wahrscheinlich dazu beiträgt, dass sie mit dem Umstieg beginnen.

Kampagnen wie Veganuary laufen nicht nur für eine bestimmte Anzahl von Tagen, sondern auch zu einer bestimmten Zeit im Jahr. Die Tatsache, dass alle gemeinsam beginnen, ist an sich schon ein großer Anreiz zur Teilnahme. Diejenigen, die befürchten, dass sie der Herausforderung eines Monats ohne tierische Produkte nicht gewachsen sind, können Ermutigung in dem Gedanken finden, dass sie nicht allein sind, sondern in einer Gemeinschaft mit Tausenden anderen. Veganuary hatte im Jahr 2017 fast 60.000 Teilnehmer:innen aus 150 Ländern. Diese Massenbeteiligung ist beruhigend und hilft dabei, eine Norm und vielleicht sogar einen gewissen Druck aufzubauen: *Wow, so viele Leute machen das! Da kann ich ja eigentlich kaum nicht mitmachen, oder?* Dass die Kampagne zu einem bestimmten Zeitpunkt im Jahr beginnt, ist auch ein großartiges Mittel, um mediale Aufmerksamkeit zu bekommen. Es ist eine ideale Gelegenheit für viele Restaurants und Kantinen, ihr vegetarisches oder veganes Angebot testweise für einen kurzen Zeitraum zu vergrößern.

3. Ein Handlungsaufruf, der glaubwürdig ist

Egal wie stark die Argumente für den Veganismus sind, Nicht-Veganer:innen werden versuchen, das Argument zu zerpflücken und Gründe zu nennen, warum Veganismus nicht praktikabel sei. Veganer:innen mögen diese Einwände nicht glaubwürdig finden, entscheidend hierbei ist aber, dass die Kritiker:innen die Einwände nun mal in den meisten Fällen glauben. Nehmen wir das Argument, dass vegane Ernährung gut für die Gesundheit ist. Ob rationale und wissenschaftlich fundierte Behauptungen gegen vegane Ernährung vorgebracht werden können, ist nicht so wichtig wie die Frage, ob die Argumente für den Veganismus in den Augen der Öffentlichkeit, der Gesundheitsexpert:innen (einschließlich der Ärzt:innen) und der Politiker:innen glaubwürdig sind. Es ist für jeden schwierig, stichhaltige Gründe zu finden, die gegen eine Reduzierung des Konsums von tierischen Produkten sprechen. Gesundheitliche Einwände treffen sicherlich nicht zu. Die meisten Menschen in der industrialisierten Welt essen zu viel tierisches Eiweiß und man kann nicht wirklich behaupten (und ich habe es auch noch nie gehört), dass eine Reduzierung nicht praktikabel ist. Glaubwürdigkeit ist besonders wichtig, wenn wir Leute mit Einfluss und Institutionen überzeugen wollen (siehe Kapitel 4 bezüglich institutioneller Veränderungen).

4. Ein Handlungsaufruf, der das Leiden und Töten so weit wie möglich reduziert

Manche konkrete Handlungsaufforderungen, denen die Menschen wahrscheinlich leicht folgen, haben möglicherweise keinen großen Einfluss. So könnte man etwa die Leute auffordern, keine Stopfleber mehr zu kaufen und zu essen. Aber selbst wenn das dann alle einhalten würden, wäre damit relativ wenig erreicht, da Stopfleber eine Spezialität ist, die nicht von einer großen Anzahl von Verbraucher:innen konsumiert wird. Man könnte gute Argumente dafür vorbringen, die Menschen aufzufordern, den Verzehr derjenigen Tiere einzustellen oder zu reduzieren, die am häufigsten getötet werden: Hühner und Fische. Trotzdem könnten einfachere Aktionen, wie die Stopfleber-Kampagne, ein Sprungbrett für umfassendere Verhaltensänderungen sein. Diese Tatsache ist der Grund, warum das Engagement gegen Pelz- oder Zirkushaltung von Tieren, die im Vergleich zur Fleischindustrie nur einen Bruchteil der Tiere nutzen, das Bewusstsein der Menschen durchaus für tierrechtliche Fragen schärfen kann.

Aber was ist mit Veganismus?

In Kapitel 5 spreche ich mehr über den Begriff des Veganismus und die vegane Kommunikation allgemein. Hier beschränke ich mich auf die »Werde vegan!«-Botschaft und die Verwendung des Wortes »vegan«.

Ich sehe einen Handlungsaufruf zum Reduzieren als komplementär zu einem veganen Handlungsaufruf. Ich behaupte nicht, dass wir die Leute niemals zu »Werde vegan!« auffordern sollten. Ich behaupte auch nicht, dass wir niemals das Wort »vegan« verwenden sollten, da es nützlich ist und immer bekannter wird. *Was* ich vorschlage, ist, dass wir sowohl die »Werde vegan!«- als auch die Botschaft der Reduktion verwenden sollten, um je nach Publikum zu entscheiden, welche davon wir verwenden. Wenn wir mit der breiten Masse kommunizieren, sollten wir vielleicht etwas anderes als »Werde vegan!« in Betracht ziehen, sofern wir versuchen, eine kritische Masse aufzubauen. Josh Tetrick, Gründer und CEO von Eat Just (ehem. Hampton Creek), dem Unternehmen, das Legehennen aus der Ernährungskette entfernen will, indem es Eieralternativen entwickelt, gibt den folgenden Ratschlag, um den Mainstream anzusprechen: »Benutzen Sie niemals das Wort ›vegan‹.« (Choi). Tetrick spricht davon, vegane Produkte an den Mainstream zu bringen. Es geht ihm nicht direkt um Bewusstseinsbildung, sondern um den Verkauf eines Produkts. Tetrick weiß, dass viele Kund:innen eine negative Einstellung zu dem Wort »vegan« haben, wie etwa Bedenken über den Geschmack, und deshalb vermeidet er es.

Getarnter Veganismus

Was wäre, wenn das *Vermeiden* des Wortes »vegan« den Absatz veganer Produkte steigern würde? Vor Jahren suchte ich in einem Whole-Foods-Supermarkt irgendwo in Kalifornien nach einem veganen Kuchen, von dem mir jemand gesagt hatte, dass er in dem Laden verkauft würde. Ich konnte ihn nicht finden und fragte die Person hinter der Theke, wo er sei. Sie zeigte mir den Kuchen und sagte, er sei nicht mehr als vegan gekennzeichnet. Sie sagte, er verkaufe sich dreimal besser, seit die Firma die Kennzeichnung geändert habe.

In letzter Zeit habe ich mehr und mehr Geschäfte gesehen, die das sind, was ich als »getarnt vegan« bezeichne. Dort wird die Tatsache, dass alle ihre Produkte vegan sind, subtil bzw. gar nicht kommuniziert. In Australien gibt es eine Fast-Food-Kette namens Lord of the Fries, die sowohl vegetarisch als auch vegan ist, aber man muss schon genau hinschauen, um das in der Kommunikation zu erkennen. Mir wurde gesagt, dass die meisten Kund:innen dieser Kette gar nicht wissen, dass sie kein Fleisch essen. In Las Vegas gibt es den berühmten Imbiss Ronald's Donuts. Nichts am Gebäude verrät, dass es dort irgendetwas Veganes gibt. Und wenn Sie wissen wollen, welche Donuts denn vegan sind, müssen Sie fragen.

Wenn diese Restaurants das Wort »vegan« nicht verwenden wollen, liegt das offensichtlich daran, dass ihre Betreiber:innen überzeugt sind oder wissen, dass der Begriff mehr Menschen abschreckt als anzieht. Das Wort bedeutet für die meisten Menschen keinen Mehrwert, sondern einen Minderwert. Um das nachvollziehen zu können, vergleichen Sie doch mal, wie Sie auf ein komplett glutenfreies Restaurant reagieren würden. Wenn Sie ganz ehrlich sind, stellen Sie sich wahrscheinlich vor, dass diese Gerichte nicht so gut sind wie die »normalen« und dass etwas (etwa der Geschmack) fehlen könnte.

All das wird sich ändern, wenn die Wertschätzung der allgemeinen Bevölkerung für vegane Produkte wächst. Ein Ansatz, um diese Wertschätzung wachsen zu lassen, könnte sein, die Menschen vegane Lebensmittel essen zu lassen, ohne dass sie es wissen.

Nach meiner Erfahrung kann der »Werde vegan!«-Ansatz bei bestimmten Zielgruppen und in bestimmten Situationen funktionieren:

- Junge Zielgruppen (vor allem Teenager:innen) mögen die Schwarz-Weiß-Malerei der Botschaft. Für sie kann die vegane Identität wichtig und ansprechend sein, quasi eine Oppositionshaltung. (Siehe Kapitel 5 für mehr zum Thema »vegane Identität«.)
- Studierende, Akademiker:innen und Intellektuelle sind oft offener für Themen wie Veganismus, Speziesismus, Tierrechtsphilosophie und weitere Aspekte der Mensch-Tier-Beziehung.
- Menschen, denen das Wohlergehen von Nutztieren bereits am Herzen liegt, die Vegetarier:innen oder Teilzeit-Vegetarier:innen sind. Veganer:innen können diese Personen definitiv dazu ermutigen, einen weiteren Schritt zu tun.
- Einzelgespräche, bei denen man erkennen kann, ob jemand aufrichtig an einer philosophischen Auseinandersetzung mit dem Thema Veganismus interessiert ist.

Zum Schluss noch ein Wort zum Gebrauch des V-Wortes: Die Substantive (»Veganismus«, »Veganer:in«) sind kniffliger als das Adjektiv (wie in »veganes Essen«). Die Substantive sind binäre Begriffe: Man ist Veganer:in oder man ist es nicht – oder zumindest werden die Leute diesen Eindruck haben, solange Veganer:innen es schwarz und weiß sehen (siehe dazu Kapitel 5). Sie haben vielleicht kein Interesse daran, vollständig vegan zu werden, also spricht Sie das Substantiv nicht an. Wenn Sie Vegetarier:in oder Teilzeit-Veganer:in sind, fühlen Sie sich durch das Substantiv vielleicht ausgeschlossen. Sie gehören nicht zu dieser Gruppe, und »Veganismus« ist nichts für Sie. Die Substantive sind »exklusiv«; sie schließen Sie aus.

Dagegen verhält sich »vegan« als Adjektiv, wie etwa bei »veganen Mahlzeiten« oder »veganen Produkten«, völlig anders. Wenn Sie Menschen vorschlagen, dass sie vielleicht eine vegane Mahlzeit essen oder ein veganes Produkt kaufen sollten, fordern Sie sie nicht auf, »Veganer:in zu werden«. Jede:r kann eine vegane Mahlzeit essen oder ein veganes Produkt kaufen; man muss kein:e Veganer:in sein. Es ist viel umfassender; es schließt Sie *ein*.

Es ist auch erwähnenswert, dass wir den Vegetarismus nicht als etwas *Schlechteres* sehen sollten als den Veganismus. Nicht nur erscheint das Wort »vegetarisch« den meisten Menschen »genießbarer« als »vegan«, sondern auch die Forschung legt nahe, dass der Mehrwert, den Veganer:innen im Vergleich zu Vegetarier:innen erzeugen, gering sein könnte. Cooney stellt in *Veganomics* (S. 12) fest, dass »Vegetarier:innen fast so viel Gutes für Nutztiere tun wie Veganer:innen. Im Vergleich reduzieren sie 88 Prozent so viele Leidenstage und retten 94 Prozent so vielen Tieren das Leben.« (Cooney, zitiert nach Sethu) Mit anderen Worten: Jeder Appell, diese letzten Prozente des Tierkonsums abzuschaffen – oder auch nur dafür zu sorgen, dass Menschen vom Vegetarismus zum Veganismus wechseln – hat einen erheblich reduzierten Mehrwert.

Der radikale Flanken-Effekt und das Overton-Fenster

Der »radikale Flanken-Effekt« (Haines) beschreibt, wie radikalere Gruppen oder Teile einer Bewegung sich auf die Wahrnehmung der gemäßigten Segmente derselben Bewegung auswirken. Wenn ich eine Person um etwas Schwieriges bitte, aber Ihre Bitte an diese Person noch herausfordernder ist, dann wird meine Bitte im Vergleich dazu für die Person akzeptabler klingen. Anders ausgedrückt: Die extremere Bitte kann dazu beitragen, das sogenannte Overton-Fenster zu verschieben, d.h. den Bereich von Ideen, den die Öffentlichkeit akzeptiert oder bereit ist zu diskutieren. Wenn sich der Rahmen dieses Fensters verschiebt, kann das Undenkbare zum Möglichen werden, oder das Mögliche kann zur Regel werden.

Der radikale Flanken-Effekt funktioniert jedoch in beide Richtungen: Radikale Vertreter:innen einer Bewegung können diese auch diskreditieren und in der öffentlichen Wahrnehmung dazu führen, dass die gesamte Bewegung mit dieser Flanke assoziiert wird. Denken Sie daran, wie die Öffentlichkeit aufgrund einiger Aktionen der Animal Liberation Front die Tierrechtsbewegung insgesamt für radikal oder sogar gewalttätig halten könnte. Der Rahmen des Overton-Fensters kann sich dann in die andere Richtung verschieben: Während ein umfassendes Verbot von Tierrechtsaktivismus im einen Moment undenkbar scheint, kann es im nächsten als vernünftige politische Maßnahme gelten. Veganer:innen sollten natürlich versuchen, dafür zu sorgen, dass sich der Rahmen des Fensters so verschiebt, dass unsere Ziele zum politischen und normativ akzeptierten Maßstab werden (Bolotsky).

Einwände gegen einen Handlungsaufruf zum Reduzieren

Im Jahr 2000 gründete ich EVA – Ethical Vegetarian Alternative – in Belgien mit. EVA wurde eigentlich als vegane Organisation gegründet und einige Leute wollten das Wort »vegan« im Namen haben. Wir entschieden uns jedoch aus Gründen der öffentlichen Akzeptanz dagegen. Einige Jahre später gingen wir einen Schritt weiter (manche würden sagen, rückwärts) und begannen, über eine Botschaft der Reduzierung von tierischen Produkten nachzudenken, anstatt einer totalen Vermeidung. Einigen in unserer Gruppe gefiel die Idee überhaupt nicht. Ich selbst war nur langsam offener für die Botschaft der Reduktion geworden.

Die Forderung nach Reduktion, wenn wir ja eigentlich völlige Vermeidung oder Null-Konsum wollen, ist für viele vegane Aktivist:innen schwer zu akzeptieren – wie es für die Abolitionist:innen war, als sie James Stephens Idee in Betracht zogen (siehe den ersten Teil dieses Kapitels). Auf den folgenden Seiten gehe ich auf einige der Argumente ein, die dagegensprechen, erhebliche Anstrengungen auf einen Handlungsaufruf zum Reduzieren zu konzentrieren. Einige Einwände werden im Idealismus begründet sein (Bedenken über die Richtigkeit), andere im Pragmatismus (Bedenken über die Effektivität).

1. »Es ist unmoralisch, etwas Geringeres als Veganismus zu fordern.«

Weniger zu verlangen als das, was wir wirklich wollen, so die Argumentation, bedeutet, den Rest zu dulden. Wenn wir Menschen bitten zu reduzieren, sagen wir damit (oder könnten so interpretiert werden), dass es akzeptabel ist, weniger Fleisch zu essen. Wenn wir Menschen bitten, Vegetarier:in zu werden, könnten sie den Eindruck bekommen, dass der Konsum von Eiern und Milchprodukten moralisch unbedenklich ist. Wenn wir Menschen bitten, schrittweise vegan zu werden, deuten wir an, dass die Menschen sich Zeit nehmen können, um tierische Produkte aus ihrem Leben zu streichen. Dieser Ansatz ist unvereinbar mit der Idee, dass Tiere Rechte haben. Wenn wir dieser Prämisse zustimmen, dann können wir nicht »zulassen«, dass man Tieren diese Rechte abspricht, und deshalb ist es inakzeptabel, sie Schritt für Schritt oder teilweise einzuführen. Von einer idealistischen Position aus betrachtet sind dies nicht verhandelbare Absolutheiten. Die Quintessenz dieser Argumentation wäre, dass wir den Veganismus immer und unmissverständlich als moralischen Imperativ darstellen müssen.

Um ihre Argumente gegen einen Handlungsaufruf zum Reduzieren zu stärken und den moralischen Imperativ des Veganismus zu veranschaulichen, ziehen einige Vegan-Aktivist:innen Vergleiche mit menschenbezogenen Themen. Sie behaupten z.B., dass wir von Personen, die Kinder misshandeln oder Frauen schlagen, niemals nur verlangen würden, dass sie ihre Kinder oder ihre Frau weniger oft verletzen sollen. Vielmehr würden wir von ihnen verlangen, dass sie umgehend und vollständig damit aufhören. Aus dieser Sicht erscheint die Veggieday-Kampagne genauso unmoralisch wie eine Kampagne für einen kindesmisshandlungsfreien Montag. (Beachten Sie, dass »Veggie« nicht »vegan« bedeutet, was für manche ein weiterer Grund ist, dieser Kampagne kritisch gegenüberzustehen.)

Diese Parallele zu ziehen, macht nur von einem rein theoretischen Standpunkt aus Sinn. Selbst dann mag sie weit hergeholt sein. Allerdings ist es fast unmöglich, den Vergleich aufrechtzuerhalten, wenn man erkennt, wie unterschiedlich die beiden Situationen in der realen Welt sind. Während fast jede:r die Misshandlung von Kindern verurteilt, zelebriert fast jede:r dagegen aktiv den Verzehr von Tierprodukten. Kindesmisshandlung ist illegal. Die Nutzung von Tieren ist nicht nur legal, sondern ein wesentlicher Teil unserer Wirtschaft und Kultur. Man könnte einwenden, dass etwas falsch sei, egal wie viele Menschen es gutheißen oder feiern. Aber selbst wenn diese idealistische Sichtweise richtig ist, geht sie an der Sache vorbei, wenn unser Fokus eher auf Ergebnissen als auf moralischer Konsistenz oder Korrektheit liegt. Themen mit so dramatisch unterschiedlicher öffentlicher (einschließlich rechtlicher und politischer) Unterstützung erfordern andere Strategien, unabhängig davon, was die Wahrheit sein mag.

Zur Veranschaulichung: Stellen Sie sich vor, wie viel einfacher es für ein veganes Restaurant wäre, Kritik zu vermeiden, wenn es ein »Pelz verboten«-Schild an der Tür hätte, als wenn es ein Schild mit der Aufschrift »Leder verboten« gäbe. Wie konfrontativ oder energisch wir in unserem Handeln und unserer Kommunikation gegenüber anderen Menschen sein können, wird zu einem großen Teil von der öffentlichen Unterstützung für das, was wir tun, bestimmt. Walter Palmer, der amerikanische Zahnarzt, der den Löwen Cecil erschoss, stieß auf fast universelle Kritik, und niemand, der Palmer verurteilte, stieß auf großen Widerspruch. Offensichtlich kann man die gleiche Art der Kommunikation nicht beim Fleischessen anwenden, das von fast allen unterstützt wird. Die folgende Grafik (Abb. 8) macht das deutlich.

Abb. 8: Eindringlichkeit vs. Öffentliche Unterstützung

Wenn wir wirklich glauben würden, dass wir heute, in dieser Gesellschaft, den Verzehr von tierischen Produkten in demselben Maße verurteilen sollten, wie wir die Misshandlung von Kindern oder den Sexhandel oder die Zwangsarbeit verurteilen, hätte dies tiefgreifende praktische Konsequenzen zur Folge. Es würde bedeuten, dass man Menschen physisch davon abhalten müsste, tierische Produkte zu kaufen oder zu essen, in Supermärkten und Restaurants, und zwar immer und überall. Denn genau das ist es ja, was man auch tun würde, wenn jemand ein Kind schwer schlägt oder eine Frau misshandelt oder eine:n Arbeitnehmer:in an seinen:ihren Schreibtisch festkettet.

Abschließend ist es, wie das Beispiel der Abolitionist:innen im Bereich der Menschenrechtskampagnen zeigt, durchaus zielführend, Kompromisse einzugehen und pragmatisch nach dem Möglichen und nicht nach dem Idealen zu fragen. Ein weiteres Beispiel für diesen Pragmatismus im Angesicht einer akuten Krise liefert die sogenannte »Operation Waffenstillstand« (siehe Kasten unten).

Operation Waffenstillstand

Im Jahr 2006 verzeichnete die Stadt Boston eine erschreckend hohe Mordrate unter Bandenmitgliedern. Um die Gewalt zu stoppen, entwickelte der örtliche Geistliche Jeffrey Brown die »Operation Waffenstillstand«, die zu einem drastischen Rückgang der Opferzahlen führte. Browns Strategie bestand darin, mit den Bandenführern zu verhandeln und sie mit konkreten Konsequenzen zu konfrontieren, sowohl positiven als auch negativen. Als Brown mit einem Bandenführer über die Beendigung der Gewalt sprach, antwortete der junge Mann, dass er nicht ohne weiteres aufhören könne. Da hatte Brown eine Idee: *Wie wäre es mit einem vorübergehenden Waffenstillstand?* Brown schreibt:

»Also schufen wir diesen Zeitraum zwischen Thanksgiving und Neujahr, und wir nannten ihn Season of Peace. [...] Ich hatte sie alle in einem Raum zusammengebracht, machte den Vorschlag für die Season of Peace und bat um ihre Zustimmung. Mir wurde schnell klar, dass es funktionieren könnte, denn ein junger Mann stand auf und sagte: ›Also gut, hören wir am Mittwoch um Mitternacht auf zu schießen? Oder hören wir am Morgen von Thanksgiving auf? Und fangen wir am 31. Dezember oder am 1. Januar wieder an zu schießen?‹«

Das war nicht einfach für Brown:

»Es war ein Konflikt für mich, denn ich dachte: ›Ich will nicht, dass du überhaupt wieder anfängst zu schießen.‹ Aber ich sagte: ›Okay, du hörst Mittwochabend auf zu schießen und kannst nach dem Neujahrstag wieder anfangen.‹ Aus ethischer Sicht dachte ich: ›Ich kann nicht glauben, dass du ihnen gesagt hast, sie könnten nach dem ersten Tag des Jahres mit dem Schießen weitermachen.‹« (Cuddy, S. 83)

Aber es funktionierte. Trotz seines Zögerns versuchte Brown, »sie dazu zu bringen, Frieden zu schaffen und ihnen ein Gefühl dafür zu geben, wie es ist, in ein Viertel gehen zu können und nicht alle fünf Sekunden über die Schulter schauen zu müssen«. Mit anderen Worten, er wollte, dass die Leute eine bestimmte positive Erfahrung machen, die sie motivieren könnte, diese fortzusetzen. (Interessanterweise setzte im antiken Griechenland ein Waffenstillstand die Kriegsführung für die Dauer der Olympischen Spiele vorübergehend aus, eine Praxis, die von den modernen Olympischen Spielen übernommen wurde.)
Man sieht also schnell den pragmatischen Wert der Verwendung von schrittweisen Botschaften und kleinen Forderungen. Menschen finden es einfacher, kleinere Schritte zu machen als größere. Wenn wir den Inkrementalismus, den schrittweisen Ansatz, aus idealistischen Gründen ablehnen (und ich wiederhole: Ich denke, dass Vergleiche mit menschlichen Situationen oft unproduktiv sind und nur unter Vorbehalt angestellt werden sollten), sollten wir vielleicht an Jeffrey Brown und sein Experiment mit den Banden denken. War seine Strategie unmoralisch? Das würde ich ganz klar verneinen.

2. »Wenn wir eine Reduktion fordern, werden die Leute bei der Reduktion stehen bleiben.«

Man könnte argumentieren, dass Menschen, wenn sie aufgefordert werden, kleine Schritte zu machen, diese *bestenfalls* zu Ende bringen und dann stehenbleiben. Zweifellos werden einige nach den ersten Schritten selbstgefällig und gehen nicht weiter. Nach der etablierten Selbstwahrnehmungstheorie entwickeln Menschen jedoch Einstellungen und Überzeugungen durch die Beobachtung ihres eigenen Verhaltens. Sie tun vielleicht etwas Kleines für Tiere oder für ihre Gesundheit und beginnen, sich aufgrund dieses Verhaltens dann als Menschen zu sehen, denen Tiere oder ihre Gesundheit am Herzen liegen. Das macht es ihnen leichter, weitere Schritte zu unternehmen und offen für größere Anliegen zu werden (Freedman und Fraser).

Außerdem zeigt die Forschung, dass sich die meisten Menschen in Etappen verändern. Nur eine:r von fünf Vegetarier:innen (wir sprechen nicht einmal von Veganer:innen) wird über Nacht vom Omnivoren zum:r Vegetarier:in und zwei Drittel der Veganer:innen beginnen als Vegetarier:in. (Für einen Überblick über die Forschung siehe Cooney 2014, S. 60.) Menschen dazu zu bringen, den ersten Schritt zu machen, wenn so viele noch gar keine Absicht haben, überhaupt etwas zu tun, ist entscheidend. Jede erfolgreiche Erfahrung, die sie mit vegetarischer oder veganer Ernährung machen, ist daher von Bedeutung.

Denken Sie noch einmal an das Glutenfrei-Phänomen zurück. Der Punkt der Strategie des Reduzierens ist, dass es umso einfacher wird, sich mehr Richtung Veganismus zu bewegen, je mehr Reduzierer:innen es gibt. Selbst wenn die meisten Reduzierer:innen mit ein paar fleischlosen Tagen in der Woche zufrieden wären, kann dies *an sich* schon ausreichen, um einen Wendepunkt zu erreichen. Und dann werden dieselben Menschen oder ihre Kinder durch die Veränderungen, die in der Gesellschaft als Ergebnis ihrer kombinierten individuellen Veränderungen stattfinden, auf dem Ernährungsspektrum weiter Richtung Veganismus bewegt werden.

3. »Die Leute werden sowieso reduzieren, wenn wir sie bitten, vegan zu werden.«

Wenn wir die Menschen auffordern, vegan zu werden, dann sagen wir wenigstens die Wahrheit und verraten nicht unser Ziel oder die Tiere – so lautet das Argument. Es bestehe eine größere Chance, dass die Menschen tatsächlich vegan würden.

Wie bereits angedeutet, hat nur ein Bruchteil der allgemeinen Öffentlichkeit die Absicht, vegan zu werden. Also können wir davon ausgehen, dass dies keine Botschaft ist, die sie interessiert oder zum Zuhören bringt. Und selbst bei denjenigen, die aufhorchen würden, ist es möglich, dass sie die »Werde vegan!«-Botschaft nicht befolgen, sondern sich nur etwas in diese Richtung bewegen, indem sie ihren Konsum reduzieren. Dies ist jedoch viel wahrscheinlicher, wenn wir nach unserer »Werde vegan!«-Botschaft die Menschen explizit dazu auffordern zu reduzieren. Das ist die sogenannte »Tür-ins-Gesicht«-Methode, bei der wir mit einer großen Aufforderung beginnen und ihr dann eine kleinere folgen lassen. Bei dieser Technik handelt es sich offensichtlich nicht um eine »Werde vegan!« Forderung, da unsere abschließende Forderung zum Reduzieren aufruft. Vermutlich würden Veganer:innen, die sich gegen eine Forderung nach Reduktion aussprechen, diese Anschlussfrage nicht äußern wollen.

4. »Zumindest sollten wir klarmachen, dass das eigentliche Ziel der Veganimsus ist.«

Einige Veganer:innen sind bereit, Menschen zum Reduzieren aufzufordern, aber nur in Verbindung mit einem expliziten Endziel. Sie sagen vielleicht: »Ja, ihr könnt reduzieren, aber letztlich ist das Ziel, vegan zu werden und eine vegane Welt zu schaffen.« Diesen Menschen ist der Aspekt der moralischen Gerechtigkeit besonders wichtig. Ich spreche im nächsten Kapitel mehr über die Verwendung moralischer Argumente. Für den Moment genügt es jedoch zu sagen, dass ich nicht glaube, dass wir irgendeine moralische oder andere Verpflichtung haben, dieses Ziel auch immer und überall zu kommunizieren. Denn das kann sogar kontraproduktiv sein. Ein Beispiel: Wenn wir versuchen, Menschen in Machtpositionen zu beeinflussen, kann das explizite Formulieren des veganen Traums uns naiv und nicht glaubwürdig erscheinen lassen.

Manche Idealist:innen verlangen, dass Organisationen offen und geradeheraus auftreten, wenn ihre Repräsentant:innen im Fernsehen interviewt werden oder sich an einer öffentlichen Debatte beteiligen. Sie wollen, dass diese Repräsentant:innen laut und deutlich sagen, dass sie die Tierhaltung beenden wollen oder sich eine vegane Welt wünschen. Andere Organisationen und Individuen halten es jedoch nicht unbedingt für strategisch sinnvoll, die Botschaft »unverblümt« an Millionen von Menschen oder wichtige Entscheidungsträger:innen zu übermitteln. Zudem kann man sich fragen, warum unsere Gegenseite kein Problem damit zu haben scheint, unser Endziel bei unseren Auftritten deutlich zu erkennen (selbst wenn wir es beschönigen), während gleichzeitig viele Tierrechtler:innen beklagen, dass sich unsere Repräsentant:innen oder Organisationen angeblich viel zu bedeckt halten oder sogar »die Tiere verraten« (Winslow). Um diesen Punkt zu verdeutlichen, die Aussage eines Sprechers der National Cattleman's Beef Association in den USA:

> Der »Meatfree Monday« ist ein finsteres Komplott, um Landwirt:innen und Viehzüchter:innen aus dem Geschäft zu drängen, indem man die amerikanische Bevölkerung davon zu überzeugen versucht, dass Fleisch schlecht für die Gesundheit und schlecht für den Planeten sei. Mit der Forderung, montags kein Fleisch mehr zu essen, treibt dieser heimtückische Versuch die extreme vegane Agenda mit einer vernünftig klingenden Forderung voran. (Williams 2012)

Soweit ich weiß, ist dies nicht die Absicht der Organisation, die hinter der »Meatfree Monday« Kampagne steht. Aber es gilt weitgehend für Tierrechts- und vegane Organisationen, die diese Kampagne unterstützen oder sich an ihr beteiligen. Wenn die Fleischindustrie die abolitionistische Gefahr des Meatfree Mondays sehen kann, warum können es dann einige Teile unserer Bewegung nicht?[7]

5. »Veganer:innen und Reduzierer:innen unterscheiden sich in mehr als bloß in ihrem Konsum.«

Im Vergleich zu Vegetarier:innen und Reduzierer:innen vermeiden Veganer:innen auch Milchprodukte, Eier und grundsätzlich alles, was den Einsatz von Tieren erfordert: keine an Tieren getesteten Kosmetika, keine Unterstützung von Unterhaltungsangeboten mit Tieren (wie Zirkusse oder Zoos) und keine Unterstützung von anderen Zusammenhängen, in denen Tiere ausgebeutet werden. Und dennoch kann der Gesamtnutzen der Veganer:innen den Beitrag der Reduzierer:innen nicht aufwiegen (schon gar nicht, wenn wir Vegetarier:innen in das Lager der Reduzierer:innen einschließen, wie es viele Veganer:innen gerne sehen).

Ein weiterer, vielleicht signifikanterer Unterschied ist, dass Veganer:innen (und Vegetarier:innen) eher zu Aktivist:innen werden und einen größeren Einfluss auf andere ausüben. Dennoch sind auch Reduzierer:innen von Bedeutung, und nichts hindert sie daran, Fürsprecher:innen für Tiere oder für die Fleischreduktion zu werden. Außerdem ist der Aktivismus von Veganer:innen nicht per Definition effektiver als der von Reduzierer:innen (siehe Kapitel 5).

6. »Aber ich habe es über Nacht geschafft! Vegan zu werden ist heute so einfach!«

Diesen Einwand habe ich bereits erwähnt. Veganer:innen sollten sich nicht selbst zum Maß der Dinge machen (siehe Kapitel 5). Veganismus ist immer noch weit davon entfernt, die Standardoption zu sein und an vielen Orten müssen die Menschen lange suchen, um vegane Optionen zu finden. Tierische Produkte gelten immer noch als normal, natürlich und notwendig, und wenn Menschen überhaupt in Erwägung ziehen, vegan zu leben (was die große Mehrheit nie tut), haben viele Angst vor allen möglichen Unannehmlichkeiten.[8] Vergessen wir nicht: Es gibt Hinweise darauf, dass diejenigen, die quasi über Nacht vegan werden, mit größerer Wahrscheinlichkeit dann auch wieder rückfällig werden. Außerdem, sind wir uns überhaupt so sicher, dass wir über Nacht vegan geworden sind? Viele Veganer:innen leiden an dem, was man durchaus als »vegane Amnesie« bezeichnen könnte: Sie glauben, dass sie beinahe schon immer Veganer waren, und vergessen, dass auch sie wahrscheinlich Schritt für Schritt vom Omnivorismus zum Veganismus gewechselt sind. Und sie können bereits durch alle möglichen Ereignisse und Einflüsse in ihrer Kindheit oder Jugend darauf eingestimmt worden sein.

Unser Wunsch, die vegane Lebensweise als etwas Einfaches darzustellen, kann uns auch dazu verleiten, die ernährungsbedingten Risiken herunterzuspielen. Die Ernährungsberaterin Virginia Messina, Mitautorin von *Vegan for Life*, sagt: »Während wir Veganismus als einfach darstellen wollen, lassen wir Veganer:innen, insbesondere neue Veganer:innen, wirklich im Stich, wenn wir nicht über die wichtigen Details der Ernährung sprechen.«

Fazit

Ich habe in diesem Kapitel dafür argumentiert, dass der Fokus unserer Bewegung sowohl bei individuellen als auch bei institutionellen Veränderungen zum Teil auf einem schrittweisen Handlungsaufruf liegen sollte. So wie die britischen Abolitionist:innen bereit waren, sich für etwas einzusetzen, das weit von ihrem eigentlichen Endziel entfernt schien, so sollten wir bereit sein, pragmatisch etwas weniger zu fordern, als wir letztendlich wollen.

Wir können uns auch von der Entwicklung um »glutenfrei« inspirieren lassen. »Glutenfrei« wurde zu einem Trend, weil viele »Teilzeitler:innen« oder »Simulant:innen« eine Nachfrage geschaffen haben, die sich zu decken lohnte. Als das Angebot der Nachfrage folgte, hatten Menschen, die wirklich allergisch auf Gluten reagieren (und natürlich auch die Simulant:innen), plötzlich viel mehr Auswahl und glutenfreie Ernährung wurde viel einfacher und weniger abschreckend. In ähnlicher Weise sind in unserer Bewegung die Fleischreduzierer:innen, eine viel größere Gruppe als die Veganer:innen, entscheidende Treiber des Marktes. Sie schaffen die Nachfrage, und wenn es heute relativ einfach ist, als Veganer:in zu leben, verdanken wir das letztlich den nicht-veganen Fleischreduzierer:innen.

Eine große Anzahl von Menschen, die ihren Fleischkonsum reduzieren, könnte der schnellste Weg sein, das gesamte System zu kippen – also den Punkt zu erreichen, an dem Fleisch aufgrund der geringeren Nachfrage viel teurer wird, Subventionen gekürzt werden und schließlich pflanzenbasierte Produkte viel billiger, besser und verfügbarer werden.

Ich kann keine starken pragmatischen oder idealistischen Argumente erkennen, die gegen einen Aufruf zur Reduktion sprechen. Es spricht jedenfalls genug für diese Herangehensweise, dass sie zumindest nicht aktiv bekämpft werden sollte – genauso wie Befürworter:innen der Forderung zur Reduktion sich nicht aktiv gegen Leute stellen sollten, die eine konsequente »Werde vegan!«-Botschaft verbreiten wollen.

Im nächsten Kapitel betrachten wir die Argumente, die Tierrechtsaktivist:innen verwenden können, um Menschen bei Einstellungs- und Verhaltensänderungen zu helfen. Auch hierbei ist es wichtig, pragmatisch zu sein.

3. Argumente
Wie motivieren wir zum Umstieg?

Es ist einfacher, sich durch Handeln eine neue Denkweise anzueignen als durch Denken ein neues Verhalten zu entwickeln. – *Jerry Sternin, The Power of Positive Deviance*

Das Ziel der veganen Bewegung ist es, so viele Menschen wie möglich dazu zu bringen, in Veganville zu leben. Im Moment leben sie bequem irgendwo anders. Veganville ist, wie wir wissen, auf einem Berg, und die Leute werden nicht zufällig dorthin kommen. Es muss etwas passieren, damit sie sich auf den Weg machen. Selbst wenn wir ihnen sagen, dass es akzeptabel ist, nur einen Teil des Weges zu gehen, brauchen sie dennoch etwas, das sie motiviert.

In meinen bisherigen Ausführungen über Ziele habe ich die doppelte Forderung der Veganer:innen erwähnt: Wir wollen, dass die Menschen ein bestimmtes Verhalten (keine tierischen Produkte zu konsumieren) aufgrund bestimmter Überzeugungen (dass Tiere moralisch wichtig sind) zeigen.

So wie wir pragmatisch in unseren Forderungen sein können, so können wir auch pragmatisch sein, wenn es darum geht, welche Argumente wir verwenden, um die Menschen zu motivieren. Unser Eintreten für ethische Achtsamkeit bedeutet nicht, dass wir verlangen müssen, dass die Menschen sich aus denselben Gründen ändern, oder dass das Eintreten für ethische Konsistenz oder Strenge der beste und schnellste Weg zu unserem Ziel ist.

Moralische und nicht-moralische Faktoren

Wenn wir die verschiedenen Faktoren betrachten, die den Wandel für Tiere vorantreiben, können wir zwischen moralischen und nicht-moralischen unterscheiden. Die meisten Menschen, die sich als Teil der veganen Bewegung verstehen, haben ethische Gründe, keine tierischen Produkte zu konsumieren, die normalerweise auf der Überzeugung beruhen, dass es ungerecht ist, ein nicht-menschliches Tier leiden zu lassen oder für Nahrung zu töten. Auf Grundlage ähnlicher Argumente glauben sie vielleicht auch, dass es falsch ist, Tiere zu Unterhaltungszwecken oder für Experimente zu benutzen.

Zusätzlich zu diesen ethischen Bedenken sorgen sich Veganer:innen auch um die Umweltverschmutzung und den Beitrag der landwirtschaftlichen Tierhaltung zum Klimawandel sowie darum, dass die Aufzucht von Tieren oder Nutzpflanzen für Futtermittel das globale Ernährungssystem verzerrt, wodurch dann auch Millionen von Menschen Hunger leiden müssen. Diese letztgenannten Sorgen können als »indirekte« Gründe bezeichnet werden, wenn man voraussetzt, dass es vielen Veganer:innen ja grundsätzlich darum geht, dass Tiere nicht instrumentalisiert werden sollten.

Angesichts dieser philosophischen Grundannahmen ist es nicht überraschend, dass die vegane Bewegung sich stark darauf konzentriert, vor allem moralische Argumente zu verwenden, um Einstellungen und Verhalten zu beeinflussen. Die Botschaft, dass es unethisch oder zumindest moralisch problematisch ist, tierische Produkte zu essen oder am Körper zu tragen, nimmt viel Platz in unseren Flugblättern, Newslettern und Zeitschriften sowie auf unseren Websites und in den sozialen Medien ein. Befürworter:innen posten Memes, um Menschen zu helfen, die ethischen Dilemmata zu verstehen, die durch ihre Konsumgewohnheiten (Ernährung und anderes) aufgeworfen werden. Wir veröffentlichen Bücher über Tierrechtstheorie und diskutieren über tierethische Fragen auf unseren Konferenzen. Die Sprache unserer Schilder, Slogans und unserer Ausrufe bei Demonstrationen und Protesten ist die Sprache eines ethischen Erwachens. Tagtäglich kommunizieren wir moralische Botschaften durch Buttons, Autoaufkleber und T-Shirts, die allesamt die Menschen dazu aufrufen, keine Tiere mehr zu essen.

Gleichzeitig ist es für viele von uns in der veganen Bewegung eine unbequeme Wahrheit, dass eine beträchtliche Anzahl von Vegetarier:innen und Veganer:innen tierische Produkte meidet, weil sie glaubt, dass es gesund ist, dies zu tun. Manche ernähren sich vegan, weil ein:e Partner:in oder ein anderes Haushaltsmitglied dies tut, oder weil tierische Produkte zu teuer sind. Andere mögen einfach den Geschmack, die Beschaffenheit, das Aussehen oder den Geruch von tierischen Produkten nicht.

Einige von Ihnen werden vielleicht die Nase rümpfen oder ein Unbehagen bei diesen Motivationen empfinden, die nichts mit der Sorge um Tiere an sich zu tun haben. Vielleicht denken Sie sogar, dass es bei diesen Beispielen gar nicht um Veganismus geht, da wir es ohne den ethischen Aspekt nicht »vegan« nennen können (sondern vielleicht eher »pflanzenbasierte Ernährung«). Sie haben vielleicht das Gefühl, dass eine ethische Motivation oder eine grundsätzliche Verhaltensänderung vorhanden sein muss, um eine dauerhafte Veränderung zu bewirken. Sie mögen bedauern, dass diejenigen, die tierische Lebensmittel aus nicht-moralischen Gründen meiden, nicht auch auf andere Aspekte der Tiernutzung verzichten (wie z.B. Unterhaltung, Kleidung oder die Verwendung anderer Konsumgüter, an denen Tiere beteiligt sind).

Kurz gesagt: Viele Veganer:innen schenken nicht-moralischen Argumenten wenig Beachtung oder halten sie sogar für problematisch. Dagegen glauben sie, dass moralische Argumente zu einer dauerhaften Veränderung führen. In diesem Kapitel versuche ich zu zeigen, dass diese beiden Ansichten falsch sind.

Der Fokus unserer Bewegung auf das Moralische

Manchmal übertreiben wir Veganer:innen es mit dem Wert, den wir moralischen Botschaften beimessen. Hier sind zwei repräsentative Beispiele aus den sozialen Medien:

> Der einzige Weg, wie wir jemals erreichen können, was wir erreichen wollen, ist die Verbreitung eines starken und deutlichen moralischen Arguments, dass Tiere nicht unser Eigentum sind. Das ist die einzige solide Grundlage, auf der unsere Hoffnung auf eine vegane Welt beruhen kann. Es ist das Einzige, was strategisch oder pragmatisch ist, und sicherlich das Einzige, was gerecht ist.

> Zeigt allen Menschen [den Dokumentarfilm] *Earthlings*, zeigt ihn in den Schulen, und alle werden über Nacht vegan.

Viele von uns vertreten die ungeprüfte Überzeugung, dass moralische Argumente die großen Revolutionen in der Weltgeschichte auslösen. Wir neigen dazu zu glauben, dass, wenn die Menschheit moralischen Fortschritt gemacht hat, der Wandel in erster Linie deshalb geschah, weil eine Gruppe von Menschen ein ethisches Argument vorgebracht hat und andere ihm zustimmten. Zur Veranschaulichung: Wir glauben gerne, dass die Sklaverei in den USA und in Großbritannien endete, weil die Menschen nicht länger akzeptierten, dass ihre Mitmenschen in Knechtschaft gehalten werden, und dass die Abolition hauptsächlich deshalb stattfand, weil die Rechtschaffenen sich gegen die Ungerechtigkeit stellten und alle anderen bekehrten.

Hier ist ein weiteres Beispiel aus einer Online-Diskussion:

> In der Vergangenheit war die Mehrheit der Bevölkerung der Vereinigten Staaten, vor allem in den Südstaaten, für die Sklaverei, und viele Plantagen im Süden waren sogar finanziell von ihr abhängig... Nur weil 99 % der Bevölkerung den Verzehr von tierischen Produkten befürworten und zelebrieren, macht es das nicht weniger moralisch falsch. Daher konzentriert all eure Energie darauf, einen Paradigmenwechsel in der Kultur einzuleiten – den Menschen zu helfen, zu erkennen, dass die Ausbeutung von Tieren moralisch falsch ist.

Während niemand behaupten kann, dass moralische Empörung bei der Abschaffung der Sklaverei *unwichtig* war, war sie weder der einzige noch der wichtigste Faktor für die Abolition. Zum einen trug die industrielle Revolution dazu bei, dass die menschliche Arbeit im Vergleich zur Automatisierung teurer und weniger bequem wurde. (Auch Sklav:innen müssen untergebracht und ernährt werden, die Sklaverei war also nie ganz ohne Kosten.) Zum anderen gab der Süden dem Argument nicht einfach nach: Er spaltete sich ab, es folgte ein blutiger Bürgerkrieg, und der Süden wurde vom Norden besiegt (wo die Sklaverei wirtschaftlich viel weniger wichtig war). Norm Phelps schreibt darüber:

> Die afrikanische Sklaverei in Amerika wurde durch einen Krieg beendet, der von der Regierung der Vereinigten Staaten geführt und sowohl von der allgemeinen Öffentlichkeit als auch vom großindustriellen kapita-

> listischen Establishment im Norden unterstützt wurde. Diese Tatsache ist allgemein bekannt; jeder Highschool-Schüler lernt sie. Von Tieraktivist:innen aber, die sich der Agitation als einzig gültiger Strategie für die Tierbefreiung verschrieben haben, wird sie durchweg einfach ignoriert. (S. 171)

Phelps' Kommentar ist faszinierend. Wenn er Recht hat – und ich denke, das hat er –, warum ignorieren dann so viele Menschen die Tatsache, dass die Sklaverei nicht so beendet wurde, wie sie es glauben? Anscheinend wollen oder müssen wir irgendwie glauben, dass Revolutionen wie die Abschaffung der Sklaverei ausschließlich oder primär aufgrund einer moralischen Einsicht stattfinden. Dieses Denken veranschaulicht die Tendenz vieler veganer Tierrechtsaktivist:innen, die wollen, dass Menschen deswegen aufhören, Tiere auszubeuten, *weil sie sich um sie sorgen*. (Erinnern Sie sich an die »doppelte Forderung«?)

Die Sklaverei ist nicht das einzige Beispiel dafür, dass ein Unrecht durch einen nicht-moralischen Treiber beendet wird. Im Jahr 1986 erklärte die Internationale Walfangkommission (IWC) ein Moratorium für den kommerziellen Walfang. Die IWC wäre vielleicht nie zu dieser Entscheidung gekommen, wenn die kommerzielle Bedeutung des Walfangs seit dem späten neunzehnten Jahrhundert nicht deutlich abgenommen hätte. Wale – insbesondere Pottwale – waren früher eine wichtige Energiequelle. Walöl wurde vor allem als Brennstoff für Lampen, aber auch für Heizung, Seife, Farbe und andere Produkte verwendet. Unzählige Wale wurden aus diesem Grund getötet.

Im Jahr 1849 entwickelte Abraham Gesner, ein kanadischer Arzt und Geologe, Kerosin, eine Flüssigkeit aus Kohle, Bitumen (eine Form von Benzin) und Ölschiefer. Anders als Walöl war Kerosin weder stinkend noch schmutzig. Es verdarb nicht und war vor allem billiger zu produzieren als Walöl. Als überall Kerosin-Destillerien aus dem Boden schossen und Kerosin kommerzialisiert wurde, brach die Nachfrage nach Walöl zusammen. (Ironischerweise brach der Kerosinabsatz selbst zusammen, als Thomas Edison seine Glühbirnen-Technologie kommerzialisierte.) Die Walfangindustrie überlebte eine Zeit lang durch den Verkauf von Walknochen, der für Korsetts und andere Kleidungsstücke verwendet wurde. Doch bald ersetzten sie andere Materialien, und die Industrie erlebte ihren Niedergang.

Abraham Gesner hatte offensichtlich nicht versucht, den Walfang zu verbieten – weder aus moralischen noch aus nicht-moralischen

Gründen. Doch das Ergebnis war das gleiche. Das letzte amerikanische Walfangschiff verließ 1924 den Hafen (Robbins). Wie viel leichter es dadurch wurde, dann weitere fünfzig Jahre später den kommerziellen Walfang in den meisten Ländern zu verbieten!

Hier ist ein weiteres Beispiel für sozialen Wandel, und zwar einen, der nicht auf technologischen Fortschritten beruhte. Im Jahr 2010 verbot Katalonien, eine sogenannte autonome Region in Spanien, den Stierkampf. Tierrechtsorganisationen hatten schon seit Jahren den Slogan »Folter ist keine Kultur« verwendet. Doch moralische Empörung allein hat dieser besonderen Form der Tierquälerei nicht den Garaus gemacht; die Motivation war zum Teil politisch. Viele katalanische Nationalist:innen waren froh, dass eine Praxis, die sie als traditionell spanisch betrachteten, verschwinden sollte. Das Verbot des Stierkampfes war ein Statement der Unabhängigkeit, ein Symbol des Bruchs mit der spanischen Kultur und den Bräuchen. Diese Empfindungen ließen viele Katalan:innen für das Verbot stimmen.[9]

Die Besucherzahlen bei Stierkämpfen in Katalonien waren zum Zeitpunkt der Abstimmung bereits niedrig, und es war hauptsächlich eine ältere Bevölkerung, die sich noch daran zu erfreuen schien. Womöglich blieben manche Menschen den Veranstaltungen fern, weil sie ein moralisches Unbehagen gegenüber Stierkämpfen empfanden, aber wir sollten nicht annehmen, dass dies der einzige Grund war: Andere Formen der Unterhaltung waren vielleicht leichter zugänglich oder attraktiver. In jedem Fall gilt: Wenn etwas weder lukrativ noch ein bedeutender Teil der Wirtschaft ist, wird es offensichtlich viel weniger Widerstand gegen seine Abschaffung geben.

Aufklärung wird überbewertet

Offensichtlich können andere Faktoren als ethische Einsicht eine bedeutende Rolle bei der Beendigung von Bräuchen oder der Ablehnung von Ideen spielen, die Menschen als verwerflich empfinden. Ganz im Gegenteil ist der Versuch, das Bewusstsein mit moralischen Argumenten zu wecken, an sich unzureichend und funktioniert vielleicht weniger gut als von Aktivist:innen erhofft oder erwartet. Normalerweise agieren die meisten Aktivist:innen, auch wenn sie es eigentlich besser wissen, nach dem Grundgedanken, dass, wenn wir den Menschen nur die richtigen Informationen geben, sie ihr Verhalten schon ändern werden. Im Fall der Veganer:innen glauben wir, dass die Menschen, wenn sie (dank unserer Öffentlichkeitsarbeit) erkennen, dass das Leiden und Töten von Tieren für Fleisch falsch ist, die naheliegende Schlussfolgerung ziehen, keine tierischen Produkte mehr zu essen.

Es sind nicht nur Aktivist:innen, die so denken. Psycholog:innen waren lange davon überzeugt, es sei offensichtlich, dass die Einstellung das Verhalten beeinflusst. In ihren Studien fanden sie mit der Zeit jedoch heraus, dass die Verbindung viel schwächer ist, als sie angenommen hatten, und dass sie von vielen Faktoren abhängt (Hewstone et al., Holland et al., Kraus, Wicker).[10] Heute gibt es einen Konsens unter Sozialwissenschaftler:innen und Psycholog:innen, dass die Bereitstellung von Informationen allein das Verhalten der Menschen nicht ändert: das ist die Einstellungs-Verhaltens-Lücke. Wenn wir Menschen dazu bringen können, uns überhaupt zuzuhören, wenn wir sie inmitten der unzähligen anderen Botschaften, die täglich auf sie einprasseln, erreichen können, dann werden sie *vielleicht* – im besten Fall – unsere Botschaft verstehen und glauben, dass sie wahr und richtig ist. Aber selbst das wird sie nicht notwendigerweise zu konkretem Handeln motivieren, was ja letztendlich notwendig ist, um eine tatsächliche Wirkung zu erzielen.

Ein Beispiel für diese Kluft zwischen Einstellung und Verhalten hat der Philosophieprofessor Eric Schwitzgebel parat, der das Verhalten von Ethikprofessor:innen untersucht hat (Schwitzgebel und Rust). Schwitzgebel fand heraus, dass diese Personen – von denen man annehmen könnte, dass sie hoch motiviert sind ethisch konsistent zu sein oder sich mit moralischen Normen und Konsequenzen auskennen – sich nicht anders verhielten als andere Professor:innen. Auch lebten sie nicht in stärkerer Übereinstimmung mit ihren Überzeugungen als andere. Schwitzgebel untersuchte sogar das Thema, das uns interessiert: Fleisch essen. Während die Ethik-Professor:innen viel eher der Meinung waren, dass es falsch sei, regelmäßig das Fleisch von Säugetieren zu essen (60 Prozent, verglichen mit 45 Prozent der Nicht-Ethik-Professor:innen und 19 Prozent der Professor:innen außerhalb der Moralphilosophie), gab es unter den Ethik-Professor:innen nicht mehr Vegetarier:innen. Schwitzgebel drückt es so aus:

> Eine Ethikerin überlegt, ob es moralisch zulässig ist, das Fleisch von Säugetieren aus Massentierhaltung zu essen. Sie liest Peter Singer [Moralphilosoph und Autor von *Animal Liberation*]. Sie liest Einwände

> und Antworten auf Singer. Sie kommt zu dem Schluss, dass es in der Tat moralisch schlecht ist, Fleisch zu essen. Sie behandelt das Thema in ihrem Seminar für angewandte Ethik. Vielleicht schreibt sie sogar über das Thema. Anstatt jedoch ihr Verhalten zu ändern, damit es zu ihren neuen moralischen Ansichten passt, behält sie ihr altes Verhalten bei. Sie lehrt Singers Verteidigung des Vegetarismus, befürwortet ihn sowohl nach außen als auch nach innen, und geht dann in die Mensa der Universität, um sich einen Cheeseburger zu holen (und fühlt sich vielleicht etwas schlecht dabei). (Schwitzgebel)

Diese Professor:innen waren »moralisch, aber nicht verhaltensmäßig gegen das Fleischessen« (Herzog, S. 201). Für Vegetarier:innen und Veganer:innen ist es leicht und verlockend, diese Menschen als heuchlerisch, willensschwach oder verlogen zu beurteilen. Anstatt sie jedoch als gefühllos oder egoistisch zu sehen, wäre es vielleicht hilfreicher zu untersuchen, welche Mühen und Unannehmlichkeiten sie auf sich nehmen oder welche *Ängste* sie überwinden müssen, um ethische Konsistenz zu wahren.

An diesem Punkt, wenn ein Wert oder eine Überzeugung (»Ich sorge mich um Tiere«) und ein Verhalten (»Ich esse Tiere«) einander widersprechen, erleben Menschen wie unsere fleischessenden Ethikprofessor:innen das, was man kognitive Dissonanz (Festinger) nennt. (Der Konflikt kann auch zwischen verschiedenen Werten, Überzeugungen oder Ideen bestehen.) Diese Dissonanz ist per Definition unangenehm und wir wollen sie vermeiden. Dazu haben wir mehrere Möglichkeiten in Form sogenannter »Dissonanzreduktionsstrategien« (Rothgerber). Einige wenige Menschen lösen das Gefühl des Unbehagens auf, indem sie ihr Verhalten mit ihren Werten oder Überzeugungen in Einklang bringen: Sie werden Vegetarier:in oder Veganer:in. Die meisten Menschen jedoch scheuen sich, ihr Verhalten zu ändern, zumindest wenn es erhebliche Unannehmlichkeiten verursacht, und lösen die Dissonanz, indem sie das Gegenteil tun: Sie versuchen, ihre Überzeugungen zu ändern, damit sie mit ihrem Verhalten (Fleisch essen) übereinstimmen. Die Menschen versuchen, manchmal erfolgreich, an Lügen und Halbwahrheiten als Rationalisierungen zu glauben: »die Tiere sterben einen schnellen Tod«, »sie werden für Fleisch gezüchtet«, »sie fühlen nicht so viel wie wir«, »wir müssen Fleisch essen«, und so weiter – entlang der verschiedenen »N's der Rechtfertigung«.

Eine dritte Methode, mit der wir mit dem Unbehagen umgehen, besteht darin, dass wir tun, was wir können, um die Konfrontation mit den unangenehmsten Teilen oder Auswirkungen unseres Verhaltens zu vermeiden. James Serpell spricht von »distancing devices«. Wir distanzieren uns von den Tieren, die wir essen, und vermeiden emotionale Nähe zu ihnen. Wir verschleiern Massentierhaltung und Schlachthöfe. Wir stellen Tiere falsch dar, um ihre Ausbeutung einfacher zu machen (Serpell). Oder wir versuchen einfach, das Problem zu ignorieren und so zu tun, als ob wir uns dessen nicht bewusst wären – etwas, das in der Literatur als »betroffene Ignoranz« bezeichnet wird (Williams 2008).

Einstellungsänderungen können auf Verhaltensänderungen folgen

Die Änderung unserer Überzeugungen *kann* natürlich zu einer Änderung des Verhaltens führen: Nur ist diese Verbindung einfach schwächer als man erwarten würde. Dennoch neigen Veganer:innen dazu, die offensichtliche Tatsache zu übersehen, dass Veränderung auch andersherum funktionieren kann: Die Änderung von Verhaltensweisen kann zu einer Änderung der Einstellung führen, wie Abb. 9 illustriert.

Abb. 9: Zwei Startpunkte für Veränderung

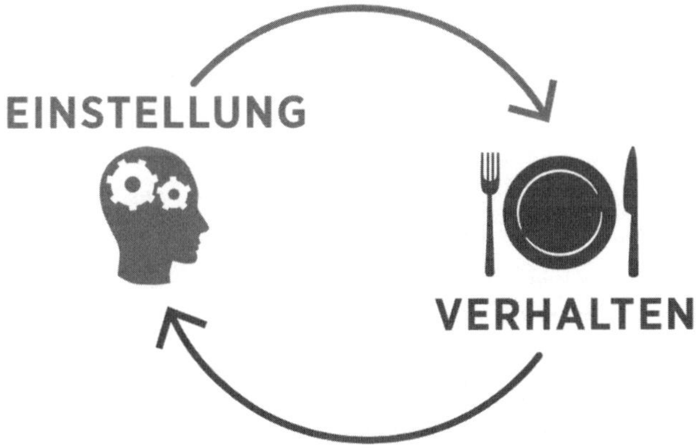

Der Psychologe Robert Abelson von der Yale University stellt fest: »Wir sind sehr geübt und sehr gut darin, Gründe für das zu finden, was wir tun, aber nicht sehr gut darin, das zu tun, wofür wir Gründe finden.«

(S. 25) Schauen wir uns ein paar Beispiele an, um deutlicher zu sehen, wie das Verhalten einer Person ihre Einstellungen und Überzeugungen darüber beeinflussen kann.

Wenn eine demokratische Regierung ein neues Gesetz erlässt, ist es normalerweise so, dass genügend öffentliche Unterstützung vorhanden ist, um es zu verabschieden. Allerdings wird es immer Menschen geben (manchmal sehr viele), die das Gesetz nicht unterstützen. Doch wenn das Gesetz sie betrifft, müssen sie es trotzdem befolgen oder sie riskieren, bestraft zu werden. Auf diese erzwungene Verhaltensänderung kann jedoch später eine Änderung der Einstellung folgen, sodass Menschen, die anfangs gegen das Gesetz waren, es später schließlich akzeptieren.

Ein klassisches Beispiel ist die Anschnallpflicht. Umfragen zeigen, dass viele derjenigen, die anfangs gegen das Anlegen von Sicherheitsgurten waren, später die Anschnallpflicht unterstützten (Fhaner und Hane). Die gleiche Entwicklung kann ich mir für das Rauchverbot an öffentlichen Plätzen vorstellen. Anfänglich löste das Verbot in vielen Ländern Widerstand und Empörung aus. Heute können viele Menschen kaum glauben oder sich gar daran erinnern, dass Rauchen früher in Universitäten oder Krankenhäusern akzeptabel war oder dass Lehrer:innen in der Schule rauchen durften. Viele der damaligen Kritiker:innen finden es heute selbstverständlich und gut, dass das Gesetz geändert wurde.

Hier ist ein weiteres Beispiel dafür, dass eine Einstellungsänderung Folge einer Verhaltensänderung ist und nicht andersherum.

Stellen Sie sich einen Stierkämpfer und einen Schlachthofarbeiter vor (Abb. 10). Beide töten Rinder für ihren Lebensunterhalt, und dennoch fällt unsere Reaktion auf ihre Arbeit völlig unterschiedlich aus. Die meisten von uns werden über die Handlungen des Stierkämpfers stärker empört sein als über die des Schlachters. Und warum? Es könnte daran liegen, dass der Stierkampf als Unterhaltung und als leichtsinnig angesehen wird, wohingegen viele glauben, dass das Töten von Kühen zur Nahrungsmittelproduktion eine Notwendigkeit ist – auch wenn der Verzehr von Fleisch letztlich nicht weniger trivial ist als Unterhaltung. Stierkämpfe finden außerdem in der Öffentlichkeit statt, während dies für das Schlachten von Tieren in der Regel nicht gilt.

Abb. 10: Wer verärgert die breite Öffentlichkeit am meisten?

Ein viel wichtigerer Grund, warum Menschen Stierkämpfer strenger verurteilen, ist vermutlich, dass nur wenige von uns an diesem »Sport« teilnehmen, was es für uns viel einfacher macht, ihn abzulehnen. Die meisten von uns essen jedoch Fleisch, und es ist viel schwieriger, ein Verhalten zu verurteilen, an dem man beteiligt ist oder das man sogar zelebriert. Mit anderen Worten: Es kommt darauf an, wo man steht. Solange wir Fleisch essen, sind wir Steakholder. Unsere Abhängigkeit vom Fleisch ist so groß, dass sie uns fast verbietet, rational darüber nachzudenken. Es lässt uns sozusagen mit dem Magen denken.

Ein weiteres Beispiel, wie unser Verhalten unsere Überzeugungen und Einstellungen beeinflusst, findet sich in einer Studie mit dem interessanten Titel *The Role of Meat Consumption in the Denial of Moral Status and Mind to Meat Animals* (Loughnan et al.). Die Teilnehmer:innen mussten mittels eines Fragebogens ihre moralische Einstellung gegenüber Tieren angeben und den moralischen Status und die mentalen Zustände einer Kuh beurteilen. Der Haken daran: Die Forscher:innen servierten der Hälfte der Teilnehmer getrocknetes Rindfleisch, während der Rest Nüsse erhielt. Die Forscher beobachteten, dass bei den Proband:innen der Verzehr von Fleisch Einstellungen der Fürsorge gegenüber Tieren sowie den wahrgenommenen moralischen Status der Kuh aus deren Sicht negativ beeinflusste. Außerdem schrieben diejenigen, denen Fleisch serviert worden war, den Tieren weniger wahrscheinlich die mentalen Zustände zu, die notwendig sind, um Leiden zu erfahren. Die Forscher:innen schlossen daraus:

> Die aktuelle Studie liefert direkte Beweise dafür, dass der Verzehr von Fleisch dazu führt, dass Menschen sowohl Tieren im Allgemeinen als auch dem Tier, das sie gegessen haben, moralische Bedeutung absprechen [...] Der Verzehr von Fleisch scheint einen wichtigen Einfluss auf die Wahrnehmung von Nutztieren zu haben, die als moralischer Rücksichtnahme unwürdig betrachtet werden und denen die mentalen Zustände fehlen, die für Leidensfähigkeit notwendig sind. (Loughnan et al.)

Es ist leicht vorstellbar, dass diese Dynamik nicht nur bei Individuen auftritt, sondern auf der Ebene von Gesellschaft und Kultur: Wir essen Tiere nicht, weil wir sie für minderwertig halten, sondern wir halten sie für minderwertig, weil wir sie essen, und das schon seit langem. Tiere so zu sehen, ist eine weitere Strategie, um unangenehme (dissonante) Emotionen zu reduzieren.

Hier ist ein Beispiel für ein Verhalten, das Einstellungen einer ganz anderen Art beeinflusst. Im Oktober 2016 strahlte der Podcast Radiolab eine Folge mit dem Titel *Alpha Gal* aus, in der Amy Pearl zu Wort kam, die selbst Digitalradio-Produzentin ist. Pearl erzählte, wie ihr nach dem Verzehr von Fleisch heftig übel wurde und sich herausstellte, dass sie eine Allergie gegen einen Zucker namens Alpha-Galaktose (kurz Alpha-Gal) entwickelt hatte, der im Blut von Säugetieren und damit auch in rotem Fleisch vorkommt. Es stellte sich heraus, dass der Auslöser für diese plötzliche Allergie eine Zecke war, die bei Hunderten von Menschen den gleichen Effekt hervorgerufen hat.

Amy erklärt, dass sie schon immer ein großer Fleisch-Fan gewesen war. Fleischbällchen waren ihr Lieblingsgericht und sie aß sehr gerne in Steakhäusern. Als sie plötzlich allergisch auf (rotes) Fleisch reagierte, war das kein Spaß für sie, und eine Zeit lang kämpfte sie dagegen an. Sie landete sogar in der Notaufnahme, nachdem sie während der Grillsaison hartnäckig versucht hatte, ein paar Bissen gegrilltes Steak zu essen. Der Beitrag endet jedoch mit einer Aussage Amys dazu, wie sie sich jetzt beim Fleischessen fühlt:

> Ich glaube nicht, dass ich unbedingt zum Fleischessen zurückkehren würde... Ich wünschte, ich könnte aus ethischen Gründen Vegetarier sein... Es ist die Massentierhaltung und all das... Zwar bin ich jetzt gezwungen, kein Fleisch zu essen, aber gleichzeitig würde ich, wenn ich die Willenskraft dazu hätte, wahrscheinlich sowieso diesen Weg gehen. Außerdem finde ich es großartig: Wir alle entwickeln uns auf diesem Planeten weiter, auf dem es immer schwieriger wird zu leben, und wir wissen, dass Fleisch eine Menge Ressourcen verbraucht, und jetzt verzichte ich darauf. Die Zecke hilft mir also, mich zu einem besseren Menschen zu entwickeln. (McEwen und Kielty)

Die Zecke war der Auslöser für Amys Verhaltensänderung. Ihre erzwungene Verhaltensänderung machte sie offener für die Vorteile des Fleischverzichts und beeinflusste eindeutig ihre Einstellung.

Ein letztes Beispiel für ein Verhalten, das Überzeugungen beeinflusst oder ihnen vorausgeht, ist für unsere Zwecke am relevantesten. Eine beträchtliche Anzahl von Menschen, die aus gesundheitlichen Gründen damit beginnen, Fleisch und andere tierische Produkte zu reduzieren oder zu meiden, geht mit der Zeit dazu über, ethische Gründe für ihr Verhalten anzuführen. In diesem Fall beginnt die Veränderung mit einer bestimmten nicht-moralischen Einstellung (Sorge um die Gesundheit), die zu einer Verhaltensänderung (anders essen) führt, die das Tor für eine Änderung der Einstellung zu Tieren zu öffnen scheint. Laut einer Studie gaben etwa 25 Prozent der Vegetarier:innen, die aus gesundheitlichen Gründen vegan wurden, ethische Gründe als ihre aktuelle Motivation an (Hoffman et al., S. 142). Eine andere Studie deutet wechselnde Motivationen folgendermaßen: »Sehr oft hatten gesundheitsorientierte Vegetarier:innen letztlich die ethischen Argumente gegen den Verzehr von Fleisch akzeptiert oder Fleisch einfach nicht mehr gemocht.« (Hamilton, S. 160). Vielleicht kennen Sie selbst in Ihrem Umfeld Veganer:innen oder sind sogar selbst eine:r von ihnen, die mit dem Verzehr von tierischen Produkten aufhörten, weil sie um ihre Gesundheit besorgt waren – entweder allgemein oder wegen einer akuten Erkrankung wie einem Herzleiden –, dann aber von den ethischen Argumenten überzeugt wurden (siehe auch Cooney 2014, S. 74-75).

Was genau passiert, wenn eine Änderung des Verhaltens zu einer Änderung der Einstellung führt? Wie wir bereits gesehen haben, kann die Theorie der kognitiven Dissonanz einen Teil der Antwort liefern. In diesem Fall besteht die Dissonanz reduzierende Strategie darin, dass

Menschen ihre Einstellung ändern, damit sie mit ihrem Verhalten übereinstimmt. Zur Veranschaulichung: Wenn Menschen gesetzlich dazu verpflichtet sind, den Sicherheitsgurt anzulegen und dies nicht gerne tun, besteht ihre einzige Möglichkeit, die Dissonanz aufzuheben, darin, dass sie anfangen, der Idee zuzustimmen. Eine andere mögliche Erklärung ist, dass Menschen, die sich aus welchem Grund auch immer oder sogar ohne Grund auf eine bestimmte Art und Weise verhalten, feststellen, dass dieses Verhalten nicht so kompliziert oder unbequem ist, wie sie es erwartet hatten. Dadurch fällt es ihnen viel leichter, die Vorteile des neuen Verhaltens zu erkennen, wie z.B. das Anlegen eines Sicherheitsgurtes, welches die Sicherheit erhöht.

Motivated Reasoning; oder: Warum Fakten nicht unsere Meinung ändern

Aus dem, was wir bisher in diesem Buch gesehen haben, können Sie zu Recht schließen, dass der Wert von rationalen Argumenten und Fakten erheblich relativiert werden muss. Diese müssen nicht nur gegen uralte Ideen und Wünsche ankämpfen, sondern unser Verstand, ob vegan oder nicht, ist anfällig für alle Arten von Illusionen, Irrtümern, Vorurteilen und anderen verzerrenden Reaktionen, die uns daran hindern, klar zu denken. In vielen oder vielleicht sogar den meisten Fällen scheinen die Menschen nicht nach rationalen Argumenten zu suchen, um die Wahrheit über etwas herauszufinden, sondern eher andersherum: Sie benutzen sie, um die Ideen oder Intuitionen zu verteidigen, die sie bereits haben. Es scheint, dass sich unsere Fähigkeit zur Vernunft als Mittel entwickelt hat, um uns selbst zu rechtfertigen und uns mit anderen Menschen zu verbinden, und nicht als Instrument zur Wahrheitsfindung (Haidt). »Die Vernunft hat sich nicht entwickelt, um uns in die Lage zu versetzen, abstrakte, logische Probleme zu lösen, oder gar, um uns zu helfen, Schlussfolgerungen aus unbekannten Daten zu ziehen; sie hat sich vielmehr entwickelt, um die Probleme zu lösen, die das Leben in kollaborativen Gruppen aufwirft.« (Kolbert)

Was die meiste Zeit in unserem Kopf vor sich geht, ist das, was Psycholog:innen »motivated reasoning« nennen: Unser Verstand sucht nach Rechtfertigungen oder Rationalisierungen für unsere Intuitionen oder unser Verhalten. Anstatt für die gesamte Bandbreite an Beweisen offen zu sein, wollen wir meistens, dass die Schlussfolgerung unseres Denkens ist, dass wir nichts tun oder ändern müssen. Also suchen wir uns Gründe und Gedanken, die unsere bevorzugten Schlussfolgerun-

gen rechtfertigen. Wenn wir uns in einem »motivierten Zustand« befinden, werden wir in eine bestimmte Richtung getrieben. Wir sind persönlich betroffen und lenken unser Denken so, dass es unsere Vorlieben rechtfertigt – Vorlieben, die von unseren Gewohnheiten und Begierden geprägt sind.
Motivated Reasoning ist weder rational noch objektiv, und es hat oft problematische Konsequenzen. Wenn Menschen in einem Zustand des Motivated Reasoning sind, können sie unbequeme Informationen – auch bekannt als Fakten – vermeiden oder ausklammern, die sonst relevant wären. In einer Studie (Piazza und Loughnan) werden die Teilnehmer:innen mit einer imaginären, neu entdeckten Tierart auf einem anderen Planeten konfrontiert: »Trablaner«. Wenn die Trablaner als intelligent beschrieben wurden, zeigten die Versuchspersonen eine stärkere moralische Beachtung der Tiere, als wenn sie als nicht so intelligent dargestellt wurden. Richtig interessant wurde es jedoch, als in einer anderen Studie auch Schweine und Tapire als intelligente Tiere vorgestellt wurden. Im Fall von Schweinen, die – im Gegensatz zu Tapiren und Trablanern – von Menschen gegessen werden, hatte die Intelligenz der Schweine viel weniger Einfluss auf die moralischen Bedenken der Menschen ihnen gegenüber. Mit anderen Worten: Die Tatsache, dass Schweine intelligent sind, wurde strategisch ignoriert. Wie Sie sicher schon vermutet haben, ist es auch hier wieder das Verhalten, welches die Einstellung beeinflusst.

Übertragen wir das nun auf den Bereich des Veganismus. Wenn die Menschen den moralischen Argumenten der Veganer:innen tatsächlich zuhören (und oft erreichen wir nicht einmal dieses Niveau des Engagements), wissen sie, dass sie ihr Verhalten ändern müssen, wenn sie diese Argumente und sich selbst ernst nehmen. Aber die Änderung ihres Verhaltens ist nichts, worauf sie sich freuen, wegen der Unannehmlichkeiten, die sie fürchten, und weil sie befürchten, dass sie dann kein gutes Essen mehr genießen können. (Sie haben vielleicht schon Leute sagen hören, dass sie die Dokumentation *Earthlings* nicht sehen wollen, weil sie wissen, dass sie danach vegan werden müssen.) Sobald sie die Erfahrung machen, dass das Verhalten (vegane Mahlzeiten zu essen) nicht so schwer ist und sogar Spaß machen kann, kann die Abwehrhaltung nachlassen, die Offenheit für moralische Argumente zunehmen und das Mitgefühl wachsen. Plötzlich wird die Idee der Tierrechte viel leichter zu akzeptieren sein. Die Wahrheit ist nicht mehr so bedrohlich.

Die Selbstwahrnehmungstheorie, auf die wir bereits gestoßen sind, kann ebenfalls helfen zu erklären, was passiert, wenn das Verhalten die Einstellung beeinflusst. Die Theorie besagt, dass Menschen ihre Einstellung zu etwas durch die Beobachtung ihres eigenen Verhaltens weiterentwickeln können. Wenn es z.B. sehr unbequem und teuer würde, Tiere zu essen, würden die Menschen weniger davon essen und anfangen, sich selbst als die Art von Mensch zu sehen, die wenig oder kein Fleisch isst. Wahrscheinlich würden sie sogar Geschichten erzählen, wie sie schon immer weniger Tiere essen wollten. Mit anderen Worten: Wir können für das eintreten, was wir glauben, aber wir können schließlich auch an das glauben, wofür wir eintreten (Meyers, S. 116).

Schlussfolgerung 1: Alle Gründe zulassen

Bis hierhin enthält dieses Kapitel eine gute und eine schlechte Nachricht. Die schlechte Nachricht ist etwas, das vielen Aktivist:innen wahrscheinlich schon seit einiger Zeit bewusst ist, dem sie sich allerdings bisher verweigert haben: Aufklärung wird überbewertet. Die gute Nachricht ist, dass Veränderung auch mit dem Verhalten beginnen kann und dass Menschen Mitgefühl für Tiere entwickeln können, auch wenn die ursprüngliche Verhaltensänderung durch andere Gründe ausgelöst wurde.

Kombinieren wir nun diese Erkenntnisse mit dem, was wir aus dem vorigen Kapitel wissen, und schauen uns die konkreten Auswirkungen für den Einsatz für Veganismus und Tierrechte an, dann ist die erste Schlussfolgerung diese: Wir können jedes nicht-moralische Argument nutzen, um Menschen zu helfen, ihr Verhalten zu ändern. Gesundheits-, Umwelt- und andere Argumente können die perfekte Motivation sein, sich entlang des veganen Spektrums zu bewegen oder vegan zu werden. Wir sollten erwarten, dass die Offenheit für moralische Argumente viel größer ist, wenn die Menschen erst einmal aus einer anderen Motivation begonnen haben, ihr Verhalten zu ändern.

Diese nicht-moralischen Argumente gewinnen an Bedeutung, wenn wir berücksichtigen, was wir im vorangegangenen Kapitel festgestellt haben: Das Schaffen einer beträchtlichen Gruppe von Reduzierer:innen könnte der schnellste Weg sein, das System zu ändern. Das Fazit aus beiden Kapiteln ist, dass es entscheidend ist, solche Motivationen zu nutzen, die viele Menschen dazu bringen, ihren Fleischkonsum zu reduzieren. Gesundheitliche Bedenken sind die Hauptgründe, aus denen Menschen ihren Fleischkonsum reduzieren (Cooney 2014, S. 76). Andere sind die Umwelt und der Wunsch nach Abwechslung und dem Ausprobieren neuer Dinge. Sorgen um das Wohlergehen der Tiere stehen bei Reduzierer:innen nicht an erster Stelle (Faunalytics 2007).

Letztendlich *sollten* sich die Menschen um die Tiere sorgen. Unser Ge- und Missbrauch von Tieren ist einer der größten moralischen Missstände unserer Zeit. Wir wollen das Bewusstsein schärfen und die Menschen dazu bringen, nichtmenschliche Lebewesen als Individuen zu sehen, die *nicht* ausgebeutet werden sollten. Für viele Veganer:innen ist jede Botschaft, die diesen Gedanken herunterspielt, problematisch, weil sie nicht zu diesen ethischen Bedenken zu führen scheint. Dieselben Veganer:innen würden darauf beharren, dass Menschen niemals die zugrunde liegende Dynamik von Macht und Ausbeutung, die diesen Missbrauch ermöglicht, verstehen werden, wenn wir den moralischen Ernst der Situation nicht kommunizieren. Solange die Menschen diese Situation nicht erkannt haben, so würden solche Veganer:innen argumentieren, werden sie immer neue Arten von Ungerechtigkeit reproduzieren.

Mein Punkt ist, dass ich zwar zustimme, dass die Tierrechtsarbeit Menschen braucht, die sich nicht nur in ihrem Verhalten, sondern auch in ihren Herzen und Köpfen geändert haben, aber diese Bewusstseinsbildung muss nicht unbedingt der Ausgangspunkt sein. Genauso wie die anfängliche Motivation für Menschen, die Reise nach Veganville zu beginnen, nicht so bedeutend ist wie die Tatsache, dass sie sich auf den Weg machen. Unter bestimmten Umständen – abhängig von der Situation, dem Medium oder der Zielgruppe – können oder sollten wir sogar die tierethische Botschaft in den Hintergrund rücken oder sie manchmal sogar ganz ignorieren. Wir können die Menschen veganes Essen erleben lassen, und zwar egal aus welchem Grund oder sogar ganz ohne Grund.

Auf der Suche der Veganer:innen nach einer neuen Art von Mensch – dem *Homo empathicus* sozusagen – ist es in Ordnung, wenn die neue Ethik der Menschen ihrer Verhaltensänderung *folgt*, anstatt ihr *vorauszugehen* oder sie zu verursachen. Es ist ein Mechanismus, für den wir offen sein sollten. Wir sollten ihn erforschen, um ihn in unserer Bewegung stärker zu nutzen. Nicht nur, dass es den Tieren vollkommen egal ist, was für eine Art von Veganer:in wir sind, sondern, was noch wichtiger ist: Jede:r kann die »richtige« Art von Veganer:in werden, aus welchem Grund auch immer sie oder er angefangen hat.

Die Verwendung von Gesundheits-, Geschmacks-, Umwelt- und anderen Argumenten ist nicht nur akzeptabel, sondern sogar empfehlenswert. Eine Vielzahl von Gründen gibt uns eine größere Chance, alle Menschen anzusprechen, einschließlich derjenigen, für die die Sorge um Tiere nicht stark genug ist, um ihre Einstellung oder ihr Verhalten zu ändern. Es ist immer klüger, unsere Botschaft an Werte anzuhängen, welche die Menschen bereits unterstützen, anstatt ihnen zu sagen, welche Werte sie vertreten *sollten*. Denn das *»sollten« bedeutet* meistens, darauf zu bestehen, dass sie *unsere* Werte vertreten.

Ein weiterer Grund, moralische Argumente nicht übermäßig zu betonen, ist nicht nur die mögliche Unwirksamkeit dieser Herangehensweise, sondern auch die Gefahr, dass es nach hinten losgehen kann. Menschen reagieren defensiv auf Überredungsversuche; sie mögen es nicht, wenn andere sie belehren. Eine Studie über die Einstellung gegenüber Vegetarier:innen zeigt, dass sie weniger positiv bewertet wurden, nachdem sich die Befragten ihr moralisches Urteil über Fleischesser:innen vorgestellt hatten. Laut den Autor:innen dokumentieren ihre Studien »empirisch den Gegenwind, der von moralischen Minderheiten berichtet wird, und führen ihn auf den Unmut des Mainstreams zurück, sich moralisch beurteilt zu fühlen« (Minson und Monin).

Hinzu kommt, dass, wenn wir Menschen bitten, ihre Überzeugungen zu ändern und unsere Ideologie zu akzeptieren, sie diese Veränderung als viel größer ansehen als die Implikationen ihres Verhaltens oder die Sorge um ihre Gesundheit. Der Forscher Hank Rothgerber weist darauf hin, dass ethische Veganer:innen mehr Dissonanz reduzierende Strategien anwenden als Veganer:innen, die mit dem Erhalt der eigenen Gesundheit argumentieren. Ich werde einige der psychologischen Aspekte von Kommunikation und Überzeugung in Kapitel 5 weiter ausführen. Für den Moment ist es ausreichend, herauszustellen, dass moralische Überzeugungsarbeit auch ihre Schattenseiten hat, und das gibt uns einen weiteren Grund, andere Motivationen anzuerkennen.

Gegenargumente

Obwohl ich keineswegs vorschlage, moralische Argumente über Bord zu werfen, bin ich mir bewusst, dass Menschen Bedenken oder Zweifel haben könnten, diese Argumente herunterzuspielen oder sich auf andere zu konzentrieren. Im Folgenden schauen wir uns einige dieser Einwände an.

1. Führt das Gesundheitsargument dazu, dass mehr Hühner und Fische leiden?

Einige Veganer:innen – zu denen auch manche gehören, die ich sehr respektiere und mit denen ich in der Regel übereinstimme – sind der Meinung, dass wir nur Argumente verwenden sollten, die sich auf Tiere beziehen (Töten, Leiden, Gerechtigkeit oder eine Kombination davon). Die anderen Argumente, so glauben sie, könnten nach hinten losgehen und über kurz oder lang nicht den gewünschten Effekt haben. Ihre häufigste Sorge ist, dass sich die Menschen durch die Verwendung von Umwelt- und Gesundheitsargumenten einfach vom Verzehr von rotem Fleisch auf den Verzehr von Hühnern und Fisch umstellen könnten, da die Aufzucht von Hühnern oder der Fischfang nicht als so ökologisch zerstörerisch oder ungesund angesehen wird wie die Aufzucht von Kühen für den Verzehr von rotem Fleisch. (Anders als Kühe produzieren Hühner keine Treibhausgase durch enterische Fermentation. Sie bieten ein relativ effizientes Verhältnis von Futter zu Nahrung.) Die Umstellung der Ernährung, so das Argument, würde mehr Tierleid bedeuten, da man Hunderte dieser kleineren Tiere benötigt, um das Fleischäquivalent einer Kuh zu erzeugen. Ich stimme zu, dass dies eine berechtigte Sorge ist und dass wir auf diesen »Substitutionseffekt« achten sollten, aber erlauben Sie mir, ein paar Dinge zu entgegnen.

Erstens sind Studien und Umfragen zu der Fragestellung, ob Reduzierer:innen von rotem Fleisch mehr Hühnerfleisch essen würden, keineswegs eindeutig. Eine Studie der Humane League aus dem Jahr 2014 deutet darauf hin, dass Menschen, die rotes Fleisch reduzieren und vermeiden, tatsächlich deutlich *weniger* Hühnerfleisch und nur geringfügig mehr Fisch essen als Menschen mit einer Standardernährung (Humane League Labs, S. 5). Die Faunalytics-Studie, die ehemalige Vegetarier:innen untersuchte, fand heraus, dass in dieser Gruppe diejenigen, die Rind- und/oder Schweinefleisch vermieden, nicht mehr Fisch oder Geflügel verzehrten (Asher et al. 2016a). Mit Blick auf mehrere Studien kommt auch Nick Cooney zu dem Schluss: »Es scheint, dass Menschen, die rotes Fleisch aus ihrer Ernährung streichen, am Ende nicht mehr Tiere essen.« (2014, S. 110) Andererseits zitiert Matt Ball in *The Accidental Activist* (S. 188-89) mehrere Quellen, die darauf hindeuten, dass es eine Verschiebung von rotem Fleisch zu Hühnerfleisch *gibt*. Wir müssen also schlussfolgern, dass die Antwort auf diese Frage im Moment noch offen ist.

Zweitens sollten wir die Entscheidung der Menschen, vom Verzehr von rotem Fleisch auf Huhn oder Fisch umzusteigen, längerfristig betrachten. Der unmittelbare Anstieg des Hühner- oder Fischkonsums von Omnivoren ist keineswegs ein festes Bekenntnis zum Verzehr von Tieren, sondern kann ein erster Schritt auf einem Weg sein, auf dem sie beginnen, mehr Pflanzen in ihre Ernährung aufzunehmen. Fortschritt ist nicht immer linear. Man kann sich beispielsweise vorstellen, dass Kinder gesundheitsbewusster Eltern (die vielleicht weniger Kühe und Schweine, dafür aber mehr Hühner und Fisch konsumieren als der durchschnittliche Omnivor) mit größerer Wahrscheinlichkeit vegan werden als die Kinder von durchschnittlichen Omnivoren.

Drittens sprechen Gesundheits- und Umweltorganisationen im Moment ohnehin davon, von rotem Fleisch auf Huhn und Fisch umzusteigen. Es ist wichtig für unsere Bewegung, solche Argumente so weit wie möglich aufzugreifen und sie dann auch zum Nutzen von Vögeln und Fischen zu formulieren. Nichts sollte uns daran hindern, Gesundheits- und Tierargumente gemeinsam zu verwenden. Wenn wir in bestimmten Kontexten und für bestimmte Zielgruppen die Gesundheits- und Umweltargumente formulieren, können wir immer auch unsere Besorgnis über das Leiden und Töten von Hühnern und Fischen herausstellen. Wir können unsere Anliegen effektiv kommunizieren und sagen, dass es nicht nur um *unsere* Gesundheit geht, sondern auch um *ihr* Leben.

Was wir definitiv *nicht* tun sollten, ist, das Tierargument als das einzig richtige, altruistische Argument aufzuwerten und das Gesundheitsargument als »egoistisch« verunglimpfen. Es ist nichts Falsches daran, sein Wohlbefinden erhalten zu wollen; in der Tat könnte es uns sogar erlauben, mehr Energie zu haben, um anderen zu helfen. Außerdem können sich die Argumente überschneiden. Viele Tiere in Massentierhaltungen werden aufgrund der beengten und überfüllten Bedingungen, unter denen sie gezüchtet werden, krank. Diese Krankheiten

(*E. coli, Campylobacter,* Salmonellen, Vogelgrippe etc.) können eine direkte Bedrohung für den Menschen darstellen.

Eine weitere, ganz andere Sorge im Zusammenhang mit dem Gesundheitsargument ist, dass einige Veganer:innen die gesundheitlichen Vorteile übertreiben und suggerieren, eine vegane Ernährung sei ein Wundermittel gegen alle Krankheiten (einschließlich Herzkrankheiten, Fettleibigkeit oder Diabetes) oder sogar die einfachste Kur zur Deckung aller Ernährungsbedürfnisse. Vegane Ernährung hat tatsächlich nachweislich gesundheitliche Vorteile, und Ernährungswissenschaftler:innen wie Brenda Davis, Virginia Messina, Vesanto Melina und Jack Norris liefern informative und solide wissenschaftliche Belege für diese Vorteile. Es ist jedoch besser, die Aussagen über den Veganismus nicht zu übertreiben – eine Tendenz, die ich »Vegalomanie« nenne –, und sei es nur, um die Zahl der Aussteiger:innen zu verringern, die nicht die wundersame Verwandlung erleben, die Veganer:innen ihnen versprochen haben.

2. Sind nicht-moralische Argumente weniger langlebig?

Wie ich bereits erwähnt habe, zeigt eine umfangreiche Studie von Faunalytics aus dem Jahr 2014, dass in den USA 84 Prozent der Vegetarier:innen und Veganer:innen irgendwann aufhören, solche zu sein. Wenn wir nur die Veganer:innen betrachten, liegt die Abbruchszahl immer noch bei 70 Prozent (Asher et al. 2014). Ich werde im letzten Kapitel dieses Buches ausführlicher darüber sprechen, wie man Abbrüche verhindern oder reduzieren kann. Im Folgenden werde ich kurz darauf eingehen, wie die Quote mit nicht-moralischen Motivationen zusammenhängen könnte.

Unter den Befragten der Studie kreuzte eine Mehrheit der derzeitigen Vegetarier:innen und Veganer:innen (68 Prozent) »Tierschutz« als Grund an, Vegetarier:in oder Veganer:in zu sein. Bei den ehemaligen Vegetarier:innen und Veganer:innen sind es zum Vergleich nur etwas mehr als ein Viertel (27 Prozent). Im Gegensatz dazu wurden gesundheitliche Gründe von einem ähnlichen Anteil an derzeitigen (69 Prozent) und ehemaligen (58 Prozent) Vegetarier:innen und Veganer:innen als Motivation angegeben. Obwohl diese Studie nur etwas über Korrelationen zu dem Abbruch zeigen kann (im Gegensatz zu echter Kausalität) und es Einschränkungen bei selbstberichteten Daten dieser Art gibt, ist der Unterschied bei den Tierschutzmotivationen bemerkenswert. Das könnte möglicherweise darauf hindeuten, dass ethische Motivationen mehr Beständigkeit aufweisen als gesundheitliche Motivationen.

Eine andere Schlussfolgerung, die einige Leute aus dieser Umfrage mitnehmen, ist, dass der Schutz der eigenen Gesundheit kein gutes Argument in unserer veganen Öffentlichkeitsarbeit ist. Sie ziehen aus dieser Studie das Ergebnis, dass wir immer mit moralischen Argumenten werben sollten. Ich bin mit dieser Schlussfolgerung definitiv nicht einverstanden.

Wenn wir nur ein Argument auswählen *müssten*, wäre es naheliegend, dass das ethische Argument die größte Beständigkeit hat. Es ist tatsächlich die einzige Motivation, um hundertprozentig vegetarisch oder vegan zu leben. Doch selbst unter den Studienteilnehmer:innen, die Tiere als Motivation wählten, kehrten mehr als 70 Prozent zum Omnivorismus zurück – zugegebenermaßen bei einer winzigen Stichprobe. Diese Zahl ist deutlich geringer als die 95 Prozent der Vegetarier:innen oder Veganer:innen, die angaben, nur aus gesundheitlichen Gründen motiviert zu sein. Aber sie zeigt dennoch, dass auch tierbezogene Gründe nicht ausreichend sind. Nick Cooney kommt auch unter Einbeziehung anderer Studien zu dem Schluss, dass es zwar möglich ist, dass ethische Vegetarier:innen und Veganer:innen länger an ihrer Ernährung festhalten, aber der Unterschied nicht allzu groß zu sein scheint (2014, S. 91).

Noch wichtiger ist, dass diese Zahlen nicht beweisen, dass das Gesundheitsargument schädlich oder nutzlos ist. Die Autor:innen des Berichts schreiben: »Während die Gesundheitsmotivationen mit einem größeren Ausmaß an Rückfällen assoziiert sind, ist es auch bemerkenswert, dass mehr Menschen diese Gesundheitsmotivationen angaben, was darauf hindeutet, dass, selbst wenn diese Botschaften zu mehr Rückfällen führen, gesundheitsbezogene Botschaften immer noch hilfreich sein können, um mehr Personen zu ermutigen, mit der [veganen] Ernährung zu *beginnen*.« (Asher et al. 2016a) Was wäre, wenn eine gesundheitsbezogene Motivation und eine entsprechende Kommunikation besser geeignet wären, um anfangs viele Menschen zu gewinnen, die sich dann im Laufe der Zeit zu ethischen Veganern:innen entwickeln würden? Wie bereits erwähnt, gibt es Anhaltspunkte dafür, dass sich eine signifikante Anzahl von Gesundheitsvegetarier:innen mit der Zeit zu ethischen Vegetarier:innen entwickeln könnte.

Es ist auch gut möglich, dass ehemalige Vegetarier:innen und Veganer:innen bei der Beantwortung der Frage nach der Motivation im Nachhinein ihre früheren Beweggründe heruntergespielt haben. Vielleicht haben auch heutige Vegetarier:innen/Veganer:innen zusätzliche Beweggründe angegeben, als ursprünglich ausschlaggebend waren. Wie Cooney vorschlägt: »Unabhängig davon, wie sehr sich Menschen um Tiere sorgten, als sie Vegetarier waren, werden Menschen, die zum Fleischessen zurückgekehrt sind, wahrscheinlich sagen, dass sie sich weniger um Tiere sorgen« (2014, S. 89). Dieses Phänomen wird durch die Theorie der kognitiven Dissonanz erklärt.

Aus den vorliegenden Untersuchungen können wir nicht schließen, dass die Gesundheit eine signifikant weniger beständige Motivation ist. Für eine solche Aussage wären weitere Studien erforderlich. Im Gegensatz zu der Ansicht einiger Veganer:innen, scheint es auf der Grundlage heutiger Erkenntnisse unklug, den Verzicht auf das Gesundheitsargument vorzuschlagen. Die Faunalytics-Forscher schlussfolgern: »Die Mehrheit derjenigen, die sich vegetarisch/vegan ernähren – oder dies in der Vergangenheit getan haben – hat mehrere Gründe dafür.« (Asher et al. 2016a)

Eine Randbemerkung: Die Tatsache, dass so viele Menschen aussteigen, ist für die Bewegung nicht so deprimierend, wie es vielleicht klingt. Erstens bedeutet es, dass das Potenzial für einen Anstieg der Zahl der Veganer:innen sehr viel größer ist als die derzeitigen ein oder zwei Prozent. Zweitens sind viele ehemalige Veganer:innen/Vegetarier:innen daran interessiert, eine solche Ernährung wieder aufzunehmen. Laut einer Studie gab nur eine Minderheit der Ex-Vegetarier:innen oder Veganer:innen an, jetzt regelmäßig Fleisch zu essen (Haverstock und Forgays). Der:die durchschnittliche ehemalige Vegetarier:in oder Veganer:in kann als Fleischreduzierer:in oder sogar als Halbvegetarier:in angesehen werden (Asher et al. 2016a). Mittlerweile wissen wir, wie entscheidend diese Gruppe ist. Selbst wenn Gesundheitsvegetarier:innen sich nicht konsequent, aber *überwiegend* an die Ernährung halten, wir aber leicht mehr Gesundheitsvegetarier:innen überzeugen könnten, würde dieses Argument für die aktive Bewerbung der gesundheitlichen Vorteile sprechen (Asher et al. 2014).

Drittens gab in der gleichen Studie mehr als ein Drittel (37 Prozent) der ehemaligen Vegetarier:innen/Veganer:innen an, dass sie daran interessiert wären, wieder eine vegetarische/vegane Ernährung aufzunehmen. Von diesen Personen gab mehr als die Hälfte (59 Prozent) an, dass sie dies wahrscheinlich oder sehr wahrscheinlich tun würden. Die Gesundheit scheint bei denjenigen, die ihr Interesse bekundeten, der wichtigste Motivator für die Wiederaufnahme der Ernährung zu sein. Letztlich haben diese Ex-Vegetarier:innen zumindest in den Jahren, in denen sie Vegetarier:in oder Veganer:in waren, durch ihre Steigerung der Nachfrage den Markt beeinflusst, mehr Optionen zu schaffen, und so eine ganze Reihe von Tieren vor einem Leben voller Leiden bewahrt. Laut Animal Charity Evaluators (ACE) beträgt die durchschnittliche Dauer, die Vegetarier:innen vegetarisch leben, sieben Jahre.

Schlussfolgerung 2: Es einfacher machen

Unsere erste Schlussfolgerung war, dass wir alle möglichen Motivationen, einschließlich Gesundheit, Nachhaltigkeit und Geschmack, berücksichtigen und mit ihnen arbeiten sollten, damit die Menschen anfangen, anders zu essen. Die zweite Schlussfolgerung ist, dass wir uns neben den Argumenten und Motivationen auch darauf konzentrieren sollten, eine Umgebung zu schaffen, die eine Verhaltensänderung erleichtert, um so möglicherweise eine Änderung der Einstellung zu fördern.

Es ist verlockend zu denken, dass wir in Bezug auf das vegane Bewusstsein und die Produktentwicklung weit genug gekommen sind, dass es für fast jeden einfach ist, freiwillig vegan zu leben. Das wäre jedoch ein Wunschdenken. Für viele ist der Geschmack vieler Alternativen zu tierischen Produkten (wie Käse, Steaks oder Lachs) nicht gleichwertig mit den Originalen, ebenso wenig ihre Verfügbarkeit. Sicherlich wird es für Veganer:innen jeden Tag einfacher, ihre Lieblingsprodukte zu finden, aber es wäre übertrieben zu behaupten, dass es überall eine große Auswahl an tollen Produkten und Gerichten gibt. Abgesehen von den Supermärkten gibt es, je nach Land oder Stadt, in der Sie leben, in vielen Restaurants und Kantinen keine anständige vegane Option, geschweige denn eine akzeptable Auswahl. Darüber hinaus kann auch der Preis ein Thema sein. Fleischalternativen und viele Früchte und frisches Gemüse sind teurer als Fleisch.

Ein weiterer Faktor ist Bequemlichkeit. Viele Menschen wissen immer noch nicht, wie sie einige dieser alternativen Produkte verwenden sollen, oder sind unsicher, welche sie kaufen und in ihre Mahlzeiten integrieren sollen, um den Nährstoffbedarf zu decken.

Zusammenfassend können wir sagen, dass die vegane Option bei weitem noch nicht der Standard ist.

Um deutlicher zu sehen, wie Alternativen und Motivationen zusammenhängen, betrachten Sie einmal Flugreisen. Das Fliegen ist einer der größten Verursacher von Treibhausgasen. Der Klimawandel bedroht offensichtlich viele empfindungsfähige Lebewesen und sogar ganze Spezies. Stellen Sie sich vor, dass Sie für Ihren Job, Ihre Mission oder Ihre Familie regelmäßig auf anderen Kontinenten sein *müssen*. Die Alternativen – Reisen über Land und/oder Meer – sind nicht möglich oder, weil sie viel mehr Zeit in Anspruch nehmen, unpraktisch. Damit Sie sich für diese Alternativen entscheiden, müssen Sie extrem motiviert sein. Umgekehrt gilt: Je besser die Alternativen sind (stellen Sie sich z.B. ein superschnelles und umweltfreundliches Boot vor), desto weniger Motivation brauchen Sie.

Übertragen wir das mal auf unseren eigenen Bereich. Stellen Sie sich vor, die einzige vegane Nahrung, die Sie für den Rest Ihres (wahrscheinlich verkürzten) Lebens essen könnten, wäre Wasser und Brot. Würden Sie Veganer bleiben? Vielleicht ist Ihre Antwort ein schallendes »Ja!«. Aber wären Sie auch vegan geworden, wenn dies die *einzige* Möglichkeit gewesen wäre? Vielleicht schreien Sie wieder »Ja!«, aber es ist schwer, das mit Sicherheit zu sagen, weil wir davon ausgehen, dass Ihre Überzeugungen durch die Verfügbarkeit oder den Mangel an guten Alternativen beeinflusst wurden. Genauso werden viele Menschen heutzutage vegan werden, sobald es für sie einfach genug ist. Vielleicht fangen sie erst dann damit an, wenn Alternativen überall verfügbar sind und genauso schmecken wie das Original. Vielleicht werden sie etwas brauchen, das völlig identisch ist, wie *zellkultiviertes Fleisch*, ein auf Zellkulturen basierendes Nahrungsmittel, um das es im nächsten Kapitel geht. Der Punkt ist: Je einfacher wir den Umstieg machen, desto mehr Menschen werden es tun. Daher müssen wir diese Situation (Abb. 11):

Abb. 11: Weniger Auswahl erfordert mehr Aufwand

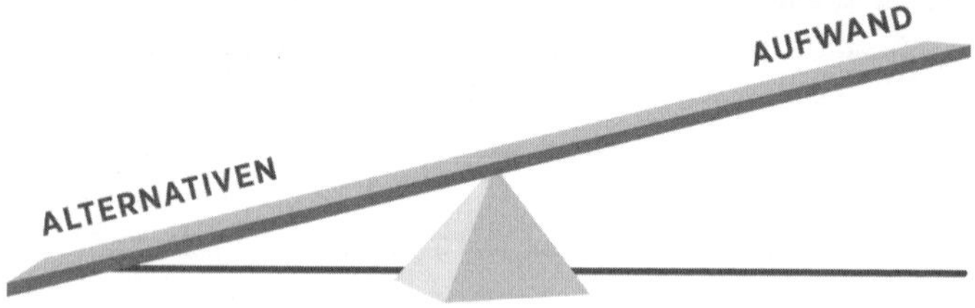

zu dieser Situation (Abb. 12) machen:

Abb. 12: Größere Auswahl reduziert den erforderlichen Aufwand

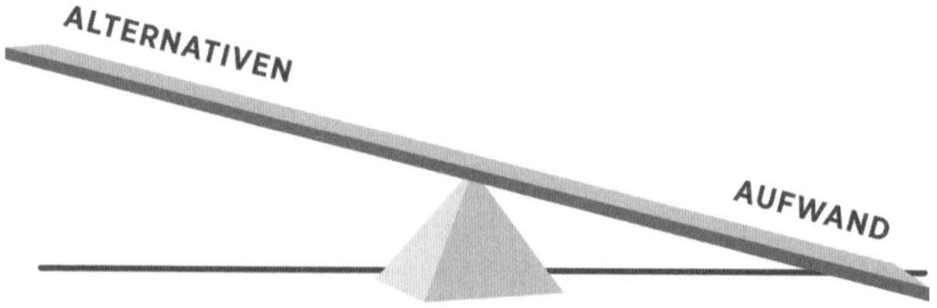

In der Marketingsprache könnte man von *hohen Wechselkosten* sprechen – den Kosten, die einem beim Wechsel von Produkten, Lieferanten und Marken entstehen. Die Kosten können finanzieller Natur sein, sie können aber auch Zeit oder mentalen Aufwand bedeuten. Telefon- oder Versicherungsunternehmen z.B. wollen den Wechsel zu ihrem Produkt so einfach wie möglich machen, während sie es gleichzeitig schwierig machen, von ihrem Produkt wegzukommen.

In unserer Metapher: Wenn der Weg nach Veganville den Menschen alles bietet, was sie brauchen, wird es viel einfacher sein, sich auf diesen Weg zu begeben. Wenn die Menschen wissen, dass sie alle paar Kilometer Wasser und herzhaftes Essen bekommen können, sowie einen Rastplatz und einen Ort, an dem sie ihre Schuhe reparieren können, dann wird es viel einfacher sein, sie dazu zu bewegen, die Reise anzutreten. Dies ist das Thema des nächsten Kapitels.

Fleischkonsum schwieriger machen

Wie einfach es ist, Vegetarier:in oder Veganer:in zu sein, ist auch relativ dazu, wie einfach oder schwierig es ist, ein:e Nicht-Veganer:in zu sein. Abgesehen davon, dass vegane Lebensmittel leichter zu finden sind, können wir versuchen, es *schwieriger* zu machen, nicht-vegane Lebensmittel zu produzieren und zu konsumieren. Bestimmte Vorschriften zur Aufzucht von Tieren (wie z.B. die Forderung nach mehr Platz) können die Produktionskosten erhöhen und damit das Endprodukt teurer machen. Aus diesem Grund könnten Reformen des Tierschutzes, die per Definition absolutistische Tierrechtsverfechter:innen verärgern, leise, aber beständig die wirtschaftliche Struktur der Großbetriebe untergraben, die das Überleben der Massentierhaltung ermöglicht.

Die industrielle Tierhaltung tut, was sie kann, um es den Entwicklern von pflanzenbasierten Alternativen schwer zu machen. So haben Eierproduzenten in den USA versucht, Eat Just zu verbieten, seinen pflanzenbasierten Dip »Mayonnaise« zu nennen. Das hat nicht funktioniert, und nun vermarktet Unilever seine eigene vegane Mayo, um zu konkurrieren. Die Milchindustrie in Europa war erfolgreicher. Sie stellte sicher, dass pflanzenbasierte Milch nicht als »Milch« bezeichnet werden darf; und darüber hinaus werden pflanzenbasierte Milchalternativen noch höher besteuert als tierische Milchprodukte. Hier wäre Lobbyarbeit, um gleiche Wettbewerbsbedingungen zu schaffen, sehr wertvoll.

Fazit

Wir haben in diesem Kapitel eine Vielzahl an Themen behandelt. Lassen Sie mich rekapitulieren.

Die Bedeutung und das Gewicht von moralischen Argumenten als Antrieb für Veränderungen sind relativ. Wir wollen, dass Menschen vegan leben, weil sie sich um Tiere sorgen, und wir müssen das moralische Bewusstsein der Menschen schärfen, wenn wir eine dauerhafte Veränderung anstreben. Aber diese Sorge um die Tiere kann auch als Ergebnis einer Verhaltensänderung aus anderen Gründen entstehen. Es ist ein eher indirekter Weg, aber wenn er funktioniert, sollten wir ihn nutzen.

In *Rules for Radicals* schreibt Saul Alinsky:

> Von sehr seltenen Ausnahmen abgesehen, werden die richtigen Dinge aus den falschen Gründen getan. Es ist vergeblich zu verlangen, dass Menschen das Richtige aus dem richtigen Grund tun – das ist ein Kampf gegen eine Windmühle. Der Organisator sollte wissen und akzeptieren, dass der richtige Grund nur als moralische Rationalisierung eingeführt wird, nachdem das richtige Ziel erreicht wurde, obwohl es vielleicht aus dem falschen Grund erreicht wurde – deshalb sollte er die falschen Gründe suchen und benutzen, um die richtigen Ziele zu erreichen. (S. 76)

Das ist kein Verrat an den Tieren. Auf den Punkt gebracht: Auch ohne dass wir über Dinge wie Ethik und Gerechtigkeit reden, können wir an ihnen arbeiten. David Benzaquen, Gründer des veganen Beratungsunternehmens Plantbased Solutions, sagt: »Wir setzen uns voll und ganz dafür ein, pflanzenbasierte Produkte zu fördern, die mit unseren Werten übereinstimmen, aber wir *vermarkten* sie nicht auf der Grundlage dieser Werte.« (Leenaert 2017) (Siehe Kasten auf S. 119)

Ich habe zwei wichtige Schlussfolgerungen aus der Dynamik von Verhalten und Einstellung gezogen. Die eine ist, dass wir alle Gründe für unseren Aktivismus nutzen sollten, insbesondere diejenigen, die viele Menschen zum Reduzieren motivieren – denn eine große Gruppe von Reduzierer:innen kann das System am schnellsten verändern. Die andere ist, dass wir die Argumente ganz vergessen und uns stattdessen auf die Umgebung der Menschen konzentrieren können. Wie man eine förderliche Umgebung schafft, behandle ich im nächsten Kapitel.

4. Umgebung
Die Dinge leichter machen

Die Art und Weise, wie wir [das System] ändern, ist nicht, indem wir die Leute überzeugen, das Richtige zu tun. Wir ändern es, indem wir ein völlig anderes System schaffen. [...] Bei Hampton Creek geht es um eine Philosophie, die darauf gründet, dass das Gute nur dann gewinnt, wenn das Gute so unverschämt besser ist als das Nicht-Gute, dass man nicht anders kann, als es zu tun. *–Josh Tetrick, CEO Eat Just*

Bisher habe ich über den Aufruf zum Handeln und die Argumente gesprochen, die wir den Menschen liefern können, um die Reise nach Veganville anzutreten. Ich habe gesagt, dass wir jede Motivation, die zu einer Verhaltensänderung führen kann, nutzen sollten. Denn aus einer Verhaltensänderung kann eine Einstellungsänderung folgen. Deswegen habe ich argumentiert, dass wir eine Umgebung schaffen müssen, die eine Verhaltensänderung erleichtert. Dieses letzte Prinzip kürze ich mit »SEFU« ab, was für die **S**chaffung **e**iner **f**örderlichen **U**mgebung[11] steht. Für Veganville bedeutet das: Wie einladend ist die Straße? Finden die Reisenden auf dem Weg alles, was sie brauchen: Essen, Wasser, Rastplätze? Wie viele Mitreisende gibt es?

Mit »Umgebung« meine ich alles, was außerhalb der Menschen liegt, die sich ändern wollen (bzw. die Veganer:innen zum Wandel anregen wollen). Wenn wir eine unterstützende Umgebung schaffen, wird das Richtige zum Einfachen – manchmal in einem Ausmaß, dass kaum noch Anstrengung oder Motivation zum Wandel erforderlich ist.

Beispielsweise können wir versuchen, die Menschen davon zu überzeugen, dass klassische Glühbirnen schlecht für die Umwelt sind, oder es den Verbraucher:innen einfach viel schwerer machen, sie zu kaufen, weil sie, sagen wir, teurer oder die Alternativen anderweitig überlegen sind. Ein offensichtliches Mittel zur Veränderung der Umgebung ist die Gesetzgebung. In diesem Fall sind klassische Glühbirnen in Europa per Gesetz verboten und kommen einfach nicht mehr infrage.

Ein weiteres klassisches Beispiel für die Veränderung der Umgebung liefert Brian Wansink, Professor für Konsumentenverhalten und Ernährungswissenschaft. In seinem Experiment erhielten Kinobesucher:innen Popcorn entweder in einem großen oder einem kleinen Behälter. Diejenigen, die den großen Behälter erhielten, aßen 45 Prozent mehr Popcorn (und 33 Prozent mehr, wenn das Popcorn bereits abgestanden war!) als diejenigen, die den kleinen Behälter erhielten. Die Portionsgröße ist ein Element der Umgebung: Kleine Portionen können Menschen dazu bringen, weniger zu essen, ohne dass sie versuchen müssen, sich zu beherrschen (Wansink und Kim).

Eine Methode, mit der man eine förderliche Umgebung schaffen kann, habe ich bereits angesprochen: In Kapitel 2 haben wir gesehen, dass die steigende Anzahl an Fleischreduzierer:innen die Umgebung durch die Beeinflussung von Angebot und Nachfrage erheblich verändern. Sie vereinfachen es so für jede:n, sich entlang des veganen Spektrums zu bewegen. Dies ist ein indirekter, von unten nach oben gerichteter Ansatz, um die Umgebung zu verändern. Es gibt auch direktere Methoden. Offensichtlich besteht eine wechselseitige Beziehung zwischen Angebot und Nachfrage, und wir können die Angebotsseite (Produktion) ganz direkt stimulieren oder unterstützen, sodass die Nachfrage folgt. Darüber hinaus können wir mit Institutionen zusammenarbeiten, die uns dabei helfen, Veränderungen aus einer Top-Down-Richtung umzusetzen.

Dieses Kapitel konzentriert sich auf die Alternativen zu tierischen Produkten und die Unternehmen, die sie entwickeln. Darüber hinaus betrachte ich auch, wie sich die Veganbewegung auf die Wirtschaftswelt im Allgemeinen beziehen kann oder sollte. Anschließend untersuche ich einige Ziele für institutionelle Reformen in Politik, Bildung und Organisationen.

Verbesserung der Alternativen

Wenn die Menschen keine guten, vergleichbaren Alternativen für tierische Produkte haben, wird eine Veränderung sehr viel schwieriger (man denke nur an den Mangel an Alternativen für umweltverschmutzende Flugzeuge). Ich verwende die Begriffe »Verbesserung« und »Alternative« im weitesten Sinne. Als *Alternativen* sind nicht nur Produkte (Lebensmittel etc.) zu verstehen, sondern auch Dienstleistungen, die kein Tierleid oder keine Ausbeutung mit sich bringen. Mit *Verbesserung* ist nicht nur die Qualität (hauptsächlich Geschmack und Struktur, sowie Gesundheit) gemeint, sondern auch Verfügbarkeit, Vielfalt, Preis und weitere Faktoren.

Kommerzielle Unternehmen ergänzen die vegane Bewegung, indem sie Alternativen anbieten und sind daher ein wichtiger Verbündeter. Die Hauptaufgabe von veganen Aktivist:innen ist, das Bewusstsein zu schärfen und den Menschen Gründe und Theorien für den Verzicht auf tierische Produkte zu geben, sowie praktische Tipps, die ihnen helfen, vegan zu leben. Aber wenn wir wollen, dass die Menschen ihr Wissen und Bewusstsein in der Praxis umsetzen, brauchen sie etwas zu essen, und wir brauchen Unternehmen, die diese Lebensmittel produzieren.

Es versteht sich von selbst, dass Veganismus nicht per se bedeutet, dass wir verpflichtet sind, die verarbeiteten Lebensmittel der Omnivore nachzuahmen; und auch nicht, dass die einzigen verfügbaren Lebensmittel von kommerziellen Unternehmen hergestellt werden müssen. Eine vegane Ernährung kann vollständig aus natürlich vorkommender Vollwertkost bestehen, die wir jeden Abend mit Liebe für unsere Freunde und Familie zubereiten können. In der Tat argumentieren einige Veganer:innen, dass wir uns von der Herstellung von ausgefallenen Kuchen, Käseersatz oder künstlichem Fleisch abwenden müssen; und dass wir unsere eigene Sojamilch und Tofu herstellen können. Ich verstehe und respektiere diese Ansicht. Aber ich lebe auch in der realen Welt, in der Bequemlichkeit und Zeit wertvolle Güter für gestresste Pendler:innen, viel beschäftigte Eltern und Berufstätige sind, die nur in Restaurants oder Schnellimbissen essen. Denken Sie daran: Unsere Aufgabe sollte es sein, Veganismus einfacher zu machen.

Angesichts der Tatsache, dass Veränderung oft mit dem Verhalten und nicht mit der Einstellung beginnt, werden die Alternativen und die Unternehmen, die sie herstellen, noch wichtiger. Abgesehen davon, dass sie ihre Produkte verkaufen und Alternativen anbieten, hilft allein die Tatsache, dass sie Produkte in die Läden bringen (mit oder ohne Etikett »vegan/vegetarisch/fleischfrei«). Die wachsende Präsenz hilft, das Bewusstsein zu schärfen und die Idee zu verbreiten, dass wir ohne (oder zumindest mit weniger) tierischen Produkten leben können. Unternehmen haben auch ihre eigenen Kanäle: Newsletter und soziale Medien, über die sie die vegane Botschaft mehr oder weniger explizit verbreiten. Sie können Lobbyarbeit betreiben, um Gesetze im Namen der Verbraucher zu ändern, und sie können zeitweise Organisationen, Projekte oder Initiativen in der veganen oder Tierschutz-Bewegung sponsern oder unterstützen.

New Kids on the Block

Vegetarische und vegane Unternehmen in vielen Ländern haben jahrzehntelange Arbeit in die Entwicklung und Vermarktung von Fleisch- und Milchalternativen gesteckt. Diese Unternehmen können groß oder klein, lokal oder multinational sein. Ihre Produkte werden in Lebensmittelfachgeschäften verkauft, aber viele schaffen es auch in die Supermarktregale.

In letzter Zeit sind zwei neue Akteure hinzugekommen: *disruptive Startups* und *traditionelle Fleischunternehmen*. Unternehmen, die vegetarische und vegane Produkte und Gerichte entwickeln und anbieten, gibt es schon seit Jahrzehnten, aber in der Regel wurden sie nicht mit dem Ziel gegründet, einen systemischen Wandel herbeizuführen. Genau diese Intention unterscheidet die neuen Wettbewerber von allen, die ihnen vorausgegangen sind. Diese jungen Unternehmen versuchen Alternativen zu entwickeln, die möglicherweise ganze Sektoren der Tierindustrie zu Fall bringen könnten.

Solche bahnbrechenden Ambitionen erfordern erhebliche Investitionen und werden in der Regel mit Risikokapital finanziert. Die Lösungen, die entwickelt werden, sind oft High-Tech, und es ist kein Zufall, dass viele dieser Unternehmen in Kalifornien oder in anderen Teilen der USA ansässig sind. Hier sind nur einige Beispiele aus einer ständig wachsenden Zahl von Unternehmen:

- Impossible Foods hat einen sehr fleischähnlichen, pflanzenbasierten Burger und eine pflanzenbasierte Wurst entwickelt und an zahlreichen Standorten sowie bei Burger King eingeführt (siehe Kasten auf S. 112).

- Beyond Meat ist das erste sogenannte »Alt-Protein«-Unternehmen, das an die Börse gegangen ist (2019).
- Eat Just hat mehrere Ei-Alternativen auf den Markt gebracht und entwickelt zudem zellkultiviertes Fleisch, das Ende 2020 in einem Restaurant in Singapur präsentiert wurde.
- Clara Foods hat eine ähnliche Mission wie Eat Just. Das Unternehmen arbeitet an dem weltweit ersten tierfreien Eiweiß und ist eine Tochtergesellschaft von IndieBio, dem weltweit ersten Teilchenbeschleuniger für synthetische Biologie, mit Sitz in San Francisco.
- Perfect Day stellt Produkte her, die chemisch, nährstofftechnisch und geschmacklich identisch mit Milchprodukten sind, auf Kuh-DNA basieren, aber ansonsten keine Kuh bei der Produktion benötigen.
- Upside Foods (ehem. Memphis Meats) im Silicon Valley hat bereits die erste Frikadelle aus kultiviertem Fleisch hergestellt.

Aber auch anderswo auf der Welt ist einiges im Gange. Eine besondere Brutstätte für Innovationen in den Bereichen Alternative Proteine und Kultiviertes Fleisch ist Israel, mit Unternehmen wie Aleph Farms, Supermeat, Future Meat und Meatech 3D. In Europa ist The Vegetarian Butcher eine besondere Erfolgsgeschichte. Das 2010 gegründete Unternehmen wurde später von Unilever übernommen, das die Produkte über den Einzelhandel in 45 Ländern sowie über Burger King Europe vertreibt. Die Gründer haben inzwischen ein neues Unternehmen gegründet, Those Vegan Cowboys, dessen Ziel es ist, Milch aus Gras zu produzieren – ohne Kühe.

Diese jungen Unternehmen haben einige Vorteile im Vergleich zu etablierten Unternehmen, die vor mehr als einem Jahrzehnt gegründet wurden, und ihre Entstehung wurde durch mehrere neue Entwicklungen begünstigt. Ausschlaggebend dafür sind neue Lebensmitteltechnologien, ein höheres Bewusstsein für die Probleme der Tierhaltung (bei dem die Veganbewegung eine wichtige Rolle gespielt hat) und Risikokapital-Investitionen in Höhe von mehreren hundert Millionen Dollar in den letzten Jahren. Diese Gelder ermöglichen es den Unternehmer:innen, die besten Forscher:innen, Ingenieur:innen und Marketing-Expert:innen einzustellen, um ihre Produkte zu entwickeln und zu vermarkten. Die Investitionen haben auch einen symbolischen Wert.

Wenn berühmte Investment-Firmen wie Kleiner Perkins und Khosla Ventures sowie Changemaker wie Bill Gates, Sergey Brin von Google oder Li Ka-shing (die zweitreichste Person Asiens) ihre Geldbeutel öffnen, werden andere aufmerksam. Die Investor:innen signalisieren, dass tierische Produkte möglicherweise keine oder nur eine sehr begrenzte Zukunft haben. Leser:innen, die dem Kapitalismus zwiespältig gegenüberstehen, mögen die Möglichkeit in Betracht ziehen, dass vegane Startups wahrscheinlich zum Besten gehören, was der Kapitalismus im Moment zu bieten hat. Ohne das Versprechen, Geld für ihre Investor:innen und Aktionär:innen zu verdienen, hätten viele dieser Unternehmen nicht das nötige Kapital aufbringen können, um ihre ehrgeizigen Projekte zu etablieren.

Die zweite Gruppe der neuen Akteure besteht aus traditionellen Fleischunternehmen. Immer mehr Unternehmen, die tierische Produkte herstellen, interessieren sich für Alternativen. Ein berühmtes Beispiel ist Rügenwalder Mühle, eines der angesehensten und ältesten Fleischunternehmen Deutschlands, das erheblich in Fleischalternativen investiert hat (siehe Kasten auf S. 117). Ein weiteres ist Tyson, der weltweit größte Produzent von Hühnerfleisch, der einen fünfprozentigen Anteil an Beyond Meat gekauft hat und kürzlich einen 150-Millionen-Dollar-Fonds eingerichtet hat, um in Startups zu investieren, mit dem Ziel, die Möglichkeiten alternativer Proteine zu erforschen.

Es ist offensichtlich, dass sich einige in der veganen Bewegung mit solchen Entwicklungen nicht wohlfühlen. Es mag uns irritieren, wenn Unternehmen, die Millionen mit dem Töten von Tieren verdienen, nun versuchen, sich ihr Kuchenstück vom Veganismus abzuschneiden. Im Folgenden schauen wir uns an, wie sich die Veganbewegung mit Unternehmen verknüpfen kann, ob sie nun Tiere ausbeuten oder nicht.

Impossible Foods

Impossible Foods wurde von Patrick Brown gegründet, einem emeritierten Professor der Stanford University, der für seine Arbeit in der Biochemie weitreichende Bekanntheit erlangt hat. Im Jahr 2009 nahm Brown ein langes Sabbatjahr, um darüber nachzudenken, was er in seinem Leben noch erreichen wollte. Er beschloss, sich auf eines der größten Umweltprobleme der Welt zu konzentrieren: die tierische Landwirtschaft. Brown gründete Impossible Foods, um mit seinem Wissen über Biochemie eine vegane Alternative für Fleisch zu entwickeln. Er sammelte Millionen von Dollar für sein Startup ein und erhielt sogar ein Angebot von Google, es zu übernehmen, welches er ablehnte. Das Unternehmen hat in den Medien viel Aufmerksamkeit auf sich gezogen und einen gewissen Hype um den Burger ausgelöst. Der Clou ist, dass der Burger durch das enthaltene Häm-Eisen zu bluten scheint, wenn man ihn brät und auf den Teller legt. Die Produkte von Impossible Foods sind inzwischen überall in den USA (u. a. bei Burger King) und auch in anderen Ländern erhältlich.

Die Veganbewegung und das Business

Die Beziehung der Veganbewegung zur Unternehmenswelt ist, gelinde gesagt, zwiespältig. Zuweilen überhäufen wir ein Unternehmen mit unserer Liebe für die Entwicklung eines neuen Produkts oder loben ein Restaurant, weil es ein neues veganes Gericht anbietet. Manchmal stürzen wir uns aber auch wie ein wütender Mob auf ihre Social Media Feeds, wenn wir uns von ihnen beleidigt fühlen. Auch Organisationen können sowohl positiv als auch negativ arbeiten, indem sie das Zuckerbrot einsetzen, um die guten Taten eines Unternehmens zu kommunizieren, oder die Peitsche, um der gesamten veganen Gemeinschaft (oder der ganzen Welt) zu erzählen, wie böse dieses Unternehmen ist. Beide Methoden sind valide und können funktionieren, und diese zwiespältige Beziehung zu Unternehmen ist zu erwarten und verständlich.

Man kann jedoch auch Veganer:innen finden, die der Unternehmenswelt zutiefst skeptisch oder sogar zynisch gegenüberstehen und antikapitalistische und antikommerzielle Gefühle hegen. Diese Haltungen sind meist ideologisch inspiriert und entspringen der Sorge um Gerechtigkeit und Gleichheit oder dem Misstrauen gegenüber dem, was sie als Gier und Machthunger sehen.

Tierrechtler:innen haben die Wahl, ob sie Vertrauen oder Misstrauen zu unserer Grundhaltung gegenüber dem Kommerz machen wollen. Obwohl wir auf der Hut sein sollten, kann Misstrauen als Grundhaltung unproduktiv sein und zu vielen verpassten Chancen führen. Dass der Hauptantrieb eines jeden Unternehmens per Definition das Aufrechterhalten von Profit ist, ist an sich noch kein Grund, ihm zu misstrauen. Glücklicherweise achten Unternehmen, auch aufgrund ihrer Sichtbarkeit in den sozialen Medien, immer mehr auf Verantwortung, Nachhaltigkeit und einen ethischen Umgang mit ihren Beschäftigten und ihrer Unternehmenspraxis. Gleichzeitig sollten wir als Kund:innen weiterhin auf Integrität, Transparenz und soziale Verantwortung im Geschäftsleben bestehen.

Das Streben nach Profit ist ein mächtiger Motor für Veränderungen. Im Moment wird viel Geld in Alternativen zu tierischen Produkten gesteckt, mit der Erwartung, dass viel Geld herausfließt – ebenso wie eine Disruption der gesamten gesellschaftlichen Ordnung. Unter solchen Umständen ist es für vegane Tieraktivist:innen wahrscheinlich strategisch sinnvoller, sich das Profitmotiv zunutze zu machen, als es zu verurteilen und zu meiden. Die Motivation eines kommerziellen Unternehmens, vegane Produkte oder Dienstleistungen anzubieten und vegane Gerichte in Restaurants oder im Supermarkt zu verkaufen, ist nicht wichtig – auch wenn es Veganer:innen ein besseres Gefühl geben mag, wenn ein Unternehmen »für die Tiere da ist«. Was auch immer die Beweggründe des Unternehmens sind, sie tragen dazu bei, das System zu verändern, indem sie das Angebot und die Nachfrage verändern. Und, falls man es für wichtig hält, kann man, wie im vorigen Kapitel beschrieben, die Hoffnung haben, dass auch Unternehmen nicht immun gegen den Wandel von Überzeugungen als Folge einer Verhaltensänderung sind.

Die Tatsache, dass das erste Ziel eines Unternehmens der Profit ist, bedeutet, dass es nicht nur um das Wachstum der veganen Produktpalette im Allgemeinen geht, sondern um das Wachstum der eigenen Marke des Unternehmens. Daher konkurrieren die Unternehmen möglicherweise mit anderen Unternehmen, die vegane Produkte verkaufen. Aus einer Non-Profit-Perspektive kann dies seltsam erscheinen. Ich erinnere mich, dass ich anfangs davon verwirrt war, als ich meine ersten Erfahrungen mit kommerziellen Unternehmen gemacht habe. Aber es ist eine vollkommen übliche Geschäftspraxis.

Von Unternehmen gesponsert werden

Aus meiner Zeit bei EVA, der Organisation, die ich gegründet habe, und durch Erfahrungsberichte von Menschen aus anderen Organisationen, weiß ich, dass die Frage, ob eine gemeinnützige Organisation ein bestimmtes Firmensponsoring annehmen sollte oder nicht, zu komplexen und langwierigen internen Debatten führen kann. Wenn die Grundstimmung gegenüber der Unternehmenswelt das Misstrauen ist, müssen viele Fragen und Vorbehalte mit dem gesamten Team oder Mitgliedern und Unterstützer:innen besprochen werden. Es werden Fragen über die Integrität des Unternehmens gestellt und es wird darüber diskutiert, ob die Verbindung mit diesem Unternehmen dem Ruf der Organisation schadet oder nützt. Es wird Debatten darüber geben, ob die Organisation Kompromisse eingehen sollte oder wie viel Geld sie verlangen sollte. Manchmal werden diese Kooperationen – oder auch nur die Diskussionen darüber – zu Spaltungen innerhalb der Organisation führen.

Wenn man jedoch eine gute Beziehung zu einem Unternehmen entwickelt, kann das Sponsoring und die Unterstützung durch dieses Unternehmen entscheidend sein. Als EVA unsere Donnerstag-Veggieday-Kampagne entwickelte, war uns klar, dass der naheliegendste Kooperationspartner ein großer Hersteller von pflanzlichen Lebensmitteln war. Wir erklärten dem Unternehmen, wie die EVA-Kampagne den geringen ökologischen Fußabdruck und die gesundheitlichen Aspekte von pflanzenbasierten Lebensmitteln hervorhebt und wie diese Argumente mit den Werten und Zielen übereinstimmen, die das Unternehmen mit seiner Marke in Verbindung bringen wollte. Wir arbeiteten viele Jahre zusammen, und allein das monetäre Sponsoring des Unternehmens (im Austausch für die Sichtbarkeit in unserer Kampagne) trug maßgeblich zum Erfolg der Kampagne bei.

Schlussendlich glaube ich, dass Ehrgeiz und Geschäftssinn Attribute sind, die man schätzen sollte, ebenso wie eine gesunde Aufmerksamkeit für das finanzielle Endergebnis. Zu viele kleine vegane Firmen, die aus wundervollen, aber realitätsfernen Idealist:innen bestehen, sind gescheitert. Die Tiere brauchen mehr als Idealismus und gute Absichten.

Verbündete oder Feinde?

Viele Unternehmen können potentielle Verbündete sein, und Vegan-Aktivist:innen sollten mit ihnen im Tandem arbeiten. Als die Opposition können besser andere gesehen werden. Wenn Veganer:innen stören wollen, sollte dies bei den richtigen (d.h. den falschen) Unternehmen und zu passenden Zeitpunkten geschehen. Im Folgenden diskutiere ich, ob wir Verbündete erkennen können, wenn wir sie sehen.

Nehmen wir das Beispiel von Tyson. Man könnte sich ganz pragmatisch fragen, ob Tyson darauf aus ist, die veganen Unternehmen, in die sie investieren, zu sabotieren oder zu bremsen. Oder man könnte idealistisch glauben, dass es falsch ist, wenn ein kommerzielles Unternehmen, das Geld mit dem Töten von Tieren verdient, von der Alternative dazu profitiert. Es ist schwierig, sich über die Motive solcher Unternehmen oder die Konsequenzen ihres Handelns sicher zu sein, aber hier sind einige Argumente, warum ich glaube, dass wir sie als Verbündete sehen sollten.

Erstens haben Giganten wie Tyson ein viel größeres Potenzial, einen riesigen Marktanteil einzunehmen und viele Menschen zu erreichen, die vegane Unternehmen oder Organisationen nicht erreichen können. Man denke allein an das Werbebudget von Tyson für diese Produkte! Tyson verfügt über beträchtliche finanzielle und menschliche Ressourcen, wie z.B. die Forschungs- und Entwicklungsabteilung und ihre Marken- und Einzelhandelsfranchises: ihre Verträge mit Lieferanten, Großhändlern und Einzelhändlern. Es ist wichtig zu erkennen, dass all diese Vermögenswerte »doppelt genutzt« werden (für tierische und nicht-tierische Produkte) und es ist eine vernünftige Annahme, dass es dem Unternehmen gleichgültig ist, welche Zutaten in seine Produkte kommen, solange es einen Markt gibt und dieser Markt profitabel ist.

Zweitens ist die Lobby für tierische Produkte mächtig. Aber in dem Maße, in dem die finanzielle Abhängigkeit der Industrie vom Verkauf dieser Produkte abnimmt und die Gewinne aus veganen Produkten steigen, können wir eine Verschiebung von der Feindseligkeit zur Unterstützung des veganen Konsums erwarten. Pflanzenbasierte Milch kann ein Beispiel dafür sein. Einige Marken pflanzenbasierter Milch sind jetzt im Besitz von Unternehmen, die ursprünglich nur Kuhmilch verkauft haben. Man kann sich vorstellen, wie ihre Ablehnung gegenüber pflanzenbasierter Milch als Alternative abnimmt, wenn sie selbst einen Anteil an der pflanzenbasierten Produktkategorie haben. Das ist einer der Gründe, warum der CEO des Good Food Institutes, Bruce Friedrich, die Übernahme von Silk (ein amerikanischer Sojamilchhersteller) durch Dean Foods (ein traditioneller Molkerei-Riese) als eines der besten Dinge bezeichnete, die der Bewegung passieren konnten (Our Hen House).

Wie man Unternehmen dabei hilft, der Veganbewegung zu helfen

Wenn Unternehmen einflussreich und unterstützend für die Veganbewegung sein können, wie können wir ihnen dabei helfen, unsere Anliegen zu unterstützen? Als einzelne Kund:innen können wir natürlich wählen, welche Anbieter oder Produzenten wir bevorzugen. Wir können in Blogs und sozialen Medien über Unternehmen oder ihre Produkte schreiben und unseren Freund:innen davon erzählen. Wir können diesen Unternehmen konstruktives Feedback schicken. Vor allem können wir es vermeiden, sie unnötig zu bekämpfen, und sie als unsere Verbündeten erkennen, wenn wir sie sehen. In den meisten Fällen, so würde ich argumentieren, ist ein Boykott von veganen Produkten, weil sie von einem nicht-veganen Unternehmen hergestellt werden, kontraproduktiv.

Ein Fleischunternehmen in der Identitätskrise

In den letzten Jahren hat Rügenwalder Mühle, der alteingesessene und zutiefst »respektierte« Produzent von allem, was in Deutschland mit Fleisch zu tun hat, seinen Fokus auf vegetarische und vegane Produkte verlagert. Das Unternehmen hat über 40 Millionen Euro für die Förderung von Fleischalternativen ausgegeben. Das ist mehr als alle anderen Unternehmen in Deutschland zusammengerechnet ausgegeben haben. Mit der Unterstützung und Anleitung der in Deutschland ansässigen pro-veganen Organisation ProVeg International (ehemals Vebu) hat Rügenwalder die Anzahl der Eier in seinen nicht-veganen Produkten reduziert und weitere vegane Produkte eingeführt. Rügenwalder unterstützt auch die Benennung von Fleischalternativen mit demselben Namen wie Fleisch (d.h. veganes Schnitzel kann einfach Schnitzel genannt werden) – ein Plan, den der Bauernverband und sogar das Bundesministerium für Ernährung, Landwirtschaft und Verbraucherschutz in Deutschland ablehnen. Rügenwalder ist das Paradebeispiel eines Fleischunternehmens, das sich für vegane Belange einsetzt, während viele der traditionellen veganen Unternehmen selbst an dieser Art der Lobbyarbeit nicht beteiligt sind. Der Geschäftsführer von Rügenwalder hat angekündigt, dass das Unternehmen in 20 Jahren vielleicht gar kein Tierfleisch mehr herstellen wird und hat die Fleischwurst als »Zigarette der Zukunft« bezeichnet. Verbündeter oder Feind? Für mich ist der Fall abgeschlossen.

Leider kritisieren Veganer:innen gelegentlich Menschen und Unternehmen, die eigentlich auf unserer Seite stehen. Ein Beispiel für unnötige Anfeindungen gab es bei Daiya Foods, einem kanadischen Unternehmen, das für viele Veganer:innen das erste war, das einen Käse herausbrachte, der mit derselben Geschmeidigkeit wie Käse auf Kuhmilchbasis schmolz. Als das Unternehmen auf seiner Website nicht-vegane Rezepte veröffentlichte, starteten einige Veganer:innen eine Petition zum Boykott von Daiya. Während Aktivist:innen keine Flugblätter an Orten verteilen mögen, an denen tierische Produkte zu den Serviervorschlägen gehören, ist es nicht realistisch von einem Unternehmen, das versucht, Mainstream-Verbraucher:innen zu erreichen, zu erwarten dasselbe zu tun. Das Mindeste, was Veganer:innen tun sollten, ist, sich darauf zu einigen sich nicht einig zu sein und einen solchen Vorfall zu ignorieren, anstatt aktiv gegen die Firma zu protestieren.

Zu diesem Punkt hat der legendäre Tieraktivist Henry Spira (über Alternativen für Tierversuche sprechend) einen Ratschlag, den Veganer:innen meiner Meinung nach in allen solchen Fällen beherzigen sollten:

> Wenn man Alternativen entwickeln wird, dann sind es die Menschen in der Wissenschaft, die Alternativen entwickeln werden. Wenn man die Aufsichtsbehörden dazu bringen will, ihre Anforderungen zu ändern, dann werden es die Tierversuchsforscher:innen sein, die das tun werden, nicht wir. Ich meine, das sind die Leute, die man braucht, wenn man es mit der Veränderung ernst meint. [...] Man wird sie nicht umprogrammieren, indem man sagt, wir sind Heilige und ihr seid Sünder, und wir werden euch mit einem Kantholz verprügeln, um euch zu bekehren. (Singer 1998, S. 113)

Der Daiya-Boykott hatte wahrscheinlich viel mit den Erwartungen der Veganer:innen zu tun. Wir erwarten von einem riesigen Fleischkonzern nicht, dass er viele vegane Produkte entwickelt und auf den Markt bringt. Wenn aber ein Unternehmen, von dem wir dachten, es sei vegan, »ausrutscht« und uns enttäuscht, sind wir verärgert. Solche Verärgerung ist eine zutiefst menschliche Reaktion, aber sie ergibt wenig Sinn und ist im Allgemeinen unproduktiv.

Wenn wir Tierrechtler:innen bei der Unterstützung von Unternehmen konkreter werden wollen, sollten wir uns an unsere eigenen Organisationen halten. Am naheliegendsten wäre, dass wir dabei helfen, die Nachfrage nach ihren Waren oder Dienstleistungen zu steigern. Wenn die Nachfrage nach veganen Lebensmitteln, auch dank unseres Engagements (und Faktoren, die außerhalb unserer Kontrolle liegen), steigt, wird der Kuchen größer und die Unternehmen, die vegane Produkte verkaufen, haben ein größeres Marktvolumen, das sie unter sich aufteilen können. Organisationen, die sich für Veganer:innen oder Tiere einsetzen, können ein allgemeines Bewusstsein schaffen oder bestimmte Firmen, Marken oder Produkte in ihrer Öffentlichkeitsarbeit hervorheben. Letzteres kann Teil einer formellen Sponsoring-Kooperation sein, oder lediglich, weil die Organisation das Unternehmen oder die Produkte mag und denkt, dass mehr Menschen (sowohl Omnivoren als auch Veganer:innen) von ihnen wissen sollten. Wir können Produkt- oder Restaurantkritiken veröffentlichen und so mehr Menschen auf das Unternehmen aufmerksam machen. Wir können bezahlte Werbung in unseren Magazinen oder auf unseren Websites schalten. Oder wir können sogar Preise für die besten Produkte vergeben, um öffentliche Aufmerksamkeit zu erregen.

PlantBased Solutions

Tierrechtsbefürworter:innen können Unternehmen gründen, um anderen Unternehmen zu helfen. David Benzaquen arbeitete im Fundraising und in der Lobbyarbeit für verschiedene Tierschutzgruppen, wie Farm Sanctuary, bevor er 2012 ein Unternehmen namens PlantBased Solutions gründete. Sein Ziel ist es, dabei zu helfen, vegane Verbraucherprodukte weltweit zu vermarkten. David und sein Team managen eine Reihe von Bereichen für ihre Klienten, darunter Marketing, Branding, Fundraising und mehr. Zu seinen Klienten gehören Gardein, Green Monday, Miyoko's Kitchen und Treeline Cheese. David ist der Meinung, dass Aufklärung und Lobbyarbeit zwar wichtige Werkzeuge sind, um das Bewusstsein zu schärfen, dass sich die Tierrechtsbewegung aber auch mehr darauf konzentrieren sollte, den Markt zu nutzen, um die vegane Lebensweise voranzubringen. Er hat das Gefühl, dass er durch die Übernahme dieser bisher nicht beachteten Strategie einen größeren Unterschied macht, als wenn er die gleichen aktivistischen Strategien wie seine Kolleg:innen im Non-Profit-Sektor nachahmt.

Größere oder etabliertere Veganismus- und Tierrechtsorganisationen verfügen möglicherweise über firmeneigenes Fachwissen, das sich für Unternehmen als wertvoller Ratgeber erweisen kann. Sie können

Unternehmen dabei helfen, ihr Sortiment zu erweitern, Fehler in Produkten oder Verpackungen zu korrigieren, Köch:innen und Einkäufer:innen zu schulen und auf anderer Weise zu helfen. Sie können Produkte empfehlen und einzigartige Einblicke in den Markt der »Heavy User« bieten und Kanäle bereitstellen, um diese zu erreichen.

ProVeg International hat sogar einen Startup-Inkubator. Dort werden Workshops, Seminare, Lehrmaterialien und individuelles Coaching für vegane Unternehmer:innen angeboten. Es wurden bereits Hunderte von Veganer:innen unterstützt und zum Teil finanziert, die ihr eigenes Unternehmen eröffnen wollen. ProVeg hat auch eine eigene Test-Community, die neuen und etablierten Unternehmen hilft, ihre Produkte zu testen und Feedback zu erhalten.

Eine weitere Praxis, mit der vegane Ernährungsorganisationen Unternehmen helfen können, ist die Bildung und Aufklärung ihrer eigenen Unterstützer:innen (Sympathisant:innen, Spender:innen, Mitglieder, Abonnent:innen). Organisationen können den Unterstützer:innen helfen, ihren Geist für die Möglichkeit zu öffnen, dass nicht alle Fleischunternehmen zwangsläufig Feinde sind. Sie können sie ermutigen, ihr Misstrauen gegenüber Geld und Investoren zu überwinden und die Vorteile von Wissenschaft und Technologie zu schätzen. In Anbetracht des Interesses vieler Veganer:innen an natürlichen oder biologischen Lebensmitteln sind viele von ihnen vielleicht noch misstrauischer gegenüber Lebensmitteln, die sie als »unnatürlich«, verarbeitet oder abhängig von Technologie wahrnehmen, als die allgemeine Bevölkerung.

Ein Beispiel dafür bietet kultiviertes Fleisch. Kultiviertes Fleisch ist Fleisch, das aus tierischen Zellen entwickelt wird, ohne die beteiligten Tiere zu schlachten. Es gibt gute Gründe, über das Potenzial von kultiviertem Fleisch begeistert zu sein. Es könnte die technologische Revolution sein, die einem moralischen Wandel vorausgeht. Die Aussichten für das Produktwachstum sind gut. Die Forscher:innen sind zuversichtlich, dass sie in den nächsten fünf bis zehn Jahren die meisten technologischen Hürden überwinden können. Außerdem sollte der Preis des Produkts irgendwann so weit sinken, dass es mit konventionellem Fleisch konkurrenzfähig wird.

Kultiviertes Fleisch kann nachhaltiger (es benötigt weniger Energie, Wasser oder Dünger), gesünder (z.B. lässt sich der Fettgehalt leicht kontrollieren) und sicherer (ein geringeres Risiko für alle Arten von Verunreinigungen und die Gefährdung der Arbeiter:innen durch den

Schlachtprozess) sein als konventionelles Fleisch. Neben den technologischen und regulatorischen Herausforderungen, denen kultiviertes Fleisch gegenübersteht, ist die öffentliche Wahrnehmung entscheidend. Die Produktion von kultiviertem Fleisch ist offensichtlich hochtechnisiert und erscheint weniger »natürlich« als das, was wir gewohnt sind. »Natürlich« ist hier jedoch ein verwirrendes und nicht besonders nützliches Konzept. Nicht nur, dass die Tiere, die zum Schlachthof gefahren werden, voller Chemikalien und Hormone sind, sie werden auch mit einer Vielzahl von elektrischen und mechanischen Werkzeugen getötet und zerlegt. Wo ist die inhärente »Natürlichkeit« dieses Prozesses? Außerdem, so könnte man hinzufügen, ist nicht alles, was natürlich ist, gut für uns (z.B. Radioaktivität) und nicht alles, was von Menschenhand gemacht wurde, ist negativ (Penicillin ist ein Beweis dafür).

Genetisch veränderte Organismen (GVO) sind ein weiteres Beispiel für eine Verwechslung der Begriffe »natürlich« und »unnatürlich«. Viele Menschen, auch Veganer:innen, sind gegen ihre Verwendung. In bestimmten Kreisen ist es fast ein Tabu, zu sagen, dass man ambivalent oder agnostisch gegenüber der Erforschung ihres Potenzials ist. Zumindest in der Theorie könnten gentechnisch veränderte Produkte Tierversuche reduzieren und bessere Alternativen schaffen, sie könnten bewirken, dass Pflanzen mit höheren Nährstoffprofilen angebaut werden, den landwirtschaftlichen Ertrag steigern und es würden weniger Pestizide[2] benötigt werden. Obwohl es notwendig ist, mit neuen Technologien vorsichtig umzugehen, ist es wichtig, eine gewisse Objektivität zu bewahren und sie nicht auf der Basis von Hörensagen, Emotionen oder Ideologie zu beurteilen. Das amerikanische Startup Clara Foods entwickelt einen Ersatz für Eiklar. Allerdings wird der Ersatz mithilfe gentechnisch veränderter Hefe gewonnen, was bei vielen Unternehmen und Verbraucher:innen zu Vorbehalten führen könnte. In der Europäischen Union wäre er derzeit nicht zugelassen.

Im Fall von kultiviertem Fleisch und GVO sollten Veganer:innen zwischen prinzipiellen Einwänden (z.B. zur Natürlichkeit der gentechnischen Veränderung) und praktischen oder situativen Einwänden (z.B. die Sorge um Monopole oder die Privatisierung von öffentlichem Wissen und Ressourcen) unterscheiden.

Die Verbraucher:innen innerhalb der veganen Bewegung können Innovatoren oder frühzeitige Nutzer:innen von neuen Lebensmittelprodukten und -technologien sein. Wenn wir wollen, dass diese erfolgreich sind, sollten wir sie unterstützen, wobei wir natürlich niemals unaufmerksam werden sollten.

Wenn Veganer:innen Geschäfte machen

Menschen, die ihren Lebensunterhalt damit verdienen wollen, die Welt zu verbessern, landen oft, wenn sie Glück haben, in einer Non-Profit-Organisation. Dieser Weg scheint für Changemaker der naheliegendste zu sein. Der Einstieg in ein Unternehmen oder die Gründung eines Unternehmens kann jedoch mehrere Vorteile gegenüber Non-Profit-Organisationen bieten. Ein Unternehmen hat es leichter, Geld zu verdienen und kann nachhaltiger sein als eine Organisation, die ihre Mittel jedes Jahr von Spendern und/oder Subventionen zusammenkratzen muss. Unternehmen können zudem skalierbarer sein und somit potenziell eine größere Reichweite oder mehr Einfluss haben. Einige Vorteile von Non-Profit-Organisationen sind, dass sie mit Freiwilligen arbeiten können, Subventionen und Spenden erhalten und oft auf mehr Wohlwollen und Enthusiasmus stoßen als ein Unternehmen. Ein Aspekt, der in beide Richtungen ausschlagen kann, ist die Glaubwürdigkeit. Auf den ersten Blick mögen gemeinnützige Organisationen vertrauenswürdiger erscheinen, weil sie scheinbar nicht durch Geld motiviert sind. Aber auch sie haben eine Agenda (Tierrechtsorganisationen sind nicht die zuverlässigsten Quellen für Gesundheitsinformationen, könnte man meinen). Außerdem sind gemeinnützige Organisationen für Geschäftsleute nicht immer die verlässlichsten Partner.

Inseln und Eindringlinge

Vegane Restaurants und Läden sind Beispiele für das, was ich als *Inseln* in einem Meer von omnivoren Etablissements bezeichne. *Eindringlinge* hingegen sind vegane Produkte in Supermärkten oder vegane Gerichte auf der Speisekarte eines regulären Restaurants. Wenn wir Veganer:innen Einfluss auf Multiplikatoren nehmen und Institutionen verändern, versuchen wir meist, Eindringlinge einzuschleusen.

Inseln geben Veganer:innen ein gutes Gefühl. Wir müssen nicht an Regalen oder Theken mit tierischen Produkten vorbeigehen, und wir müssen uns keine Gedanken über Fleisch oder Milchprodukte in unseren Speisen oder auf unseren Tellern machen. Wir mögen uns ethisch wohler fühlen, wenn wir unser Geld auf solchen Inseln ausgeben.

Nichtsdestotrotz sind Eindringlinge von entscheidender Bedeutung, wenn wir neue Kund:innen erreichen und mehr Bekanntheit unter Omnivoren erlangen wollen. Von denen haben viele nie ein veganes Restaurant oder Spezialitätengeschäft betreten und werden auch nie ein veganes Kochbuch kaufen. Ein Problem auf dem heutigen Markt ist, dass vegane Produkte als Produkte für Veganer:innen angesehen werden, und Omnivoren die vegane Option übergehen – genauso wie die Nicht-Diabetiker:innen unter uns ein Gericht mit der Aufschrift »für Diabetiker:innen geeignet« meiden würden.

Die Grenzen zwischen For-Profit- und Non-Profit-Strukturen sind weniger klar als früher. Viele Non-Profit-Organisationen zielen darauf ab, Einnahmen zu erzielen, während Unternehmen nebenbei soziale Verantwortung oder Freiwilligenprogramme verfolgen können. Dazwischen liegen Sozialunternehmen, bei denen die soziale Zielsetzung die Daseinsberechtigung des Unternehmens ist. Anstatt die alte Dichotomie von Profit und Non-Profit aufrechtzuerhalten, könnte es für Aktivist:innen nützlicher sein, ein Spektrum des Engagements zu betrachten, das von »Profit zuerst« bis »Impact zuerst« reicht, mit vielen hybriden Möglichkeiten dazwischen.

Einige der disruptiven Startups, die ich oben erwähnt habe, sind merkwürdige Wesen. Die betreffenden Unternehmer:innen scheinen sie mit dem Ziel gegründet zu haben, zur Lösung der ökologischen, ethischen oder gesundheitlichen Probleme beizutragen, die mit tierischen Produkten verbunden sind, und erscheinen daher eher wie soziale Unternehmen. Diese Wahrnehmung ist es, die es einem Unternehmen wie Memphis Meats, das Fleisch von Schlachttieren durch kultiviertes Fleisch ersetzen will, erlaubt, eine Crowdfunding-Kampagne zu starten, um Geld von seinen Unterstützer:innen zu sammeln. Abgesehen davon haben die meisten dieser Unternehmen Risikokapital erhalten, und wir können sicher davon ausgehen, dass die Investor:innen einen Gewinn aus ihrer Investition erzielen wollen. Daher müssen solche Unternehmen trotz des edlen Ziels, die Welt zu verändern, einen Gewinn erzielen. Wie wir gesehen haben, geht das nicht unbedingt auf Kosten der Förderung des Veganismus oder der Veränderung sozialer Realitäten.

Natürlich können Sie, abgesehen von der Gründung eines Multimillionen-Dollar-Unternehmens, das versucht, die gesamte Fleischindustrie zu stürzen, auch Ihr eigenes kleines oder mittelständisches

Unternehmen gründen, wie z.B. ein Restaurant, ein Geschäft oder eine lokale Firma. Sie können sogar direktere Formen der Lobbyarbeit monetarisieren und von Ihrem Blog, Ihrer Website, Ihrem Podcast oder Ihrem YouTube-Kanal leben.

Den Hühnern helfen: Karen Davis und Josh Tetrick

Um zwei radikal unterschiedliche Herangehensweisen, wie man Tieren helfen kann, zu demonstrieren, schauen wir uns im Folgenden zwei völlig unterschiedliche Menschen an.

Karen Davis, Gründerin und Leiterin von United Poultry Concerns (UPC), hat einen großen Teil ihres Lebens damit verbracht, das Bewusstsein für eines der am meisten missachteten Tiere auf diesem Planeten zu schärfen und sich für sie einzusetzen: Hühner (und auch anderes Geflügel). Karen betreibt einen Hühnerhof in Virginia und UPC leistet Aufklärungsarbeit über Hühner und das Leiden, das mit der Produktion ihres Fleisches und ihrer Eier verbunden ist.

Josh Tetrick, Gründer von Eat Just, will Hühnern helfen, indem er Alternativen für Eier schafft. In den USA haben die Compass Group, das größte Catering-Unternehmen der Welt, und alle 7-Eleven-Filialen (für die Zubereitung ihrer Sandwiches) ihre gesamte Mayonnaise durch Just Mayo ersetzt. Just Mayo ist auch bei Walmart, Target, Costco und anderen großen Einzelhändlern erhältlich. Das ergibt eine riesige Anzahl von Hühnereiern, die *nicht* gelegt oder verzehrt werden.

Ich vergleiche UPC und Eat Just nicht nur, um eine Non-Profit- einer For-Profit-Karriere gegenüberzustellen, sondern auch, um zu zeigen, wie wir das gleiche Ziel verfolgen können, indem wir uns für moralisches Bewusstsein einsetzen *und* indem wir unsere Umgebung optimieren und Alternativen anbieten.

Weitere Möglichkeiten eine förderliche Umgebung zu schaffen

Bislang haben wir uns in diesem Kapitel auf Unternehmen konzentriert, die vegane Produkte produzieren und vertreiben. Aber wir können auch viele andere Institutionen beeinflussen, um eine förderliche Umgebung zu schaffen. Dazu gehören z.B. alle kommerziellen Unternehmen, Regierungsinstitutionen, große gemeinnützige Organisationen (NGOs), Bildungseinrichtungen, Krankenhäuser oder Versicherungen. Alle können weitreichenden Einfluss haben oder Multiplikatoren sein. Sie können unsere Botschaft an eine größere Anzahl Menschen weitergeben als wir selbst erreichen können. Sie verfügen über weitreichende Strukturen mit Tausenden von Mitarbeiter:innen, von denen viele jeden Tag in der Kantine essen. Sie können auch über ihre eigene Struktur hinaus Einfluss nehmen, z.B. mit einer Organisation, die Programme zu Gesundheit oder Nachhaltigkeit anbietet oder sich dafür einsetzt.

Institutionen variieren natürlich in ihrer Reichweite, aber es ist immer effektiver, wenn man sich an Personen wendet, die solche Institutionen vertreten, als wenn man mit Einzelpersonen auf der Straße spricht. Man kann Lobbyarbeit bei Umwelt- und Gesundheits-NGOs betreiben, damit sie Botschaften über die Nachhaltigkeit oder die gesundheitlichen Auswirkungen des Fleischkonsums in ihre Kampagnen einbauen. ProVeg International hat erfolgreich Lobbyarbeit bei großen Umweltgruppen wie Greenpeace, WWF und Friends of the Earth betrieben, um eine 50-prozentige Reduktion der Nutztierbestände in Deutschland als eines der Ziele im Rahmen ihrer Anstrengungen aufzunehmen, die Treibhausgasemissionen zu senken. Das gemeinsame Positionspapier der sogenannten Klima-Allianz Deutschland listet genau dieses Ziel auf.

Man kann sich an eine Vereinigung von Ärzt:innen oder Ernährungsberater:innen wenden, um deren Mitglieder darin zu schulen, wie sie mit ihren Patient:innen über tierische Produkte sprechen können. Man kann sich mit lokalen, regionalen oder nationalen Politiker:innen treffen, die für die Speisepläne in den Schulen zuständig sind. Oder man kann ein großes Unternehmen, das Tausende von Mitarbeiter:innen verköstigt, dazu ermutigen, in seiner Kantine mehr vegane Optionen anzubieten.

Die Mächtigen beeinflussen

ProVeg International hat das Beeinflussen von Multiplikatoren und Entscheidungsträgern zu seinem Kernfokus gemacht. Beispielsweise überzeugte ProVeg eines der größten und angesehensten Krankenhäuser und medizinischen Forschungseinrichtungen in Europa, eine Konferenz über die gesundheitlichen Aspekte der veganen Ernährung zu veranstalten. Die Veranstaltung im Jahr 2016 zog über tausend Menschen an, von denen die meisten medizinisches Fachpersonal oder Medizinstudent:innen waren. Darüber hinaus arbeitete ProVeg mit der Compass Group in Deutschland zusammen, um das Unternehmen zu schulen und zu inspirieren, mehr pflanzenbasierte Mahlzeiten anzubieten. Laut ProVeg-Gründer Sebastian Joy müssen Influencer die Sprache derer sprechen, die sie beeinflussen wollen. Sie sollten wissen, was diese wollen und Argumente formulieren, die im besten Interesse dieser Personen sind. Joy erklärt auch, dass die strategische Positionierung von ProVeg als Pro-Vegane-Lebensmittel-Organisation und nicht als Tierrechtsorganisation ihnen mehr Glaubwürdigkeit und einen besseren Ruf verleiht, um mit einer Vielzahl von Meinungsmachern und Entscheidungsträgern zusammenzuarbeiten, wie z.B. Gesundheitseinrichtungen, Gastronom:innen, Medien und Fleischunternehmen.

Wandel in der Bildung

Schulen sind ein entscheidender Bereich für Wandel auf institutioneller Ebene. Schulen können viele Schüler:innen erreichen, die nicht nur als Verbraucher:in, Wähler:in und Bürger:in gesehen werden sollten, sondern auch inspiriert werden können, einen Karriereweg zu wählen, in dem sie weiter zur Entwicklung oder Verbreitung pflanzenbasierter Lösungen beitragen. Deshalb investiert eine Organisation wie das Good Food Institute in beträchtlichem Umfang in Vorträge an Top-Universitäten in den USA, die traditionell die nächste Generation an Akteuren des sozialen Wandels und Macher:innen in der Wirtschaft ausbilden.

Ein weiteres gutes Beispiel für einen erfolgreichen institutionellen Wandel innerhalb eines Bildungskontextes sind die Bemühungen der Humane Society of the United States (HSUS). Die Organisation unterstützt mehr als 200 Schulbezirke, über 100 Universitäten und 60 Krankenhäuser in den Vereinigten Staaten dabei, Programme wie den Veggieday einzuführen. Dies umfasst Bezirke in Los Angeles, Houston, Dallas und San Diego, was insgesamt über eine Million Mahlzeiten pro Tag entspricht. HSUS hat auch mit den größten Caterern zusammengearbeitet und sich mit dem US-Militär zusammengetan, um zu versuchen, den Fleischkonsum auf den Militärbasen zu reduzieren. Auf einem anderen Kontinent war die brasilianische Vegetarier:innengesellschaft maßgeblich an der Einführung des Veggieday-Programms in São Paulo beteiligt, das etwa eine Million Mahlzeiten an fleischfreien Tagen bereitstellt.

Im Bildungsbereich sollte ein besonderes Augenmerk auf die Ausbildung von Köch:innen gelegt werden. Fast alle Köch:innen auf allen

Ebenen werden für die Zubereitung von Fleischgerichten ausgebildet und haben zum Zeitpunkt ihres Abschlusses wenig bis gar keine Erfahrung oder Kenntnisse in der veganen Küche. HSUS hat einen zweitägigen pflanzenbasierten kulinarischen Intensivkurs entwickelt und im Jahr 2016 fast 800 Köch:innen ausgebildet. Mit Unterstützung der EU haben vegetarische und vegane Organisationen in Österreich, Belgien, Deutschland und den Niederlanden »Vegucation« entwickelt, ein Programm, bei dem Köch:innen und Koch-Ausbilder:innen vegane Kochkurse angeboten werden. Zudem haben Organisationen in verschiedenen Ländern auch vegane Wettbewerbe für Köch:innen veranstaltet, die dazu beitragen können, das Image der pflanzenbasierten Küche zu verbessern.

Es versteht sich von selbst, dass sich der Einsatz in Schulen auch auf Aufklärungsarbeit konzentrieren kann und nicht nur auf die Veränderung von Mahlzeiten oder die Entwicklung von Kochfertigkeiten. In Israel erreicht die Organisation Anonymous for Animals über 25.000 Schüler:innen pro Jahr durch Vorträge, die von einer kleinen Gruppe von Freiwilligen gehalten werden.

Gesetzliche Änderungen

Manchmal können Institutionen und vor allem Unternehmen freiwillig pro-vegane Maßnahmen ergreifen, mit oder ohne Anregung durch eine Tier- oder Veganismusorganisation. So schön das auch sein mag, es gibt keine Garantie dafür, dass die Veränderung den:die nächste:n Präsident:in oder CEO, einen Gewinnrückgang oder eine Gegenreaktion von Mitarbeiter:innen oder Kund:innen überlebt. Außerdem kann es sein, dass ein oder einige wenige Unternehmen diese Schritte unternehmen, während die Mehrheit der anderen noch nicht an Bord ist. Letztendlich bietet also der Gesetzgeber die beste, wenn auch keine absolute, Garantie für institutionelle Veränderungen. Ein Beispiel dafür ist, dass sich vor einigen Jahrzehnten einige Restaurants und Bars als rauchfrei deklarierten. Heute sind sie in vielen Ländern gesetzlich dazu verpflichtet, rauchfrei zu sein. Der Unterschied bei der Einhaltung und den Auswirkungen ist enorm.

Es gibt viele gesetzliche Änderungen, die wir anstreben könnten, um sie auf die legislative Agenda zu setzen. Am offensichtlichsten sind Gesetze, die die Nutzung von Tieren reformieren: um das Wohlergehen (wenn auch nur minimal) für Tiere zu erhöhen, die für Lebensmittel gezüchtet oder in der Forschung oder zur Unterhaltung verwendet werden. Dazu gehören größere Käfige, die Verkürzung der Transportwege der Tiere zur Schlachtung und weitere Verbesserungen. Gesetzliche Änderungen könnten aber auch andere Facetten der Lebensmittelproduktion betreffen. In Portugal schreibt ein kürzlich verabschiedetes Gesetz vor, dass alle öffentlichen Kantinen vegane Mahlzeiten anbieten müssen. Dies kam zustande, nachdem die vegetarische Gesellschaft Portugals über 15.000 Unterschriften für eine Petition für diese Maßnahme gesammelt hatte. In ähnlicher Weise hat die Organisation Sentience Politics in der Schweiz mehrere Abstimmungsinitiativen gestartet, um pflanzenbasierte Alternativen in öffentlichen Kantinen in verschiedenen Schweizer Städten zu fordern. Die International Vegan Rights Alliance und ProVeg International haben das internationale Rechtssymposium zu Veganismus und Recht geplant, das viele der rechtlichen Aspekte der Förderung einer veganen Ernährung abdeckt.

Vegane Organisationen könnten auch dabei helfen, Lobbyarbeit für Gesetze zu betreiben, die es den Herstellern veganer Produkte leichter machen, wie z.B. dafür zu sorgen, dass in Europa Kuh- und pflanzenbasierte Milch mit der gleichen Umsatzsteuer belegt werden. Eine naheliegende, wenn auch umstrittene gesetzliche Änderung wäre eine Gesundheits- oder CO_2-Steuer auf Fleisch und andere tierische Produkte. Die Tierproduktindustrie ist offensichtlich in der Lage, Lobbyarbeit zu betreiben, um Gesetze zu ihren Gunsten zu ändern oder andere aus den Büchern zu streichen; schließlich haben sie das Geld dafür. Diese Macht ist der Grund, warum es für die Tierrechtsbewegung doppelt wichtig ist, Gelder zu sammeln, um zu konkurrieren und Koalitionen zu bilden.

Die Eurogroup of Animals z.B. ist ein paneuropäischer Zusammenschluss von Tierwohlorganisationen. Gemeinsam setzen sie sich bei den EU-Institutionen für eine bessere Tierwohlgesetzgebung und deren Durchsetzung ein. Eine solche Zusammenarbeit ist vor kurzem auch in der Wirtschaft unter den pflanzenbasierten Interessenvertretern entstanden. Die Plant-based Food Association in den USA ist eine Gruppe von zahlreichen Unternehmen, die vegane Produkte oder Dienstleistungen verkaufen, die gemeinsam Lobbyarbeit für ihre Interessen (und damit die Interessen ihrer Kund:innen) bei den Gesetzgebern betreiben. In den Niederlanden hat die Green Protein Alliance ein ähnliches Ziel.

Lobbyarbeit für Tierrechte

Eine der wichtigsten Komponenten der Interessenvertretung von Tieren ist deren rechtlicher Schutz. Im ersten Kapitel habe ich beschrieben, wie abhängig wir von der Nutzung von Tieren sind. In einer solchen Situation wird es fast unmöglich sein, den Tieren, insbesondere denjenigen, die wir für Lebensmittel verwenden, grundlegende gesetzliche Rechte zu geben. Ein Gesetz, das einem zu Nahrungszwecken gezüchteten Tier ein gewisses Maß an Persönlichkeit zugesteht, würde natürlich dazu führen, dass kein Fleisch und keine Milchprodukte mehr konsumiert werden.

Im Moment geben die meisten Menschen vielleicht ein Lippenbekenntnis zum Thema Tierrechte ab, aber ihre Handlungen gegenüber Tieren, die für Lebensmittel verwendet werden, lassen etwas anderes erkennen. Diese Realität bedeutet nicht, dass wir uns nicht weiterhin für die Rechte von Nutztieren einsetzen sollten, aber wir müssen uns darüber im Klaren sein, dass diese sehr ehrgeizige Forderung viele Menschen abschrecken könnte, einschließlich derer in Entscheidungspositionen. Ich glaube, wenn unsere Abhängigkeit von der Nutzung von Tieren abnimmt, wird es viel einfacher sein, Rechte für Schweine, Hühner und Kühe durchzusetzen.

Bis dahin ist es am sinnvollsten, sich für die Rechte von Individuen bestimmter Spezies – wie Löwen, Pandas und Elefanten – einzusetzen, deren Beziehung zu uns weniger instrumentell ist, und auf eine größere Konsistenz der Rechte gegenüber Mitgliedern derselben Spezies zu bestehen. Beispielsweise sind Individuen der Hunderasse Beagle gleichzeitig Gefährten in unserem Zuhause und Versuchsobjekte in unseren Laboren.

Primaten z.B. gehören zur gleichen biologischen Ordnung wie wir. In den letzten Jahren ist die Nutzung und der Missbrauch dieser Verwandten zunehmend in den Blickpunkt der Gesellschaft, der Gesetzgebung und der Justiz geraten. Das Great Ape Project hat sich zum Ziel gesetzt, die Rechte von nichtmenschlichen Menschenaffen zu verteidigen, basierend (neben anderen Argumenten) auf der Tatsache, dass wir ihnen genetisch ähnlich sind (Schimpansen und Menschen können sich gegenseitig Blut spenden). Das Nonhuman Rights Project unter der Leitung des Rechtswissenschaftlers Steven Wise setzt sich dafür ein, dass Schimpansen das Recht zugesprochen wird, nicht gegen ihren Willen inhaftiert zu werden, basierend auf der Vorstellung, dass juristische Personen einen Habeas Corpus einklagen können. Die Forderung nach Rechten für Wale und Delfine bietet eine weitere realistische Option, weil viele Menschen ihre Intelligenz und Einzigartigkeit anerkennen oder sie einfach gernhaben. Außerdem sind die Menschen in den meisten Ländern nicht darauf angewiesen, sie zu nutzen. Die Etablierung von Rechten für diese Tiere könnte den Weg für die Rechte anderer Tiere in der Zukunft ebnen.

Choice-Architektur

Ich habe bereits erwähnt, dass Menschen sich nicht gerne überreden lassen und es nicht immer mögen, wenn ihnen moralische Argumente entgegengeschleudert werden. Denn dann fühlen sie sich schnell verurteilt oder schuldig (mehr dazu in Kapitel 5). Ein übermäßiger Rückgriff auf moralische Argumente kann sogar noch problematischer sein, wenn wir institutionelle Veränderungen fordern. Entscheidungsträger sind pragmatisch. Man muss ihnen zeigen, dass ihre Handlungen ein konkretes Ergebnis haben werden und dass man sie unterstützen wird. Ihre Augen füllen sich selten mit Tränen, wenn Aktivist:innen Tierleid beschreiben. Sie sind in der Regel misstrauisch, wenn es darum geht, den Menschen vorzuschreiben, was sie zu tun haben, und sehen es nicht als ihre Aufgabe an, sich in die Entscheidungen über die individuelle Ernährungsweise der Menschen einzumischen.

Das positive Fazit dessen, was ich in diesem Kapitel besprochen habe, ist, dass Aktivist:innen nicht in allen Situationen moralische Argumente brauchen. Wir können die Umgebung der Menschen so beeinflussen, dass sie das Richtige tun, ohne es zu wissen. Vielleicht haben Sie schon davon gehört, wie Supermärkte Premium-Produkte auf Augenhöhe in den Regalen platzieren, damit die Aufmerksamkeit der Kund:innen und somit deren Geld leichter auf sie gelenkt wird. Diese Methode kann auch für gute Zwecke eingesetzt werden. Schul- oder Firmencafeterien haben damit experimentiert, gesunde Optionen an leichter zugänglichen Stellen zu platzieren, z.B. Wasser an prominenterer Stelle als Softdrinks.

Dies wird als »Choice-Architektur« oder »Nudging« bezeichnet. Menschen erhalten einen sanften Schub in die richtige Richtung und treffen so gute Entscheidungen, ohne es zu wissen (Thaler und Sunstein). Solange sie den »Anstupser« nicht bemerken oder sich nicht darum kümmern, wird die Überzeugungsresistenz der Menschen nicht ausgelöst (Knowles und Linn). Sie haben nicht das Gefühl, dass ihnen etwas verkauft wird, und halten sich weiterhin für autonome Individuen, die ihre eigenen Entscheidungen treffen können.

Ein vielversprechendes Merkmal der Choice-Architektur ist es, die Standardoption zu ändern, d.h. die Wahl oder Handlung, die ohne jede Anstrengung getroffen wird. In den meisten Ländern ist z.B. die Standardoption, dass die eigenen Organe nach dem Tod nicht für schwerkranke Menschen zur Verfügung stehen. In Ländern, die die Standardoption umgedreht haben, gibt es offensichtlich viel mehr Organspender:innen. Ein Beispiel aus unserem Bereich könnte das Essen auf einem Langstreckenflug sein. Im Moment muss man mühselig eine Sonderanfrage stellen, wenn man sich die vegane Option wünscht. Stellen Sie sich vor, wenn die Standardmahlzeit für alle Passagiere vegan wäre! Ich habe mich immer gefragt, warum das nicht der Fall ist, wenn man die vielen verschiedenen Nationalitäten, Religionen und allergischen Passagiere an Bord des Flugzeugs bedenkt, und wie dadurch die gesamten CO_2-Emissionen des Flugzeugs gesenkt und das Potenzial für Krankheiten aufgrund von unzureichender Fleischzubereitung reduziert werden könnte. Im umgekehrten Szenario würden die Omnivoren, die sich beschweren, von dem:der Flugbegleiter:in darauf hingewiesen, dass sie die Fleischoption im Voraus hätten bestellen sollen.

EVA hat in Zusammenarbeit mit städtischen Schulen in Gent, Belgien, einen solchen »Nudge« umgesetzt. Am Donnerstag (dem Veggieday) ist die Standardoption beim Schulessen vegetarisch, mit dem Ergebnis, dass 94 Prozent der Kinder am Donnerstag auch vegetarisch essen. Die Choice-Architektur bot eine großartige Möglichkeit, einen Beitrag zu leisten, ohne zu predigen. Über den direkten Effekt hinaus können Interventionen wie diese die pflanzenbasierte Ernährung auf lange Sicht normalisieren. Außerdem vermeidet diese Strategie, dass die Menschen das Gefühl haben, dass ihnen die Wahlfreiheit genommen wird. Kinder können immer noch fleischbasierte Mahlzeiten zu sich nehmen, aber sie müssen sich dafür anstrengen. So machte EVA die gute Sache zur einfachen Sache, zumindest donnerstags.

Die Bedeutung von professionellen Organisationen

Je größer der Einfluss eines Unternehmens, einer Organisation oder eines:r Politiker:in ist, desto lohnenswerter und herausfordernder ist es, Lobbyarbeit zu betreiben. Es ist schwer, Gesetze zu ändern, egal, was das Anliegen ist, und Politiker:innen, die für den Entwurf oder die Abstimmung über neue Gesetze verantwortlich sind, müssen entweder das Gefühl haben, dass sie genug Öffentlichkeit hinter sich haben, oder sie müssen sehr fähig, motiviert und mutig sein.

In den meisten Fällen wird unser Einsatz für institutionelle, einschließlich gesetzlicher, Änderungen eher professionelle Organisationen als Graswurzelinitiativen oder individuelle Bemühungen erfordern. Professionelle Organisationen repräsentieren oft beträchtliche Wählerschaften, und einige Institutionen, besonders politische, werden nur zum Handeln bewegt, wenn sie sehen, dass der Verband für eine bedeutende Anzahl von Menschen spricht oder sie beeinflussen kann. Organisationen haben oft Ressourcen, die einzelne Aktivist:innen oder kleinere Gruppen nicht immer besitzen, und sind daher in der Lage, Forschung zu betreiben, bestimmte Ergebnisse an institutionelle Partner heranzutragen und Zehntausende oder sogar Millionen von Anhänger:innen zu erreichen. Sie können ihre Kanäle nutzen, um Druck auf die andere Partei auszuüben – um sie zum Aufhören zu bewegen oder sie vor sich her zu treiben. Sie haben auch mehr Geld, was für die Umsetzung von Kampagnen, Lobbyarbeit, die Anstellung der begabtesten Mitarbeiter:innen und andere Vorzüge, die man mit Geld kaufen kann, von Nutzen ist.

Die zusätzliche Expertise von Organisationen ist möglicherweise notwendig, um die Regierung über verschiedene Themen aufzuklären und zu zeigen, warum die Anliegen gesellschaftlich relevant sind. Eine solche Expertise muss in Diplomatie, Lobbying und Politik versiert sein. Ein weiterer Vorteil, den eine Organisation hat, ist, dass sie als etablierte Struktur die Fortführung der Aktionen und Kampagnen leichter gewährleisten kann. Einzel- und Graswurzelinitiativen sind in diesem Sinne oft viel schwächer.

Einige Veganer:innen, vor allem Einzelpersonen, die nicht mit Gruppen verbunden sind, stehen großen Organisationen kritisch gegenüber. Sie beschuldigen sie, Kompromisse zu machen und sich »zu verkaufen«. Sie beschuldigen sie, Geld zu sammeln, nur um ihre Existenz zu erhalten oder mit dem Feind zu schlafen. Jeder, der schon einmal mit einer Institution zusammengearbeitet hat, weiß, dass Veränderungen Pragmatismus und Kompromisse erfordern. Institutionelle Partner oder Verbündete werden normalerweise nicht genau das tun, was Tierrechts- oder Vegangruppen vorschlagen. Sie werden nicht unbedingt genau die Botschaft verbreiten, die wir als richtig erachten. Sie teilen vielleicht nicht unsere Ideologie und sie glauben vielleicht, dass ihre eigene Wählerschaft nicht bereit ist für unsere Forderungen oder unsere Botschaft. Ich habe z.B. die Erfahrung gemacht, dass institutionelle Partner, die ihr Publikum über pflanzenbasierte Ernährung informieren wollen, sich wohler fühlen, wenn sie die gesundheitlichen und ökologischen Folgen des Verzehrs von Tieren betonen, anstatt die ethischen in den Vordergrund zu stellen.

Wenn andere nicht ganz mit dem einverstanden sind, was wir Veganer:innen wollen, haben wir eine Wahl. Wenn wir zu idealistisch sind, wird es schwer oder unmöglich, mit nicht-veganen Restaurants zusammenzuarbeiten. Es kann uns dann widerstreben, Sponsoring von oder Werbung für Unternehmen zu akzeptieren, die vegane und nicht-vegane Produkte verkaufen, mit Schulen zusammenzuarbeiten, die vegane und omnivore Gerichte auf den Speiseplan setzen, mit Gruppen zusammenzuarbeiten, die immer noch nicht-tierfreundliche Zwecke unterstützen, mit Fernsehköch:innen zusammenzuarbeiten, die normalerweise mit tierischen Rezepten kochen... die Liste ist lang. Mit Beteiligten, die nicht alle unsere Ideale teilen, kann die Zusammenarbeit kompliziert sein. Eine Möglichkeit ist also, die Zusammenarbeit mit ihnen zu verweigern. Auf diese Weise vermeiden wir eine »Kontamination« durch das, was sie tun, und erhalten keine Kritik von anderen Veganer:innen.

Unsere andere Option ist es, pragmatisch zu sein: Wir gehen einen Kompromiss ein und akzeptieren die unvollkommene Art und Weise, in der unsere Partner die Botschaft an ihre Wähler:innen, Mitglieder, Kund:innen oder Mitarbeiter:innen bringen werden. Unsere Entscheidung, ob wir zusammenarbeiten oder nicht, hängt von den absehbaren Gewinnen und Opfern ab. Wenn wir nicht pragmatisch sein wollen, werden wir viel weniger Chancen haben, Allianzen einzugehen, die dazu beitragen, eine bedeutende Anzahl von Menschen zu beeinflussen. Wenn wir keine Kompromisse eingehen, werden wir vielleicht am Ende auf einer Insel arbeiten und predigen.

Der Vegan-Aktivist Matt Ball formuliert es so:

> Viele Gruppen haben sich zu verbissener Anonymität und Burnout verurteilt. Sie schotten sich von der öffentlichen Diskussion ab und bieten keinen Anreiz für Veränderungen innerhalb der Tierindustrie. Vielfältigere Organisationen hingegen haben eine breite Mitgliederschaft von Vegetarier:innen und Nicht-Vegetarier:innen angezogen. Sie erzielen Ergebnisse, weil sie Einzelpersonen und Unternehmen erreichen können, die vielleicht nicht alle ihre Meinungen teilen. (Ball, S. 106)

Ein Wort zum Thema Geld

Organisation brauchen für viele Dinge Geld: Um das gesamte Umfeld zu verändern und Multiplikatoren zu beeinflussen, um sich Fähigkeiten von Expert:innen anzueignen, um die Tiefe und Breite der Reichweite zu erhöhen und um Informationen zu verbreiten. Obwohl Organisationen manchmal dafür kritisiert werden, wie viel Zeit und wie viele Ressourcen sie in die Mittelbeschaffung investieren, ist der Fokus auf Spenden völlig normal und notwendig. Natürlich hofft man, dass Organisationen transparent sind, woher oder von wem sie ihr Geld bekommen und wie sie es ausgeben. Als Mitglieder oder Unterstützer:innen sollten wir sie in die Verantwortung dafür nehmen. Organisationen sind nicht immun gegen falsche Entscheidungen, schlechte Strategien, schlechtes Management und üppige Gehälter für bestimmte Positionen. Dies sind die Risiken der Professionalität in jeder Bewegung – nicht nur bei Veganer:innen oder Tierrechtler:innen.

Es ist auch wahr, dass Organisationen, abgesehen von vorsätzlichem Fehlverhalten, mit der Zeit weniger dynamisch werden und Gelder einwerben müssen, nur um Mitarbeiter:innen halten zu können. Organisationen müssen sich dieses Risikos bewusst sein und können ihre Mitglieder und Spender:innen heranziehen, um sie vor ebendiesem Risiko zu schützen. Während Korruption und Ineffizienz jedoch angeprangert werden sollten, gilt dies nicht für die Mittelbeschaffung. Es ist keine Schande, um Spenden zu werben, Mitglieder zu rekrutieren oder ein großes Budget zu haben. Darüber hinaus ist es völlig normal, dass in den meisten Organisationen der größte Teil des Budgets in die Gehälter der Mitarbeiter:innen fließt.

Es ist ein faszinierender Aspekt der menschlichen Einstellung zum sozialen Wandel, dass so viele von uns dem Geld im gemeinnützigen Sektor misstrauen. Wir scheinen kein Problem damit zu haben, wenn Menschen ein beträchtliches Gehalt mit dem Verkauf von Waschmitteln oder der Herstellung von Videospielen verdienen, aber wir sind äußerst skeptisch, wenn diejenigen, die für das öffentliche Wohl arbeiten, ein bequemes Leben führen dürfen. Ist es nicht bedauerlich, dass es so schwierig ist, seinen Lebensunterhalt mit guten Taten zu verdienen? Viele von uns würden gerne hauptberuflich für Tiere oder eine andere gute Sache arbeiten, aber wir können es nicht, weil es nicht genügend bezahlte Jobs gibt, die auch nur annähernd ein existenzsicherndes Einkommen bieten. Je erfolgreicher Fundraiser bei ihrer Arbeit sind und je unternehmerischer einzelne Aktivist:innen werden, desto besser muss das für die Mitarbeiter:innen, die Organisationen, die vegane Bewegung und die Tiere sein, um die wir uns so sehr sorgen.

Tierrechts- oder Veganismusorganisationen?

Wenn wir substanzielle, professionelle Organisationen brauchen, sollten wir auch danach fragen, welche Art wir brauchen. In unserer Bewegung haben wir zwei verschiedene: Tierrechtsorganisationen sprechen in erster Linie oder ausschließlich über Tierrechte, während Veganismusorganisationen (die typischen veganen Vereine oder Gruppen in vielen Ländern) auch alle anderen Argumente verwenden. Die Motivation der Mitarbeiter:innen oder Freiwilligen dieser Gruppen ist meist allerdings auch die Sorge um die Tiere. Da, wie wir bereits verdeutlicht haben, Menschen ihren Weg nach Veganville aufgrund von Gesundheits- oder Nachhaltigkeitsbedenken beginnen und erst anschließend die Sorge um Tiere entwickeln können, ergibt es Sinn, Organisationen der Tierrechts- und Veganbewegung einzubeziehen, die ethische Argumente nicht stärker als andere Argumente hervorheben.

Im Allgemeinen sind die meisten bedeutenden Organisationen der Bewegung tierrechtsorientiert. Mit einigen Ausnahmen sind sie größer, aktiver und dynamischer als die meisten veganen Gruppen. Diese Tatsache mag daran liegen, dass es schwieriger ist, Geld zu sammeln und Mitglieder für den Veganismus zu gewinnen, der nicht unbedingt den emotionalen Reiz des Tierleids hat. Tierrechtsgruppen können sich für Themen einsetzen, die über die Landwirtschaft hinausgehen (wie Haustiere, Pelz und Tiere in der Unterhaltung oder Forschung), was für vegane Organisationen ungewöhnlich ist. Letztere setzen sich selten für Tierwohlthemen ein, was ein großartiges Werkzeug sein kann, um Unterstützer:innen und Spender:innen zu rekrutieren. Tierrechtsorganisationen haben es leichter, engagierte Freiwillige zu rekrutieren.

Die Beendigung von Tierquälerei ist ein starker Motivator, und gegen Tierquälerei zu protestieren oder an direkten Aktionen teilzunehmen ist für viele, vor allem junge Menschen, attraktiver als die Darstellung der negativen Auswirkungen auf die Umwelt oder Kampagnen zu anderen Themen.

Dennoch haben Veganismusorganisationen einige Vorteile. Sie können leichter Menschen anziehen, die sich nicht für Tiere interessieren, sich aber Sorgen um den Klimawandel, die Umweltverschmutzung, den Welthunger oder ihre Gesundheit machen. Vegane Gruppen konzentrieren sich oft auf Essen, Geschmack und Lebensstil. All diese Gründe (und andere, weniger relevante) sind verschiedene Wege, auf denen man Veganville erreichen kann. Tierrechtsorganisationen können diese anderen Faktoren auch in ihre Öffentlichkeitsarbeit einbeziehen, aber sie klingen vielleicht weniger glaubwürdig als bei einer veganen Organisation und natürlich viel weniger glaubwürdig als bei einer Gesundheits- oder Umweltorganisation.

Das Tierargument ist das einzige, um den Verbrauch auf null zu reduzieren. Aber es ist zurzeit weniger überzeugend und gesellschaftlich und politisch weniger relevant. Tiere sind, ob es uns veganen Aktivist:innen gefällt oder nicht, auch ein kontroverseres, sensibleres und gefährlicheres Thema als die anderen. Man beachte nur den Widerstand in den USA, wo mehrere Tierrechtsaktivitäten unter die Antiterrorismus-Gesetzgebung gefallen sind.

Die Schlussfolgerung aus meinen obigen Beobachtungen ist, dass wir angesichts der gegenwärtigen Lage in der Bewegung für Tiere nicht genügend große, lebendige, vegane (Nicht-Tierrechts-)Organisationen haben, die unter anderem die folgenden Dinge erfolgreich tun können:

- Lobbyarbeit bei Regierungen bezüglich der Nachhaltigkeits- und Gesundheitsprobleme bei tierischen Produkten
- Lobbyarbeit bei Gesundheits- und Umweltorganisationen, um sich auf das Problem der tierischen Produkte zu konzentrieren
- Zusammenarbeit mit Produzent:innen, Restaurants und anderen Unternehmen, um ihr veganes Angebot zu verbessern und zu erweitern
- Zusammenarbeit mit Köch:innen, Kochschulen und Bildungseinrichtungen, um die Messlatte für veganes Kochen höher zu legen und die Ausbildung zu verbessern

Die untenstehende Tabelle gibt einen Überblick über die Unterschiede zwischen Tierrechts- und veganen Organisationen:

	Tierrechtsorganisationen	**Vegane Organisationen**
Innere Motivation	Tiere	
Verwendete Argumente	ausschließlich oder hauptsächlich Tiere	Tiere, Umwelt, Gesundheit, Welthunger
Tierwohlreformen	werden aktiv unterstützt, ignoriert oder abgelehnt	werden nicht unterstützt
Einsatz für andere Tiere außer Nutztiere	oftmals aktive Kampagnen	keine Kampagne oder nur geringe Aufmerksamkeit
Beispiele für größere Organisationen (mit bezahlten Mitarbeiter:innen), die hier mehr oder weniger passen	Mercy for Animals, Animal Equality, Humane League, Compassion over Killing, Vegan Outreach, Peta, Djurensrätt (Schweden), HSUS, CIWF, Animals Australia, safe (Neuseeland), Anonymous (Israel)	ProVeg International, Vegan Society (UK), EVA, Good Food Institute
Vorteile	· stärkere emotionale Anziehungskraft · leichteres Fundraising · man kann auch über andere Tierthemen als Lebensmittel als Türöffner sprechen · leichtere Rekrutierung von engagierten Mitarbeiter:innen und Freiwilligen · leichtere Durchführung von Tierschutzkampagnen	· mehr Glaubwürdigkeit in der Politik. · leichtere Beschaffung von Subventionen · leichtere Zusammenarbeit mit vielen Interessengruppen zu verschiedenen Themen
Nachteile	· weniger Glaubwürdigkeit bei anderen Themen als Tieren · kontroverser	· schwieriger, viele Mitglieder zu gewinnen · schwierigeres Fundraising

Fazit

Das Erzeugen einer förderlichen Umgebung ist ein Mittel, um die Anforderung zu umgehen, dass ein Individuum hoch motiviert sein muss. Durch die Optimierung der Umgebung – die Entwicklung besserer Produkte und die Umgestaltung lokaler Kantinen, die Ausbildung von Köch:innen, die Beeinflussung von Preisen und die Lobbyarbeit für neue Gesetze – ist es möglich, es einfach zu machen Gutes zu tun.

Das Spielfeld für soziale Veränderung hat sich im Laufe der Jahre stark gewandelt. Heute sind Unternehmen mehr denn je ein wichtiger Motor des Fortschritts. Bei dem Versuch, die Wirtschaftswelt – von den Herstellern bis zu den Einzelhändlern – zu beeinflussen, muss die vegane Tierrechtsbewegung sowohl Zuckerbrot als auch Peitsche einsetzen. Wir können Druck auf Unternehmen ausüben, um sie zu einem Richtungswechsel zu zwingen und tierfreundlichere oder veggie-freundliche Praktiken einzuführen. Aber wir müssen auch den Herstellern bei der Forschung, Entwicklung und Vermarktung veganer Produkte helfen, selbst wenn das betreffende Unternehmen dasselbe mit tierischen Produkten macht.

Institutionelle, wirtschaftliche, strukturelle und politische Reichweite – und die Kontaktaufnahme mit Influencer und Multiplikatoren – erfordern solide Organisationen innerhalb der veganen Tierrechtsbewegung. Diese Organisationen müssen gut finanziert sein, damit sie die notwendigen Talente und Expertise anziehen können. Einige der vielversprechendsten Organisationen sind heute vielleicht Gruppen wie das Good Food Institute, das sich mit einer nicht-moralischen und pragmatischen Botschaft an Institutionen wendet (siehe unten).

Das Good Food Institute und andere Organisationen

In den letzten Jahren sind innovative Organisationen aufgetaucht, die sich auf Lebensmittel konzentrieren, aber in ihrer Kommunikation das Thema der Tierfürsprache weitgehend vermeiden, obwohl die Sorge um die Tiere im Mittelpunkt ihrer Gründung steht. Eine von ihnen ist das Good Food Institute (GFI), das von Mercy for Animals gegründet wurde, aber jetzt unabhängig arbeitet. GFI fördert und entwickelt wettbewerbsfähige Alternativen zu Fleisch, Milchprodukten und Eiern. Dazu arbeitet GFI mit einer Reihe von Akteuren wie Wissenschaftler:innen, Unternehmer:innen und Investor:innen bis hin zu Groß- und Einzelhändlern zusammen. GFI ist besonders zuversichtlich in Bezug auf Technologien rund um kultiviertes Fleisch und informiert Institutionen über die Forschung und Entwicklung von pflanzenbasierten Produkten und kultiviertem Fleisch. Die professionelle Mission, die Kommunikation und das Auftreten von GFI machen das Unternehmen zu einem besonders glaubwürdigen Partner für die Interessengruppen, mit denen es zusammenarbeiten oder Lobbyarbeit betreiben möchte. Zwei weitere kürzlich gegründete Non-Profit-Organisationen sind New Harvest, die darauf abzielt, Durchbrüche in der zellulären Landwirtschaft zu beschleunigen, und die Modern Agriculture Foundation, eine vollständig auf Freiwilligen basierende Gruppe, die sich auf die Entwicklung von umweltfreundlichem Hühnerfleisch konzentriert.

In Australien erkannte Thomas King, ein junger Aktivist, die enorme Chance, Tieren, dem Planeten und der menschlichen Gesundheit zu helfen, indem er eine glaubwürdige Organisation gründete, die sich auf die Förderung innovativer Fleischalternativen in der Region konzentrierte. Er verließ seine Position in der Tierrechtsbewegung, um eine neue Organisation namens Food Frontier zu gründen. Auch diese Organisation wird sich auf institutionelle Veränderungen konzentrieren und Gesundheits- und Umweltaspekte stärker gewichten als moralische.

Man beachte: So wie diese Organisationen die moralischen Aspekte des Verzehrs tierischer Produkte nicht betonen, so lassen sie auch das Wort »vegan« aus strategischen Gründen im Namen ihrer Organisation weg.

5. Unterstützung
Jeden Schritt ermutigen

Kommunikation ist das, was der Zuhörer tut. – *Peter Drucker*

Wir haben den Aufruf zum Handeln, die Argumente und die Umgebung behandelt. Jetzt schauen wir auf unsere Rolle als Unterstützer:innen und Katalysatoren. Wir wollen so mit den Menschen kommunizieren, dass so viele wie möglich die Reise nach Veganville beginnen, fortsetzen und ins Ziel kommen. Dazu müssen wir sie ermutigen, ihnen die Richtung weisen und ihnen sagen, wann und wo sie eine Pause einlegen können. Wir können unsere Worte auf eine Art und Weise wählen, die es wahrscheinlicher macht, dass sie anfangen oder weitermachen, oder aber auf eine Art und Weise, die sie entmutigt. Am wichtigsten ist, dass wir ihnen auch zuhören müssen. Kurz gesagt, in diesem Kapitel geht es darum, mit unserer Zielgruppe zu kommunizieren, ob als Einzelperson oder als Gruppe, ob als Gespräch von Angesicht zu Angesicht oder als Sendung, ob mit einem:r Passant:in auf der Straße oder einer einflussreichen Person wie dem CEO eines Catering-Unternehmens. Ein Prinzip wird dabei zentral sein: Wenn wir kommunizieren, sollten wir uns in die Lage unseres Publikums versetzen.

Ein wichtiger Teil unserer Aufgabe ist es, andere in unserer Gruppe willkommen zu heißen. Zu diesem Zweck werfe ich in diesem Kapitel auch einen pragmatischen Blick auf das Konzept des Veganismus. Der größte Teil dieses Buches hat sich mit Reduktion des Konsums tierischer Produkte beschäftigt. Ich habe jedoch betont, dass dies komplementär zu einer veganen Botschaft sein sollte, also ist es an der Zeit zu untersuchen, wie wir diese Botschaft formulieren könnten.

Wenn Sie dieses Kapitel lesen, sollten Sie sich die wichtigsten Punkte aus dem bisher Gelernten im Hinterkopf behalten:

- Eine große Gruppe von Fleischreduzierer:innen könnte ein besserer Weg sein, um das System zu ändern, da sie Nachfrage und Angebot steuern. Wenn es erstmal mehr Optionen gibt und die gesellschaftliche Akzeptanz wächst, wird es einfacher, strenger zu werden.
- Wir müssen nicht immer moralische Argumente vorbringen. Nichtmoralische Motivationen können sich zu moralischen entwickeln, und Mitgefühl kann wachsen, nachdem Menschen die ersten Schritte getan haben, aus welchen Gründen auch immer.
- Wir müssen eine förderliche Umgebung schaffen, indem wir an institutionellem Wandel arbeiten.

Zielgruppenorientierte Kommunikation

> Man versteht einen Menschen erst dann wirklich, wenn man die Dinge aus seiner Sicht betrachtet. – *Harper Lee*

Eine Lizenz zum Beeinflussen

Wie ich erklärt habe, ist es nicht nur die Veganbewegung, die Veränderungen für die Tiere schafft: Wirtschafts-, Gesundheits- und Umweltorganisationen sowie alle möglichen Institutionen können dies indirekt tun, mit oder ohne die Beeinflussung durch Veganer:innen. Nichtsdestotrotz wird die Veganbewegung weiterhin auf absehbare Zeit eine wichtige Rolle spielen. Die Stärke unserer Bewegung liegt in den Fähigkeiten unserer Mitglieder und Anhänger:innen. Je effektiver und eloquenter wir kommunizieren und uns einsetzen, desto mehr Fortschritte werden wir machen.

Ich spreche hier von *Kommunikation* in einem besonders umfassenden Sinne. Es geht nicht nur darum, wie wir sprechen oder schreiben, sondern um alles, was andere im Zusammenhang mit uns wahrnehmen und erleben könnten. *Kommunikation* ist das, was wir in den sozialen Medien posten, unser Verhalten in Restaurants, wie wir kochen, was wir essen, wie wir einkaufen. Es ist das, was wir lesen, was wir sehen, was wir teilen. Es ist die Kleidung, die wir tragen und wie wir aussehen. Es ist unsere allgemeine Einstellung, besonders in bestimmten Situationen (sind wir fröhlich oder unglücklich?). Es betrifft alles.

Manche Menschen sind effektivere Aktivist:innen für Tiere als andere. Einige von uns sind vielleicht zu laut, andere zu leise. Erstere sind sich ihrer Überzeugungen vielleicht zu sicher und haben einen Stil des Aktivismus entwickelt, welcher der Effektivität schaden kann. Die letzteren sind vielleicht zu schüchtern oder glauben, dass es nicht an ihnen liegt, mit anderen darüber zu reden, was sie essen sollten. Wir müssen ein Gleichgewicht zwischen diesen Extremen finden.

Was die Stillen betrifft: Wenn unser Wunsch Dinge zu verändern sowohl auf rationalen Argumenten als auch auf Sympathie beruht, ist es vollkommen akzeptabel, zu versuchen, Menschen zu beeinflussen. Natürlich sollten wir nicht versuchen, Menschen zu zwingen, unsere vegane Ernährung anzunehmen – tatsächlich handelt ein Großteil dieses Buches genau davon, wie man das nicht tun sollte –, aber ich möchte betonen, dass wir uns nicht schämen oder in Verlegenheit bringen sollten, wenn wir die Herzen und Köpfe der Menschen öffnen wollen. Es ist nichts Besonderes, für etwas einzutreten. Jede:r, der:die etwas verkaufen möchte, jede Mutter oder jeder Vater, jedes Kind, jeder Ehemann oder jede Ehefrau versucht, die Meinung anderer zu ändern – oft mit viel weniger noblen Zielen als den unseren. Außerdem können wir nicht anders als die Menschen um uns herum zu beeinflussen, auch wenn wir es nicht wollen.

Es sollte angemerkt werden, dass kein:e Tierfreund:in glauben sollte, er:sie hätte nicht das Recht, andere zu beeinflussen, wenn er:sie nicht vegan oder gar vegetarisch ist. Jede:r kann Gutes für Tiere tun. Wir sollten nicht denken, dass ein:e Nicht-Veganer:in nichts richtig machen kann, während ein:e Veganer:in nichts falsch machen kann. Wir sollten das nicht-vegane Engagement für Tiere nicht als weniger wertvoll ansehen als die bloße Tatsache, ein:e Veganer:in zu sein (selbst ein:e nicht-aktive:r). Es sollte über jeden Zweifel hinausgehen, dass Leute wie Jonathan Safran Foer mit seinem Buch *Eating Animals* oder der Philosoph Peter Singer (Autor von *Animal Liberation*) bei der Reduzierung des Konsums tierischer Produkte erfolgreicher waren als fast jede:r von uns es sich jemals erträumen könnte, und keiner von ihnen lebt (streng) vegan.

Eine persönliche Entscheidung?

Manche Menschen mögen uns erwidern, dass es eine persönliche Entscheidung ist, was sie essen (»Ich respektiere Veganer:innen«, fügen sie dabei oft hinzu). Wir sollten natürlich die Entscheidungsfreiheit der Menschen respektieren, aber gleichzeitig können wir, wenn es angebracht ist, klarstellen, dass es nicht darum geht, die Farbe für die neue Tapete in ihrem Wohnzimmer auszusuchen. Für die Tiere ist es keine Frage von blau oder grün, sondern von leiden oder nicht leiden, eine Frage von Leben und Tod. Obwohl es *immer noch* jedem:r freisteht, zu wählen, was er:sie isst, können wir zumindest sagen, dass diejenigen, die sich für vegetarische oder vegane Ernährung entscheiden, solidere Argumente für ihre Wahl haben als Omnivoren für die ihre. Jede:r, der:die Wert auf rationale Konversationen legt, sollte das in Betracht ziehen.

Außerdem ist es nicht so, dass die allgemeine Bevölkerung frei wählt, was sie isst. Die Menschen werden von dem beeinflusst, was Supermärkte, Produzenten und Restaurants ihnen aufschwatzen zu essen. Subventionen und staatliche Maßnahmen verzerren den Markt, sodass einige Lebensmittel besser verfügbar und billiger sind als andere. Wir alle werden von Preisen und Werbeaktionen beeinflusst. Es ist schwer zu entscheiden, was auf unseren Tellern liegt, unabhängig davon, was unsere Eltern, Großeltern oder andere Menschen in unserer Nation oder Kultur essen oder gegessen haben. Die meisten von uns haben nur die *Illusion*, dass wir frei sind zu essen, was wir wollen. Wir sind alle von dem Glaubenssystem betroffen, das Melanie Joy als Karnismus bezeichnet (2010). Unsere vegane Stimme wird unsere omnivoren Freund:innen nicht weiter einschränken; sie könnte sie sogar befreien.

Wir sollten unseren Einfluss nicht anders als den der Medien, der Familie oder der Peers betrachten. Wir sollten es jedoch vermeiden, zwanghaft oder manipulativ zu sein. Der Versuch, eine andere Person zu beeinflussen, ist kein Verbrechen, aber es ist eine Kunst. Es fängt damit an, dass man nicht in Begriffen wie »Überreden« denkt, sondern dass man ihnen hilft, sich zu öffnen; dass man sich nicht wie ein:e Moralapostel, Richter:in oder Polizist:in verhält, sondern wie ein:e Unterstützer:in.

Unser Ziel: Impact

Bei der Kommunikation (wiederum im weitesten Sinne) ist es wichtig, sich immer eine Frage vor Augen zu halten: *Bewirke ich wirklich etwas für die Tiere?* Sie mögen denken: *Na klar, was denn sonst?* Aber schauen wir uns einige der anderen Motivationen an, denen wir vielleicht bewusst oder unbewusst zu viel Aufmerksamkeit schenken.

Bei Impact geht es nicht darum, unsere eigene Meinung zu vertreten. Wenn wir beim Abendessen gefragt werden, warum wir Veganer:in sind, und wir beginnen mit dem grausamen Leiden von Tieren, dann sprechen wir vielleicht die Wahrheit – und *unsere* Wahrheit – aber es könnte für einige Leute am Tisch befremdlich wirken. In diesem Fall ist das Vermitteln unserer Wahrheit nicht so wichtig und kann kontraproduktiv sein. Je subjektiver die Wahrheit ist, die wir besprechen, desto problematischer kann sie sein. Aussagen wie »Fleisch ist Mord« oder »Milchprodukte sind Vergewaltigung« sind interpretationsbedürftig (siehe Kasten auf der nächsten Seite). Wir verraten weder uns selbst noch die Tiere, wenn wir diese Art von Wahrheit nicht aussprechen. Im Gegenteil, wir tun den Tieren den größten Gefallen, wenn wir darüber nachdenken, was Menschen verändert.

Bei Impact geht es nicht darum, Recht zu haben. Es ist egal, ob wir über unsere *Überzeugung* sprechen, dass wir objektiv richtig liegen, oder ob wir tatsächlich objektiv korrekt liegen. Richtig oder konsequent zu sein hat nicht notwendigerweise eine echte Auswirkung auf das, was wir erreichen wollen. Wir mögen per Definition richtig liegen, wenn wir argumentieren, dass das Essen von Tieren Mord ist, aber wenn eine andere Person dem nicht zustimmt, ist das irrelevant. Wir alle lieben es, Recht zu haben (es ist ein großartiges Gefühl!), also verfolgen wir dieses Ziel oft mehr als alles andere. Aber wenn wir ständig auf der Suche nach einem selbstgerechten Rausch sind, verpassen wir vielleicht etwas zu lernen, weil wir nicht wollen, dass unser:e Gesprächspartner:in uns widersprüchliche (aber vielleicht genauso richtige und wahre) Argumente aufzeigt.

Bei Impact geht es nicht darum, ein Argument zu gewinnen. Selbst wenn die andere Person uns sagt, dass wir Recht haben, haben wir nicht unbedingt eine positive Wirkung erzielt. Ein Sprichwort aus dem Verkaufsbereich lautet: »Gewinne eine Diskussion, verliere einen Kunden.« Wenn die andere Person das Gefühl hat, dass sie verloren hat, wird sie uns oder unseren Anliegen vielleicht noch weniger wohlwollend gegenüberstehen. Benjamin Franklin sagt: »Wenn Sie streiten und zanken und widersprechen, mögen Sie manchmal einen Sieg erringen; aber es wird ein leerer Sieg sein, denn Sie werden nie das Wohlwollen Ihres Gegners erlangen.« (Carnegie 122)

Recht zu haben, eine Diskussion zu gewinnen und unsere Meinung zu vertreten sind Ablenkungen. ***Bei Impact geht es um tatsächliche Veränderung:*** d.h. darum, der anderen Person zu helfen, offener dafür zu werden, ihre Meinung zu ändern und auf eine Weise zu handeln, die zu weniger Tierleid beiträgt. Wenn das geschieht, dann sind nicht nur wir die Gewinner, sondern alle.

Vielleicht kennen Sie das berühmte Diktum des Philosophen Jeremy Bentham: »*Die Frage ist nicht: Können sie denken? oder: Können sie reden?, sondern: Können sie leiden?*« Um die Bedeutung der Wirkung zu unterstreichen, hier eine selbstgemachte Variante:

Die Frage ist weder: »Habe ich Recht?« noch: »Ist das meine Meinung?« sondern: »Ist es wirksam?«

Ist Fleisch Mord?

MEAT IS MURDER ist ein bekannter Slogan (vor zwei Jahrzehnten von der Band The Smiths lanciert). Man findet ihn oft auf Buttons und Aufklebern und als Teil der Argumentation von Veganer:innen. Aber ist Fleisch *wirklich* Mord? Nun, zumindest nicht so, wie Mord gegenwärtig definiert ist. Mord ist zum jetzigen Zeitpunkt rechtlich gesehen die Tötung eines anderen menschlichen Lebens. Es impliziert auch eine böswillige Absicht, die aber bei Fleischesser:innen oder Schlachter:innen nicht vorhanden ist (wie wir annehmen und hoffen). Und meinen wir, dass das Töten für Fleisch Mord ist, oder dass das Fleischessen selbst Mord ist?

Sie sehen die Probleme bei der Schlussfolgerung, dass »Fleisch ist Mord« eine wahre Aussage ist. Vielleicht ist es *unsere* Wahrnehmung, die *wir* von ganzem Herzen glauben. Aber andere tun das nicht. Wir mögen versuchen, sie zu bekehren, und einige Menschen mögen uns sagen, dass wir Recht haben. Aber worum wir uns wirklich kümmern sollten, ist nicht, ob Fleisch Mord ist, sondern ob der Slogan wirksam ist.

Werden die Leute durch ihn eher ihre Meinung ändern und auf unsere Argumente hören, oder sind sie nur genervt von uns, wenn wir es sagen? Haben sie das Gefühl, dass wir ihnen etwas vorwerfen und sie beschuldigen? Denken sie, dass wir uns für etwas Besseres halten und nehmen es uns übel, dass wir sie verunsichern und werden somit noch weniger bereit, sich zu ändern?

Diese Fragen sind schwer zu beantworten, und wir werden wahrscheinlich nie herausfinden, welche Art von Einfluss unsere Diskussion auf die andere Person hat. In der Tat weiß unser:e Gesprächspartner:in es vielleicht nicht einmal selbst. Dennoch *ist* es möglich, offen zu sein für die Reaktion der Leute auf uns, ob sie wirklich über das, was wir gesagt haben, nachdenken oder abwehrend sind; ob sie uns mögen oder nicht, und ob sie das Gespräch angenehm finden oder nicht.

Lassen Sie uns diese Frage und den Zwiespalt zwischen dem Ausdrücken unserer eigenen Wahrnehmung und dem effektiven Kommunizieren etwas konkreter machen. Stellen Sie sich vor, jemand fragt Sie: *Hältst du mich für einen Mörder?* Ich kann mir nicht vorstellen, dass eine bejahende Antwort in den meisten Fällen zu einem fruchtbaren Gespräch führen würde.

Es geht nicht um euch, es geht um sie

Veganer:innen glauben (zu Recht), dass sie eine extrem wichtige Botschaft haben und dass man ihnen zuhören sollte. Allerdings ist meine Beobachtung, dass wir unsere Zielgruppe effektiver erreichen, wenn wir *nicht* uns selbst oder unsere Botschaft in den Mittelpunkt stellen, sondern die Person(en), mit denen wir kommunizieren. Wenn wir uns weigern und sagen: »Nein, es geht um die Tiere, nicht um sie!«, dann sind wir bereits in die Falle getappt, nur an dem interessiert zu sein, was wir wollen – auch wenn es dabei um die Tiere geht.

Manche Menschen sind gut darauf trainiert, sich auf andere zu konzentrieren. Eine Therapeutin wird sich ganz auf ihre Klientin konzentrieren und in den Hintergrund treten. Sie wird aufmerksam zuhören und wenn sie spricht, dann meist, um Fragen zu stellen. Als Aktivist:innen verhalten wir uns oft genau umgekehrt. Wir glauben, dass wir eine Therapie parat haben, die alle Probleme der Welt lösen wird, und dass die Menschen uns nur zuhören und sie anwenden müssen.

Eines der besten Bücher über das Kommunizieren mit Menschen, das Beeinflussen anderer und das Führen wertvoller Gespräche ist der zeitlose Klassiker *Wie man Freunde gewinnt – Die Kunst, beliebt und einflussreich zu werden* von Dale Carnegie. Trotz des Titels geht es in Carnegies Bestseller nicht darum, Menschen zu manipulieren, sondern darum, aufrichtig an anderen interessiert zu sein. Carnegie formuliert die Notwendigkeit der Fokussierung auf unser Publikum so: »Natürlich sind Sie an dem interessiert, was Sie wollen. Aber niemand sonst ist es. Der Rest von uns ist genau wie Sie: Wir sind an dem interessiert, was *wir* wollen.«

Überlegen Sie, mit wem aus Ihrem Freundes- und Familienkreis Sie die besten Gespräche haben. Sie mögen sie wahrscheinlich aus verschiedenen Gründen als Gesprächspartner:innen. Sie mögen interessante Geschichten erzählen. Sie mögen witzig sein und Sie zum Strahlen bringen. Aber wahrscheinlich ist der Grund, warum Sie ihre Gesellschaft genießen, dass sie sich aktiv für *Sie* interessieren. Sie fragen aufrichtig, wie es *Ihnen* geht, nicht als Formalität, sondern weil sie die Antwort wissen wollen. Sie wollen wissen, was *Sie* auf dem Herzen haben, und sie fragen, wie sie Ihnen helfen können. Es sind Menschen, die Sie *Ihre* Geschichte erzählen lassen.

Wir müssen diese Art von Person sein, wenn wir wollen, dass andere offen sind für das, was wir zu sagen haben. Es ist durchaus möglich, manipulativ zu sein. Aber es ist genauso möglich, aufrichtig an anderen Menschen interessiert zu sein, weil wir uns um sie sorgen, genauso wie wir uns um Tiere sorgen.

YANYA: Sie sind nicht Ihre Zielgruppe

Eine Facette der Zielgruppenorientierung ist die Erkenntnis, dass wir nicht unbedingt dieselbe Art von Menschen sind wie diejenigen, die wir erreichen wollen. Du bist nicht dein Publikum. Ich verkürze es auf das Prinzip *yanya* (»You are not your audience«). Das bedeutet, dass das, was auf Sie zutrifft, nicht unbedingt auf Ihr Zielpublikum zutrifft. Ein Beispiel: Nur weil *Sie* Veganer:in geworden sind, nachdem Sie den Film *Earthlings* gesehen haben, heißt das nicht, dass alle anderen das auch werden oder sollten. In der Psychologie wird die Vorstellung, dass jeder in Bezug auf ein bestimmtes Thema so reagiert und denkt wie Sie, als »False-Consensus-Bias« bezeichnet.

Menschen unterscheiden sich in zahlreichen Punkten voneinander, nicht zuletzt in solchen, die Denken und Verhalten beeinflussen. Unser Alter und unsere Bildung können unsere Offenheit für neue Ideen oder Gewohnheiten mitbestimmen. Wir unterscheiden uns in der geistigen und emotionalen Flexibilität, der Geschwindigkeit, mit der wir neue Ideen aufnehmen, und der Fähigkeit zu lernen. Einige von uns sind bessere Köch:innen als andere. Einige von uns haben Allergien oder eine chronische Erkrankung, die es uns erschweren, eine bestimmte Ernährungsweise zu praktizieren. Manche von uns lieben neue Lebensmittel, andere sind ihnen gegenüber misstrauisch. Wir alle erleben unterschiedliche Kindheiten. Am wichtigsten ist, dass wir uns für unterschiedliche Dinge interessieren und uns für sie begeistern. Einige kümmern sich um die Umwelt, andere um ihre Gesundheit, wieder andere um ihren Geldbeutel. Einige scheinen sich um gar nichts zu kümmern.

Eine Möglichkeit, den Unterschied zwischen uns und dem Rest der Bevölkerung zu sehen, ist das berühmte Modell der Diffusionstheorie (siehe Abb. 13), das versucht, die Geschwindigkeit zu erklären und vorherzusagen, mit der sich neue Ideen und Technologien in einer Bevölkerung verbreiten (Rogers).

Abb. 13: Diffusion von Innovationen

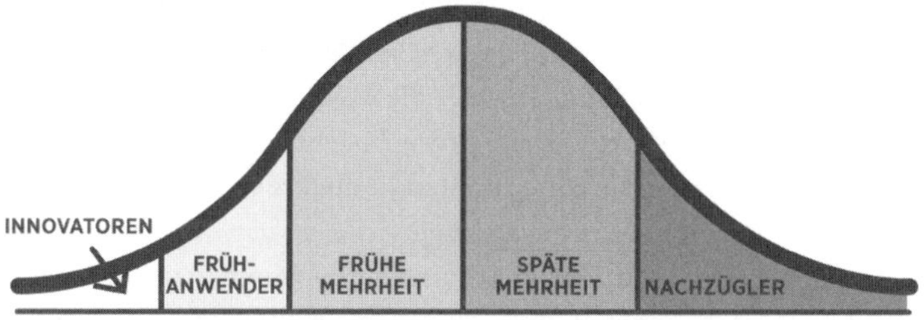

Nehmen wir das Smartphone als Beispiel. Schauen Sie sich die Innovationskurve in Abb. 13 an und erraten Sie, wo Sie sich befinden. Wenn Sie in einem technologisch fortschrittlichen Land leben und 2005 ein Smartphone gekauft haben, gehören Sie zu den Innovator:innen oder Frühanwender:innen. Wenn Sie Ihr erstes Smartphone erst kürzlich gekauft haben (z.B. 2017), gehören Sie zur Kategorie der Nachzügler:innen. Sie sind vorsichtig und warten gerne, bis Sie sich einer Sache sicher sind. So sehr wir uns auch vorstellen mögen, dass alle Menschen Innovator:innen sind (Veganer:innen sind nach diesem Schema Innovator:innen), zeigt dieses Diagramm, dass Menschen unterschiedliche Motivationen und Bedenken haben, etwas zu übernehmen, was sie als neu betrachten. Es wäre ein Fehler, zu versuchen, die späte Mehrheit sofort mit den Argumenten ins Boot zu holen, die die Innovator:innen oder Frühanwender:innen beeinflusst haben.

Erinnern Sie sich an das Experiment von Salomon Asch über Konformität aus dem ersten Kapitel? Die Lektion war, dass viele Menschen ein großes Bedürfnis verspüren, sich anzupassen. Auch bei der Wahl ihrer Lebensmittel wollen Konformist:innen nicht als von der Norm abweichend wahrgenommen werden. Manche warten, bis es »sicher« ist, auf eine andere Ernährung oder ein anderes Produkt umzusteigen. Der berühmte Marketer Seth Godin drückt es so aus: »Der Fehler, den Ideenhändler machen, ist, dass sie ihre Randideen zu Leuten bringen, die keine Randideen mögen, anstatt sich die Zeit zu nehmen, sich durch die verschiedenen Entwicklungsstufen zu arbeiten.« (2015) Godin schlägt vor, das Vokabular je nach Publikum zu ändern: Wörter wie »neu«, »bahnbrechend« oder »Pionier:in« für die Innovator:innen zu verwenden; und »Bewährtes«, »Etabliertes« oder »jede:r«, um den Rest anzusprechen (2017).

Was Godin und Co. sagen, ist, dass wir die Menschen dort abholen sollten, wo sie sind, und an die Werte appellieren, die sie bereits schätzen, anstatt ihnen zu sagen, welche Werte sie haben *sollten*. Wir neigen oft dazu zu denken, dass wir die Menschen mit den Argumenten beeinflussen werden, die *uns* etwas bedeutet haben. Wir glauben, dass ein Argument so viel Sinn ergibt, dass andere verrückt wären, ihm nicht zuzustimmen. Aber andere sind vielleicht gar nicht an unseren Argumenten oder an rationaler Argumentation interessiert. Besonders wenn es um Lebensmittel (und noch mehr um Fleisch) geht, können wir uns zutiefst irrational verhalten. Wir werden uns Mühe geben alle möglichen Warnungen zu ignorieren, um weiterhin das zu essen, das wir lieben, das wir seit unserer Kindheit essen und das wir mit wunderbaren Momenten mit der Familie verbinden.

Ich brauche unbedingt mein Junk Food

Auf der Speisekarte des Hamburger-Restaurants »Heart Attack Grill« in Las Vegas findet man Burger, die buchstäblich mit einer Gesundheitswarnung versehen sind. Sie tragen Namen wie der »Quadruple Bypass Burger« (dt. etwa: »Vierfacher Bypass Burger«). Kellnerinnen sind als (sexualisierte) Krankenschwestern verkleidet. Ein krankhaft fettleibiger Mann, der die Kund:innen am Eingang begrüßte, starb vor ein paar Jahren an einem Herzinfarkt. Menschen gehen bereitwillig

und wissentlich in dieses Restaurant, um sich dieser Art von Essen zu unterwerfen.
Ein weiteres Beispiel dafür, wie irrational Menschen in Bezug auf Essen sein können, ist das, was passierte, als der Koch Jamie Oliver vor ein paar Jahren ein gesundes Mittagessen-Programm an einigen britischen Schulen einführte. Als die Schüler:innen an einer dieser Schulen weiterhin ihr übliches Junkfood bei McDonald's oder Burger King um die Ecke aßen, beschlossen die Lehrer:innen, die Schüler:innen in der Mittagspause nicht nach draußen zu lassen, sodass die gesunden (oder zumindest gesünderen) Gerichte ihre einzige Option sein würden. Einige Mütter waren so wütend über diese Entscheidung, dass sie die Bestellungen der Schüler:innen durch den Schulzaun hindurch aufnahmen, zu ihren Lieblings-Fast-Food-Restaurants gingen und im Alleingang für die nächsten paar Wochen jeden Tag etwa siebzig Bestellungen für die Schüler:innen lieferten. Diese Beispiele machen deutlich, dass Menschen irrational sind, wenn es darum geht, was sie essen.

Natürlich haben die Befürworter:innen von Veganismus einige Gemeinsamkeiten mit dem Publikum, das wir erreichen wollen. Die meisten Menschen sorgen sich bis zu einem gewissen Grad um Tiere. Aber diese Orientierung ist in der Regel nicht genug Motivation, um Menschen dazu zu bringen, sich zu ändern. Daher sollte uns diese Orientierung nicht zu schnell dazu verleiten, den nächsten Schritt zu machen und zu sagen: *Du sorgst dich um Tiere, also solltest du kein Fleisch essen*. Diese Schlussfolgerung ist oft eine zu weite Brücke oder ein zu schnell gegangener Schritt. Dieselben Menschen, die sagen, dass sie Tiere lieben, haben vielleicht auch andere Werte – und sie haben vielleicht andere Sorgen, Probleme und Ängste, die wir nicht ignorieren sollten.

Man kann zwar versuchen, andere mit den Argumenten zu überzeugen, die man selbst überzeugend fand und ihnen dann die Schuld geben, wenn sie sich nicht ändern. Aber oft machen wir uns damit nur etwas vor. Eine bessere Entscheidung wäre es, wenn wir uns vor Augen führen, dass wir *nicht* unsere Zielgruppe sind, und üben, was vielleicht die wichtigste Fähigkeit ist, die ein:e Aktivist:in entwickeln kann: in den Schuhen eines anderen zu gehen.

In den Schuhen eines anderen zu gehen bedeutet, dass wir versuchen, uns vorzustellen, wie es ist, diese andere Person zu sein. Wer sind sie und mit welchen Problemen haben sie zu kämpfen? Wie betrachten sie unser Anliegen und wie hören sie unsere Botschaft? Worauf konzentrieren sie sich? Was ignorieren sie? Was hört sich für sie unglaubwürdig, dumm oder nicht nachvollziehbar an? Und, nicht weniger wichtig: Wie nehmen sie uns als Sender wahr? Wie glaubwürdig sind wir für sie? Wie sympathisch sind wir, oder wie nervig?

In den Schuhen eines anderen zu gehen ist eine erlernte Fähigkeit. Auch wenn wir stolz auf unser Einfühlungsvermögen sind, fällt es den meisten von uns schwer, sich in die Lage eines anderen zu versetzen. Selbst wenn wir denken, dass wir gut darin sind, können wir uns immer noch verbessern. Einige Faktoren können unser Verständnis dafür, wie es ist, jemand anderes zu sein, erschweren. Wir haben vielleicht Klassen-, Geschlechts-, Rassen- oder andere Vorurteile (und Privilegien). Wir haben vielleicht so lange in unserer veganen Blase gelebt, dass wir vergessen haben, wie es war, ein Omnivore zu sein.

Wir mögen es aufgrund der Grenzen des Mediums schwierig finden, Nicht-Veganer:innen in Online-Diskussionen zu verstehen, egal ob diese Grenzen 140 Zeichen, mehrere gleichzeitige Threads oder Troll-verseuchte Feeds sind. Es kann sein, dass wir uns so aufregen, dass wir nicht einmal die Beweggründe der anderen Person verstehen *wollen*. Wir sagen vielleicht, dass es uns egal ist, wie andere uns sehen, hören oder wahrnehmen. Das wäre ein perfektes Ablassventil und eine perfekte Einstellung…, *wenn* man nichts zu »verkaufen« hat. Doch wir haben natürlich eine *Menge* zu verkaufen!

Einige werden denken, dass wir nur mit bestimmten, genau definierten Techniken auf andere zugehen können, gemäß einer bestimmten Ideologie oder Philosophie, die klar umreißt, was bei unserem Einsatz erlaubt ist und was nicht. Einige Veganer:innen werden es tatsächlich für unethisch halten, darauf Rücksicht zu nehmen, an welchem Punkt sich andere Menschen gerade befinden, und werden ihre Botschaft nur in ihrer reinen, unverdünnten Form weitergeben wollen. Dies ist mehr oder weniger das Gegenteil davon, sich in andere hineinzuversetzen. Es ist die Überzeugung, dass *andere* Menschen in *unseren* Schuhen gehen sollten, ob sie passen oder nicht und ob sie sie mögen oder nicht, weil sie das einzig *richtige* Paar Schuhe sind.

Autoverkäufer:innen versuchen ein Gefühl dafür zu bekommen, worauf potenzielle Kund:innen Wert legen. Sie sprechen mit jungen Eltern über die Sicherheit des Autos und betonen bei alleinstehenden Männern dessen Coolness (verzeihen Sie die Klischees). Die Verkäufer:innen wissen, dass es kein einziges »richtiges« Argument gibt, um das Auto zu verkaufen, und sie scheren sich nicht darum, die Regeln und Richtlinien des Vertriebslehrbuchs zu befolgen, das sie in der Ausbildung studieren mussten. Alles, was sie wissen, ist, dass sie am erfolgreichsten sind, wenn sie ihre Argumente auf die Zielgruppe abstimmen. Unser Publikum im Auge zu behalten bedeutet, dass es nicht den einen richtigen Ansatz gibt, sondern dass wir uns immer anpassen und sehen sollten, was am besten funktioniert.

Übungen

Den Advocatus Diaboli spielen

Eine Übung, die Ihnen dabei helfen kann, den Standpunkt eines:r anderen einzunehmen, besteht darin, den Advocatus Diaboli (Anwalt des Teufels) zu spielen. Diese Übung besteht darin, zu versuchen, ein überzeugendes Argument gegen Ihr eigenes vorzubringen, entweder allein oder im Dialog mit jemand anderem. Sie können z.B. argumentieren, dass es eine echte Herausforderung ist, vegan zu leben. (Suchen Sie sich irgendetwas aus, dem Sie grundsätzlich nicht zustimmen.) Wenn Sie das gut machen, werden Sie vielleicht mehr und/oder bessere Argumente entdecken, als Sie bisher dachten.

YANYA-Übung

Versuchen Sie sich vorzustellen, was Omnivore und nicht Sie als Vegetarier:in oder Veganer:in über die folgenden Aussagen denken könnten. Denken Sie jede einzelne durch. Sie können omnivore Freund:innen nach ihrer Meinung fragen:

- Präsident Bill Clinton wird in der Zeitung als Veganer angepriesen, obwohl er Fisch isst
- Ein:e Veganer:in, der:die ein Sandwich nicht essen will, weil es mit einem Fleischsandwich in Berührung kam
- Nicht-jüdische Veganer:innen, die das, was mit den Tieren passiert, mit dem Holocaust vergleichen
- Was People of Color denken, wenn weiße Veganer:innen Tierhaltung mit Sklaverei vergleichen
- Veganer:innen, die sich weigern, am Weihnachts- oder Thanksgiving-Essen teilzunehmen, weil tote Tiere serviert werden

Die Kunst des Zuhörens

Was wir sagen ist vielleicht weniger wichtig als die Art *wie* wir es sagen und die Dynamik, die zwischen uns und der anderen Person entsteht. Wie die Schriftstellerin Maya Angelou sagte: »Ich habe gelernt, dass die Leute vergessen werden, was du gesagt hast, die Leute werden vergessen, was du getan hast, aber die Leute werden niemals vergessen, wie du sie fühlen lässt.« Am Ende wird die Person, mit der wir sprechen, mit einem bestimmten Gefühl aus der gesamten Interaktion gehen. Ob dieses Gefühl positiv ist oder nicht, hängt nicht von den Argumenten ab, die wir vorbringen, sondern von unserer gesamten Einstellung. Mit anderen Worten: Der Prozess kann wichtiger sein als der Inhalt. Wie freundlich waren wir? Haben wir unsere Gesprächspartner:innen ausreden lassen? Haben wir ihnen das Gefühl gegeben, dass wir ihre Argumente verstanden haben oder haben wir selbst die ganze Zeit geredet? Vielleicht ist die wichtigste Frage hier: Wie gut haben wir zugehört?

Die Fähigkeit zuzuhören ist für die Tierfürsprache und dafür, allgemein als sympathischer Mensch empfunden zu werden, äußerst wichtig. Denken Sie an Leute in Ihrem Bekanntenkreis, die wirklich schlechte Zuhörer:innen sind. Sie reden die ganze Zeit, und wenn Sie etwas sagen, ist es nicht klar, ob sie Sie gehört haben oder nicht. Sie lassen es sich nicht anmerken, dass sie Ihnen zugehört haben. Sie fangen sofort an, über ihre eigenen Probleme zu sprechen. Sie stellen so gut wie nie Fragen und wenn doch, dann hören sie nicht auf Ihre Antwort. Die meisten von uns finden solche Menschen ermüdend und nervig.

Als leidenschaftliche Verfechter:innen für die Belange der Tiere sind wir vielleicht noch schlechter im Zuhören als die allgemeine Bevölkerung. Wir haben entscheidende, lebensverändernde Informationen zu vermitteln und andere Leute müssen die Klappe halten und uns zuhören! Wir wollen, dass die Welt all unsere Fakten kennt. Wir wollen, dass unser Publikum unsere Argumente versteht und unserem Gedankengang sowie unserem Verhalten folgt und es, am besten ohne zu hinterfragen, kopiert. Außerdem glauben wir, dass wir alles, was unser Publikum sagen oder einwenden wird, schon einmal gehört haben und es kaum nötig ist, ihm zuzuhören. Folglich ist es für uns nur allzu einfach, egozentrisch und selbstbezogen zu sein und den Kontakt zu unserem Publikum zu verlieren.

Im Gegensatz dazu geben uns Menschen, die gute Zuhörer:innen sind, das Gefühl, wirklich gehört zu werden. Sie erkennen uns an. Wir fühlen uns durch ihre Aufmerksamkeit und ihre Anwesenheit wertgeschätzt. Manchmal jedoch, wenn Menschen mit uns über ein Problem sprechen (dabei handelt es sich vielleicht um Probleme mit ihrem:r Lebensgefährt:in oder einen Streit mit ihrer Mutter oder ihrem Sohn), denken wir darüber nach, was wir am besten sagen sollen, wenn wir nicht gerade durch andere Gedanken abgelenkt sind. Aber es ist nicht immer notwendig, etwas zu sagen. Unsere Lösungsvorschläge mögen willkommen sein, aber oft ist alles, was die Menschen brauchen, jemanden, der ihnen wirklich zuhört. In seinem Buch *Nonviolent Communication: A Language of Life* formuliert Marshall Rosenberg es so: »Tun Sie nicht einfach etwas, sondern seien Sie da.« Rosenberg sagt, dass der Glaube, wir müssten Situationen »reparieren« und dafür sorgen, dass sich andere besser fühlen, uns daran hindert, präsent zu sein (S. 93). Er zitiert den Psychologen Carl Rogers:

> Wenn [...] jemand dir wirklich zuhört, ohne über dich zu urteilen, ohne zu versuchen, die Verantwortung für dich zu übernehmen, ohne zu versuchen, dich zu formen, fühlt sich das verdammt gut an! Wenn mir zugehört wurde und wenn ich gehört wurde, bin ich in der Lage, meine Welt auf eine neue Art und Weise wahrzunehmen und weiterzugehen. Es ist erstaunlich, wie Elemente, die unlösbar scheinen, lösbar werden, wenn jemand zuhört, wie Verwirrungen, die unlösbar scheinen, sich in relativ klar fließende Ströme verwandeln, wenn man gehört wird. (S. 113)

Stephen Covey, Autor des Bestsellers *The Seven Habits of Highly Effective People*, sagt: »Die meisten Menschen hören nicht mit der Absicht zu, zu verstehen; sie hören mit der Absicht zu, zu antworten.« Es ist nicht unbedingt eine schlechte Eigenschaft, eine fertige Antwort parat zu haben, wenn wir an der Reihe sind zu sprechen, besonders wenn wir z.B. in einer öffentlichen Debatte sind. Aber das Formulieren einer Antwort in unserem Kopf wird offensichtlich die Qualität unseres Zuhörens beeinträchtigen und damit unser Verständnis für die andere Person gefährden.

Zuhören wäre nur halb so nützlich, wenn die andere Person nicht merken würde, *dass* Sie zuhören. Versuchen Sie dieses Experiment: Bitten Sie Ihre:n Gesprächspartner:in, Ihnen keine verbalen oder nonverbalen Hinweise zu geben, wie z.B. zu nicken oder »OK« zu sagen. Das ist seltsam und nervig, oder? Diese kleinen Feedback-Ausdrücke sind entscheidend für ein Gespräch. Es ist auch nützlich, hin und wieder zu paraphrasieren, was die andere Person gesagt hat (»Sie sagen also, dass…?«), da diese Reaktion Ihnen hilft, aufmerksamer zuzuhören und der anderen Person das Gefühl gibt, gehört zu werden. Das Gleiche gilt für das Stellen von Fragen. Natürlich sollte nichts davon ein mechanischer Prozess sein, bei dem wir Umschreibungen und Fragen verwenden, um so zu tun, als würden wir zuhören oder uns einfühlen. Wir müssen wirklich an den Antworten interessiert sein, die sie geben.

In *The Animal Activist's Handbook* gehen Matt Ball und Bruce Friedrich noch weiter und schlagen vor, dass wir, wenn Menschen Fragen oder Einwände haben, überlegen sollten, diese mit einer *Frage* zu *beantworten*. Das kann aus drei Gründen effektiv sein: (1) Wir können die Leute zum Nachdenken bringen; (2) wir geben ihnen das Gefühl, gehört zu werden, und sie revanchieren sich vielleicht, indem sie ihrerseits zuhören; und (3) aus ihren Antworten können wir mehr Informationen über sie erfahren (S. 49). Das offensichtlichste Beispiel für diese Technik ist, die Frage »Warum sind Sie Veganer:in?« mit »Warum essen Sie Fleisch?« zu beantworten.

Wenn *wir* kommunizieren, möchten wir natürlich, dass andere uns zur Kenntnis nehmen. Unsere Meinungen, Werte und Erkenntnisse mit anderen zu teilen, ist alles andere als Zeitverschwendung, vor allem dann nicht, wenn sie darum bitten, sie zu hören. Denken Sie einfach daran, dem Prozess Aufmerksamkeit zu schenken und zuzuhören. Und übertreiben Sie es nicht. Bedenken Sie die *Menge* an Informationen, die Sie anderen zur Verfügung stellen. Wir denken oft, dass mehr Informationen immer besser sind. Aber so können wir andere leicht überfordern. Außerdem haben Menschen eine begrenzte Aufnahmefähigkeit. Sie sind nach einer Weile gelangweilt oder abgelenkt.

Wie gut wir zuhören, kann von mehreren Faktoren abhängen, die außerhalb unserer Kontrolle liegen. (Einige von uns haben nämlich eine bemerkenswert kurze Aufmerksamkeitsspanne.) Wir sollten vermeiden, Menschen Gründe zu geben, uns *nicht* zuzuhören. Eine Technik besteht darin, nicht zu verschieden von unserem Publikum zu erscheinen. Menschen dort zu treffen, wo sie sind, bedeutet, dass wir eine Vorstellung von ihren Wünschen und Zielen haben und davon, was sie interessiert. Es bedeutet, ihre Sprache und ihren Jargon zu sprechen. Es kann sogar bedeuten, so auszusehen wie sie. Wir wissen aus der Forschung, dass unser Aussehen einen Einfluss darauf hat, wie glaubwürdig wir sind und wie die Menschen mit uns umgehen. Dies ist ein weiteres Element, bei dem wir anpassungsfähig sein können. Wenn wir eine Präsentation in einem großen Unternehmen halten, kleiden wir uns vielleicht anders, als wenn wir auf einem Öko-Festival zu einer Menschenmenge sprechen. *In Rules for Radicals* gibt Saul Alinsky einen drastischeren Rat: »Wenn der echte Radikale feststellt, dass langes Haar psychologische Barrieren für Kommunikation und Organisation aufbaut, schneidet er sich die Haare.« »Mein Ding«, fügt Alinsky hinzu, »ist eine solide Kommunikation mit den Menschen in der Gemeinschaft.« (S. 19)

Der Rest dieses Kapitels besteht aus weiteren Do's zur Übung und Don'ts zur Vermeidung beim Erreichen dieser »soliden Kommunikation«.

Sanftes Auftreten

Andere zu verstehen – eine Voraussetzung, um sie zu befähigen, ihre Herzen und ihren Verstand zu öffnen und damit Tieren zu helfen – bedeutet zu verstehen, was ich das »große vegane Handicap« nenne. Der Begriff, den ich aus dem Golfsport entlehne, um einen anfänglichen Nachteil zu bezeichnen, beschreibt, wie Aktivist:innen mit einer gewissen Abwehrhaltung umgehen müssen, wenn sie mit Menschen darüber sprechen, keine Tiere zu essen. Aktivist:innen können die Abwehrhaltung auf die Faulheit und Gleichgültigkeit der Nicht-Veganer:innen zurückführen. Ich glaube jedoch, dass es produktiver ist, zwei andere Emotionen zu untersuchen: Schuld und Angst.

Die meisten Veganer:innen haben es schon erlebt, oft mehr als einmal. Sie sitzen mit anderen Menschen am Esstisch. Diese wissen oder finden irgendwann heraus, dass Sie Vegetarier:in oder Veganer:in sind und das Gespräch dreht sich darum, kein Fleisch zu essen. Omnivore werden in dieser Situation oft defensiv oder wütend, selbst wenn Sie entgegenkommend und offen sind. Veganer:innen müssen verstehen, dass unsere bloße Anwesenheit ausreichen kann, um Nicht-Veganer:innen Unbehagen zu bereiten. Dieses Unbehagen wird die Diskussion und die Einstellung der Nicht-Veganer:innen beeinflussen.

Wie ich schon zuvor gesagt habe, glaube ich, dass den meisten Menschen bewusst ist, dass die Art und Weise, wie Tiere heute aufgezogen werden, nicht mit den Werten übereinstimmt, die sie für unseren Umgang mit ihnen für angemessen halten: Freundlichkeit statt Grausamkeit, Fürsorge anstatt Ausbeutung. Die Allgemeinheit ist sich mehr oder weniger bewusst, dass Schweine, Hühner und Kühe Leiden ertragen müssen, die sie ihrem eigenen Hund oder ihrer Katze nicht wünschen würden. Sie denken vielleicht, dass es besser wäre, »Fleisch aus guter Schlachtung« zu kaufen (weil sie glauben, dass es so etwas gibt), oder sie glauben sogar, dass das Töten von Tieren für Lebensmittel falsch ist. Konfrontiert mit der Diskrepanz zwischen unseren Überzeugungen und unserem Handeln fühlen sich viele von uns schuldig. Anthropolog:innen haben viele Beispiele für vormoderne Zivilisationen gefunden, die ihre Schuldgefühle für das Töten von Tieren mit speziellen Sühnezeremonien bewältigten (Serpell). Obwohl die meisten von uns, im Gegensatz zu diesen Gemeinschaften, nicht mehr unter den Tieren leben, die wir essen, fühlen sich viele von uns aufgrund unserer gedankenlosen Ausbeutung vielleicht noch schuldiger als wir es in der Vergangenheit getan hätten.

Gespräch mit einem:r Jäger:in

Ein großartiges Beispiel für publikumsorientierte Kommunikation bieten Matt und Phil Letten, das Duo, das als Vegan Bros bekannt ist. Wenn eine Person einem:r Tierrechtsaktivist:in erzählt, dass er oder sie gerne jagt und fragt, was wir darüber denken, schlagen die Vegan Bros vor, so zu antworten, dass der:die Jäger:in nicht in die Defensive gedrängt wird oder annimmt, dass wir sie oder ihn hassen. Ihr Vorschlag ist, Folgendes zu sagen: »Ich werde nicht sagen, dass Jagen gut ist. Aber es ist bei weitem nicht so schlimm wie Massentierhaltung.« Viele Tierrechtler:innen würden dies für einen Fehler halten, weil es den Anschein erweckt, die Jagd zu dulden. Nichtsdestotrotz würden wir die Wahrheit sagen: Die Jagd *ist* weniger schlimm als Massentierhaltung. Wenn man das Gespräch auf diese Weise rahmt, verlagert man das Gespräch auf die Massentierhaltung. Wenn sich beide Parteien auf ein Thema einigen können, haben Sie einen Ansatzpunkt für eine Diskussion gefunden. Außerdem kann der:die Jäger:in uns als jemanden sehen, der offen für eine Diskussion ist und mit dem er:sie sich (in diesem Punkt) identifizieren kann.

Wir Vegetarier:innen und Veganer:innen sind lebende, atmende Mahnmale an diese Diskrepanz und Schuld. Wir bringen die kognitive Dissonanz zur Sprache, die Nicht-Veganer:innen vielleicht zu unterdrücken versuchen. »Die bloße Anwesenheit eines:r Vegetarier:in erhöht die Dissonanz, die beim Verzehr von Tierfleisch empfunden wird«, schreibt ein Forscher auf der Grundlage einer Studie (Rothgerber 37). Diese quälende innere Stimme, die Nicht-Veganer:innen nicht hören wollen, sagt ihnen, dass sie sich unethisch verhalten, und das schon ihr ganzes Leben lang.

Erkenntnisse wie diese sind nicht schön. Wie Melanie Joy schreibt: »Niemand will sich mit dem Bösewicht identifizieren, und die Menschen werden alles tun, um zu vermeiden, sich selbst in einem negativen Licht zu sehen, einschließlich der Weigerung, eine Sache zu unterstützen, an die sie sonst glauben würden.« (2008, S. 19) In Kapitel 3 haben wir darüber gesprochen, wie Menschen innere Konflikte reduzieren (Dissonanz reduzierende Strategien), indem sie, in diesem Fall, das Fleischessen mit einer Vielzahl von schlimmen bis schwachen Argumenten rationalisieren.

Wenn Menschen sehen, dass andere ethischere Entscheidungen treffen, können sie nachtragend werden und sie verunglimpfen – ein Phänomen, das als »Do-gooder Derogation« (Minson und Monin) (dt. etwa: »Gutmensch-Abwertung«) bezeichnet wird. In einer Studie wurden diejenigen, die beim Einkaufen von Kleidung ethische Barometer wie z.B. die Frage, ob die Kleidung in Sweatshops hergestellt wurde, verwendeten, von den »vorsätzlich Ignoranten« als seltsam, weniger sexy und unattraktiv beurteilt. Das schlimmste Problem ist hier nicht die Abwertung selbst, sondern dass der Akt der Abwertung das eigene Engagement des Abwertenden für ethische Werte in der Zukunft untergräbt. Die Autor:innen behaupten, dass die Verunglimpfung zum Teil durch die Selbstbedrohung angetrieben wird, die Konsument:innen empfinden, wenn sie einen negativen sozialen Vergleich mit anderen (wie Veganer:innen) anstellen. Veganer:innen sollten daher versuchen, die negativen Vergleiche zu reduzieren, die Menschen *nicht* zu einem besseren Konsumverhalten anregen. Stattdessen, so schlagen die Studienautoren vor, sollten sie »ein Szenario fördern, in dem die Verbraucher:innen eher eine moralische Aufwertung ihrer selbst herausstellen als selbstschützende negative Urteile über andere« (Zane et al.).

Nicht-Veganer:innen beschweren sich oft, dass Vegetarier:innen und Veganer:innen belehrend und moralisierend sind. Oft ist das wahr, teilweise vielleicht wegen der stark ethischen Ausrichtung innerhalb des Veganismus und der philosophischen Grundlage der Tierrechtsbewegung seit Mitte der 1970er Jahre. Es ist auch wahr, dass Veganer:innen, mich selbst eingeschlossen, über »ethischen Veganismus« sprechen. Manche beziehen sich auf die »Erziehung anderer« in einer Weise, die den Eindruck moralischer Überlegenheit vermittelt und die Annahme, dass diejenigen, die unsere Ansichten nicht teilen, ungebildet sind.

Die obige Studie macht jedoch deutlich, dass die Kritik von Nicht-Veganer:innen am veganen Moralisieren zum Teil von der Abwehrhaltung der Nicht-Veganer:innen angetrieben wird. Um Nicht-Veganer:innen davon abzuhalten, so zu denken, ist eine Sache, die wir Veganer:innen tun können, über unsere eigenen Unvollkommenheiten zu sprechen: über die Handlungen, die wir unternommen haben, von denen wir wissen, dass wir sie nicht tun sollten, oder darüber, dass wir nicht über Nacht vegan geworden sind und selbst etwas Überzeugungsarbeit brauchten. Es ist wichtig für Veganer:innen, Nicht-Veganer:innen zu zeigen, dass wir keine fremde Spezies mit einem unerreichbaren Maß an Moral oder Disziplin sind.

Wie man ein:e nicht-verurteilende:r Veganer:in wird

Vielen von uns Veganer:innen fällt es schwer, Fleischesser:innen *keine* Vorwürfe zu machen oder nicht verurteilend zu sein – und noch schwerer, nicht als verurteilend rüberzukommen. Dennoch müssen wir versuchen, weder so zu sein noch so zu erscheinen, denn die meisten Menschen, die sich verurteilt fühlen, werden weniger bereit sein, zuzuhören und sich zu ändern. Meiner Erfahrung nach mag niemand eine:n »Verurteiler:in«. Hier sind einige Tipps, wie Sie vermeiden können, verurteilend zu sein oder so rüberzukommen:

- *Schärfen Sie Ihre Selbstwahrnehmung.* Versuchen Sie, sich selbst dabei zu ertappen, wenn Sie urteilend sind. Sich dessen bewusst zu sein, ist ein erster Schritt in Richtung Änderung.
- *Machen Sie sich bewusst, dass Sie die Menschen oder ihre Lebensrealität nicht kennen.* Denken Sie an etwas, das diejenigen, über die Sie urteilen, vielleicht gerade erleben. Die Erkenntnis, dass es vielleicht einen guten Grund für ihr Verhalten gibt, kann Sie direkt besänftigen. Sie mögen eine:n rücksichtslose:n Fahrer:in im Verkehr verfluchen, aber würden sie das immer noch tun, wenn er:sie auf dem Weg ins Krankenhaus ist, um seine:ihre sterbende Mutter zu besuchen?
- *Denken Sie daran, dass jeder Mensch anders ist.* Wir wurden anders erzogen, haben eine andere genetische Veranlagung, führen ein anderes Leben. Aus diesen Gründen handeln wir unterschiedlich und brauchen vielleicht mehr Zeit, um uns zu ändern.

- *Geben Sie zu, dass Sie nicht perfekt sind.* Ein:e Veganer:in zu sein, macht Sie nicht in allen Aspekten Ihres Lebens großartig. Seien Sie vorsichtig damit, mit Steinen zu werfen, während Sie in einem Glashaus sitzen.
- *Erinnern Sie sich daran, dass Sie (wahrscheinlich) selbst einmal ein:e Fleischesser:in waren.* Wenn Sie nicht von Geburt an vegan waren, haben Sie vielleicht die gleichen Ansichten und Argumente wie Nicht-Veganer:innen gehabt (und wenn Sie als Veganer:in aufgezogen wurden, war es nicht Ihre bewusste Entscheidung). Wurden Sie in dem Moment vegan, als Ihnen jemand sagte, dass es falsch sei, Tiere zu essen? Oder wurden Sie bereits durch Ihr Umfeld darauf vorbereitet?
- *Verstehen Sie, dass Menschen vielleicht andere große Taten vollbringen, die Sie nicht tun.* Sie helfen vielleicht in einem Obdachlosenheim, arbeiten ehrenamtlich für eine Hilfsorganisation oder spenden Geld für gute Zwecke. Wir Veganer:innen haben kein Monopol auf Moral und Wohltätigkeit.
- *Drehen Sie es um. Denken Sie an eine Situation, in der jemand Sie für Dinge verurteilt, die Sie falsch machen.* Wie würden Sie reagieren, wenn Sie jemanden treffen, der »mehr vegan« ist als Sie oder ein:e Veganer:in und pro-bono Menschenrechtsanwält:in ist? Versuchen Sie ehrlich zu sein. Sie denken jetzt vielleicht, dass Sie so rational sind zuzugeben, dass Sie falsch liegen und Ihr Verhalten sofort ändern. Aber es ist wahrscheinlicher, dass Sie anfangen werden, Gründe zu finden, um Ihr Selbstwertgefühl zu schützen.
- *Erkennen Sie, dass der Versuch, nicht zu urteilen, eine Frage der Effektivität ist.* Wenn Sie Ihr Urteil aussetzen können, wird Ihr Aktivismus besser – für die Tiere, für die Person, über die Sie urteilen, und sogar für Sie.

Die Forschung über die Rolle von Schuldgefühlen als Treiber für Verhaltensänderungen ist komplex. Schuldgefühle können unter bestimmten Umständen definitiv zu Veränderungen führen, aber wir müssen vorsichtig sein, wenn wir sie in unsere Botschaften einmischen. Botschaften, die auf Schuld basieren, können dazu führen, dass jemand noch weniger das tut, was man von ihm oder ihr möchte. Es ist wahrscheinlich, dass sie eher Selbstschutz hervorrufen, als zum Handeln anzuregen (Brennan und Binney).

Wenn ich mit Nicht-Veganer:innen interagiere, gehe ich davon aus, dass sie bereits ein gewisses (nützliches) Schuldgefühl haben und dass es nicht förderlich ist, dieses Schuldgefühl zu verstärken, indem ich in einem anklagenden Ton spreche oder schreibe oder ihnen ihre Mitschuld an entsetzlichen Gräueltaten unterstelle. Ich habe es als hilfreicher empfunden, Nicht-Veganer:innen mit Ideen zu versorgen, wie sie mit Schuldgefühlen umgehen können. In der Praxis läuft das darauf hinaus, ihnen zu helfen, den Verzehr von Tieren zu vermeiden. Wenn wir jemandem die Schuld geben wollen, ist es besser, die Fleischindustrie ins Visier zu nehmen. Allerdings sollten wir dabei nicht den Eindruck erwecken, dass wir Verbraucher:innen keine persönliche Verantwortung tragen. Melanie Joy spricht davon, »den schmalen Grat zwischen dem *Herausfordern* und dem *Unterstützen* des Paradigmas des Zuhörers zu gehen« (2008, S. 119).

Neben Schuldgefühlen gibt es auch Angst. Manche Veganer:innen mögen die Ängste, die Menschen im Zusammenhang mit der veganen Lebensweise äußern, lächerlich und trivial im Vergleich zum Tierleid finden. Ich kann das nachvollziehen, aber es ist nicht besonders effektiv, solche Bedenken als bloßes Gejammer zu behandeln. Versetzen Sie sich in die Lage der anderen Person und überlegen Sie, welche Ängste sie haben könnte – Ängste, die Sie vielleicht längst vergessen haben. Es gibt die Angst, dass sie nie wieder so viel Spaß am Essen haben werden wie heute; dass die vegane Ernährung ungesund ist; dass sie bei Dinnerpartys oder Familienfeiern nicht mehr willkommen sind; dass sie von geliebten Menschen verspottet und sogar geächtet oder von Veganer:innen gedemütigt werden, weil sie inkonsequent sind, wenn sie die Ernährungsweise nicht vollständig übernehmen können; dass sie einen Teil ihrer Identität verlieren und ein anderer Mensch werden. Neben diesen gibt es noch viele weitere mögliche Ängste.

Keine dieser Ängste ist lebensbedrohlich, aber auch keine ist förderlich für eine Veränderung. Wir sollten versuchen, die Ängste oder Bedenken von Nicht-Veganer:innen nicht zu verstärken. Es ist z.B. nicht förderlich, jeden Artikel zu nennen, den Nicht-Veganer:innen als Veganer:innen nicht essen oder kaufen dürfen.

Kann ein:e Superlocavore-Veganer:in Ihnen ein schlechtes Gewissen machen?

Es ist nicht leicht, in den Schuhen anderer Menschen zu gehen und sich vorzustellen, welche Gefühle wir mit unserer Kommunikation bei anderen auslösen können. Wenn wir Schuldgefühle nicht für kontraproduktiv halten, wenn wir Widerstände gegen Überzeugungsarbeit nicht erleben oder vergessen haben, wenn wir uns nicht vorstellen können, von Gutmenschen genervt zu sein... dann ist es schwer, diese Gefühle zu berücksichtigen.

Hier ist eine Übung, die uns helfen kann, diesen Gefühlen gegenüber verständnisvoller zu sein. Es geht darum, sich jemanden vorzustellen, dessen Verhalten noch moralisch konsequenter zu sein scheint als das Ihre – jemanden, der über den Veganismus hinausgeht. Lassen Sie mich Ihnen Belle vorstellen, die Superlocavore (SV) Veganerin (von *locavore*: lokal essen). Belle berücksichtigt die Tatsache, dass bei der mechanisierten Ernte von Pflanzen viele kleine Nagetiere und Vögel, ganz zu schweigen von Insekten, getötet werden. Deshalb isst Belle nur das, was sie (per Hand) aus ihrem eigenen Bio-Garten (und denen ihrer SV-Kollegen) erntet. Sie kauft nichts aus Geschäften.

Belle glaubt, dass ihre Ernährung für jeden möglich ist, da diejenigen, die keinen Garten haben, einen anderen SV mit einem Garten finden und von diesem Grundstück leben können. Sie betrachtet ihren Lebensstil als »moralische Grundlinie« und sieht es als ethische Pflicht an, so zu essen, wie sie isst. Menschen, die sich nur vegan ernähren (und damit pflanzliche Produkte konsumieren, die das vermeidbare Leiden von kleinen Nagetieren und Vögeln zur Folge haben), sind in Belles Augen und denen ihrer Freunde Heuchler.

Wie würden Sie sich fühlen, wenn Sie Belle treffen würden und sie Sie einen Heuchler nennen würde? Ich bin sicher, viele Veganer:innen würden Belle ganz schnell auf die Unterschiede zwischen einem:r Veganer:in und einem SV hinweisen, zwischen Kühen und Nagetieren, zwischen dem absichtlichen Verzehr von Tieren und dem Verzehr von Pflanzen, deren Ernte unabsichtlich Tiere getötet hat... aber ich bin nicht sicher, ob es wirklich einen Unterschied gibt. Wenn es einen gibt, dann ist er klein genug, damit wir unseren Unglauben suspendieren und für einen Moment bei dieser Übung mitgehen können. Es geht darum, sich jemanden wie Belle vorzustellen, der in uns ein Gefühl von Minderwertigkeit oder Schuld hervorrufen kann.

Ein weiteres Beispiel für weitaus moralischere Menschen sind diejenigen, die einen Prozentsatz ihres Einkommens für gute Zwecke spenden, wie es die Bewegung des Effektiven Altruismus (EA) vorschlägt. William MacAskill, einer der Gründer von EA, hat sich verpflichtet, jeden Penny, den er über 28.000 $ verdient, zu spenden. Denken Sie darüber nach, wie viel Geld Sie verdienen. Können Sie sich vorstellen, wie andere Leute argumentieren könnten, dass Sie etwas davon weggeben

müssen? Was wäre, wenn sie sagen würden, dass es unmoralisch ist, es nicht zu tun, und dass Sie für den Tod mehrerer Menschen verantwortlich sind, wenn Sie Ihr Geld für ein neues Handy oder Kleidung ausgeben, die Sie nicht brauchen, anstatt für diejenigen, die an Krankheiten, Obdachlosigkeit oder Hunger sterben?
Ein hervorragendes Mittel, um mit den Bedenken von Nicht-Veganer:innen umzugehen, ist der sogenannte »Feel, Felt, Found«-Ansatz (zu deutsch: »fühlen, gefühlt, gefunden«), der aus dem Vertriebsbereich stammt. Er besteht aus drei Schritten:v

1. Versetzen Sie sich in Ihre Zuhörer:innen hinein. Nehmen Sie wahr, wie sie sich **fühlen**, und hören Sie sich ihre Anliegen wirklich an.
2. Beruhigen Sie Ihre Gesprächspartner:innen, indem Sie sagen, dass sie nicht die Einzigen sind, die sich so **gefühlt** haben. Hier ist es natürlich wichtig, sich in Erinnerung zu rufen, was Sie gefühlt haben, bevor Sie vegan wurden (oder vielleicht immer noch fühlen), anstatt so zu tun, als hätten Sie dieses Gefühl nie gehabt. Sie können sich natürlich auch darauf beziehen, was andere Menschen gefühlt haben.
3. Lassen Sie sie wissen, welche Mittel und Wege Sie und andere **gefunden** haben, um sich zu beruhigen.

Nehmen wir an, eine nicht-vegane Gastgeberin erzählt Ihnen, dass sie es liebt, Dinnerpartys zu veranstalten, und dass sie Angst hat, ihre Kochkünste einzuschränken, indem sie ihre Auswahl an Zutaten reduziert. Dies mag, wie bereits erwähnt, für Veganer:innen unbedeutend klingen, aber da dies für sie ein Anliegen *ist*, sollten Sie es ernst nehmen. Sie könnten sagen:

> Sie haben also das Gefühl, dass es Ihre Kreativität in der Küche einschränken könnte, wenn Sie vegan leben. Ich verstehe das. Mir ging es genauso. Ich dachte: Was bleibt denn noch übrig, richtig? Und wissen Sie, in der Theorie haben Sie sicherlich recht. In der Praxis scheinen die meisten Veganer allerdings festzustellen, dass sie, sobald sie Fleisch und Milchprodukte weglassen, die Variation ihrer Zutaten und ihrer Kulinarik erhöhen. Das liegt daran, dass man als Veganer alle möglichen Produkte und Zutaten entdeckt, von denen man nie wusste, dass es sie gibt, geschweige denn, dass sie schmecken.

In dieser Antwort haben Sie die Bedenken Ihrer nicht-veganen Gastgeberin anerkannt, indem Sie sie beschrieben haben und ihr gesagt haben, dass sie nicht die Einzige ist, die diese Bedenken hat. Sie haben ihr eine mögliche Antwort oder Lösung gegeben. Nicht, indem Sie ihr eine aufgedrängt haben und ihr gesagt haben, wie sie sich fühlen soll, sondern indem Sie Ihre eigene positive Erfahrung angeboten haben.

In Bezug auf das »große vegane Handicap« – die schwierige Ausgangsposition aufgrund der Abwehrhaltung der Nicht-Veganer:innen – ist mein Vorschlag, die Extrameile zu gehen, um den Omnivoren zu besänftigen, und kein Benzin ins Feuer zu gießen. Was auch immer wir Veganer:innen unserem Publikum sagen, kann verurteilender klingen als wir erwarten oder beabsichtigen. Wir müssen also vorsichtig sein. Damit meine ich nicht, dass wir ehrerbietig sein oder die Vorlieben und Empfindsamkeiten der Menschen übermäßig respektieren müssen. Manieren und Höflichkeit sind natürlich wichtig, vor allem aber will ich sagen, dass wir erfolgreicher sein werden, wenn wir Nicht-Veganer:innen dort treffen, wo sie sind und ihre persönliche Situation wertschätzen. Zu verstehen, von welchem Standpunkt sie kommen, kann uns helfen, eine viel persönlichere und damit effektivere Art der Ansprache zu entwickeln.

Ich verstehe die Anziehungskraft, nicht um Themen herumzuschleichen und keine Wischiwaschi-Haltung einzunehmen. Es ist befriedigend, mutig seine Meinung zu sagen und für das einzustehen, was man glaubt. Und bei manchen Nicht-Veganer:innen mag die direkte Konfrontation funktionieren. Wie ich jedoch in diesem Buch argumentiere, besteht die Hauptaufgabe darin, unsere Herangehensweise auf die Bedürfnisse unseres Publikums anzupassen. Wir wissen vielleicht nicht genau, was diese Vorlieben sind, und mit etwas Glück ist unser Publikum so groß, dass es viele verschiedene Arten von Menschen darin vereint. Aber mein Punkt gilt trotzdem. In einem solchen Szenario ist es am besten, einen Ansatz zu wählen, von dem wir Grund zu der Annahme haben, dass er für die größte Anzahl von Menschen funktioniert (der kleinste gemeinsame Nenner, sozusagen). Im Allgemeinen gilt: Wenn Aktivist:innen blind in die Sache hineingehen und sich entscheiden müssen, ob sie eine sanfte, ja sogar beschönigte Botschaft oder einen unverblümten »in-your-face« Appell an die Öffentlichkeit bringen wollen, dann ist die erste Option in diesem Moment der veganen Geschichte wahrscheinlich die sicherere und produktivere.

Vom Warum zum Wie, von der Theorie zum Essen

Wenn wir an die Tierrechtsbewegung denken, kommen uns als Erstes Aktionen wie das Verteilen von Flugblättern, Vorträge oder Debatten in den Sinn. Mit anderen Worten, Aktivismus besteht für uns hauptsächlich darin, die Gründe für das *Warum* (die Argumente, ob moralisch oder nicht) zu fördern. Mit Menschen über das *Warum* zu sprechen wird oft zu einer Diskussion oder einer Debatte. Wir versuchen, sowohl rationale als auch emotionale Argumente zu verwenden, um die Meinung von Nicht-Veganer:innen zu ändern und sie dazu zu bringen, zu sehen, zu verstehen und zu fühlen, was wir tun. Aber wie viele Veganer:innen aus eigener Erfahrung wissen, sind diese Arten von Interaktionen oft nicht so produktiv, wie wir es gerne hätten. Nicht jede:r ist von vornherein an einer Diskussion interessiert, und nicht jede Situation oder jeder Ort ist für eine Diskussion geeignet (Nicht-Veganer:innen können z.B. in die Defensive geraten, wenn sie bei einer Grillparty ein gegrilltes Steak mampfen).

Eine Alternative zu einem direkten Gespräch ist es, den Leuten eine Webadresse, ein Informationsblatt oder ein Buch zu geben, das sie sich zu Hause ansehen können. Wenn wir etwas privat lesen oder ansehen, können wir leichter unsere Deckung fallen lassen. Wir müssen keine Angst haben, unser Gesicht zu verlieren und wir müssen nicht versuchen zu beweisen, dass wir schlauer sind als jemand anderes. Es ist wahrscheinlicher, dass wir die Informationen an unserem Widerstand vorbeiziehen lassen und uns etwas Zeit nehmen, um darüber nachzudenken.

In der Tat sind Diskussionen und Debatten vielleicht nicht nur unproduktiv, sondern werden auch immer unwichtiger. Da immer mehr Nicht-Veganer:innen ihre Informationen durch das Internet und andere Massenmedien finden, sind sie oft durchaus bereit, zumindest ab und zu vegan zu essen oder zu kochen, wissen aber oft nicht *wie*. Wenn Menschen das Gefühl haben, dass sie wissen, *wie* sie etwas tun können, stehen die Chancen besser, dass sie es auch tun. Psycholog:innen sprechen von Selbstwirksamkeit oder dem Glauben einer Person an ihre Fähigkeit, Verhaltensweisen auszuüben, die notwendig sind, um etwas zu erreichen (Bandura, Kreausukon et al., Reuter et al.).

Nicht-Veganer:innen aufzuzeigen, *wie* man den Weg des Vegan-Werdens und -Seins antritt, trägt auch dazu bei, neue Vegetarier:innen und Veganer:innen an Bord zu halten. Nirgendwo in all meinen Recherchen habe ich gelesen, dass viele Menschen aufhören, Vegetarier:in oder Veganer:in zu sein, weil sie nicht mehr an die Gründe glauben, warum sie überhaupt Vegetarier:in oder Veganer:in geworden sind. Die Menschen dazu zu ermutigen, eine gesunde Lebensweise beizubehalten, zu kochen, Geschäfte und Produkte darin zu finden, scheint daher unerlässlich. In Anbetracht der Tatsache, dass ein Drittel der Vegetarier:innen nach nur drei Monaten oder weniger aufgibt, sollten diese praktischen Informationen von Anfang an an die angehenden Vegetarier:innen weitergegeben werden. Basierend auf ihrer Studie über ehemalige Vegetarier:innen empfiehlt Faunalytics, dass wir uns stärker auf das *Wie* des Vegetarismus/Veganismus konzentrieren und »aufklärende und unterstützende Maßnahmen konzipieren sollten, um die häufigsten Schwierigkeiten anzugehen« (Asher et al. 2014).

Wenn sich Veganer:innen beim Veganismus mehr auf das *Wie* konzentrieren, verschiebt sich unser Fokus fast automatisch auf das Essen. Während sich unser Arsenal an pro-veganen Argumenten um die Theorie dreht (das *Warum*), geht es beim Essen um die Praxis (das *Wie*). Es ist klar, dass das Essen einen fundamentalen Platz in unserem Auftreten einnehmen muss. Berthold Brecht schrieb einmal: »Erst kommt das Essen, dann die Moral.« Brecht meinte damit, dass die Menschen sich zuerst um ihre Mägen und andere materielle Bedürfnisse kümmern und erst danach um die Ethik. In ähnlicher Weise werden viele Nicht-Veganer:innen nicht über Tiere nachdenken, solange sie das Gefühl haben, dass sie auf gutes Essen verzichten müssen. Es ist leicht, sich den Unterschied zwischen einem Gespräch mit jemandem, der noch nie ein gutes veganes Geschmackserlebnis hatte (oder noch schlimmer: jemandem, der nur ein »schlechtes Tofu-Erlebnis« hatte und deshalb tief in »veganen Vorurteilen« verhaftet ist), und jemandem, der weiß, wie großartig veganes Essen sein kann, vorzustellen. Im zweiten Fall wird diese Person viel eher bereit sein, den Pro-Tier-Argumenten wirklich zuzuhören. Wie ein Industrie-Analyst über vegane Unternehmen sagt: »Sie müssen diese Produkte in die Münder der Leute bringen, dann können sie über all die Vorteile davon reden.« (Purdy)

Indem ich den Fokus auf das Essen lege, beabsichtige ich nicht, Tierrechte einfach auf die Befriedigung der Geschmacksknospen zu reduzieren. Ich beschränke unsere Anliegen auch nicht nur auf eine weitere Facette des Konsumverhaltens oder eine frivole Suche nach veganen Desserts und Cupcakes. Ich konzentriere mich aus drei Gründen auf Lebensmittel:

1. Nahrung ist der Mittelpunkt des Leidens und Tötens von Tieren. Der größte Anteil der Tiere, die wir misshandeln und töten, dient der Ernährung.
2. Lebensmittel sind das vielleicht größte Kapital unserer Bewegung. Nichts (außer vielleicht Sex) verkauft sich so gut wie Essen. Jeder liebt gute Küche, es ist einfach, Menschen damit anzuziehen, und es wird mit etwas Positivem assoziiert. Deshalb ist es wichtig, sich auf gutes Essen zu konzentrieren. Das ist der Grund, warum VegFund, eine Organisation, die Zuschüsse für vegane Aktionen und Kampagnen bereitstellt, sich unter anderem auf Veranstaltungen mit Lebensmittelverkostungen konzentriert.
3. Essen bringt Menschen zusammen. Es ist der soziale Klebstoff für Zusammenkünfte mit der Familie, Freund:innen, Glaubensgenoss:innen oder Arbeitskolleg:innen. Viele Nicht-Veganer:innen machen sich Sorgen, diese soziale Dimension zu gefährden und stehen Vegetarier:innen oder vegetarischen Debatten am Tisch (besonders, wie bereits erwähnt, bei Abendessen zur Weihnachtszeit oder an Thanksgiving) möglicherweise misstrauisch gegenüber, ganz zu schweigen von dem Gedanken, selbst eine:r zu werden.

Einige Ideen, um sich mehr auf das Wie zu konzentrieren

Meine jahrelange Erfahrung bei EVA hat mich gelehrt, dass praktikable Materialien rund um das *Wie* (Stadtpläne, Verzeichnisse von veggiefreundlichen Restaurants, Rezepthefte und andere Kommunikationsmittel) viel beliebter sind als »*Warum*-Publikationen«. Hier sind einige Tipps, um sicherzustellen, dass wir unserem Publikum genügend »*Wie*-Informationen« geben:

- Überprüfen Sie Ihre Materialien und Ihre Kommunikation auf das *Wie*. Widmen Sie Rezepten und Nährwert- oder Produktinformationen genügend Aufmerksamkeit?
- Wenn die Antwort auf die obige Frage *Ja* lautet, nimmt es einen prominenten Platz auf Ihrer Website und in Ihren Informationsmaterialien ein?
- Bietet Ihre Organisation Kochkurse an oder gibt sie Informationen darüber, wo man sie finden kann?
- Zeitlich begrenzte vegane Vorsätze oder Herausforderungen (typischerweise 21 oder 30 Tage) sind großartige Strategien, um den Menschen täglich »*Wie*-Informationen« zukommen zu lassen.

- Experimentieren Sie in Einzelgesprächen damit, sich auf das *Wie* zu konzentrieren. Erzählen Sie den Leuten von den konkreten Schritten, die sie unternehmen können, anstatt sie mit Argumenten zu überfrachten. Laden Sie die Leute nicht nur ein, ein Buch oder eine Broschüre über die Probleme mit tierischen Produkten zu lesen, sondern mit Ihnen einzukaufen oder zu kochen. Sie können sie auch über soziale Medien ansprechen.

Die zentrale Rolle des Essens für die Veganbewegung bedeutet, dass für Menschen zu kochen, mit ihnen zu essen, sie einzuladen oder ihnen zu helfen, ein gutes veganes Essenserlebnis zu haben, ein wichtiges Mittel der Kommunikation ist. Es ist außerdem auch eine großartige Möglichkeit, eine Alternative zu Debatten und anderen Arten der verbalen Beeinflussung zu bieten. Wenn Sie wissen, dass Sie kein:e eloquente:r Redner:in sind oder zu emotional oder ungeduldig werden, können Sie sich für andere an den Herd stellen. Und selbst wenn Sie ein:e wunderbare:r Gesprächspartner:in sind, sollten Sie das Kochen als ergänzende Form der Beeinflussung in Betracht ziehen. Führen Sie ein Gespräch über eine Mahlzeit, die Sie für die andere Person kochen oder kaufen.

Bei so vielen Informationen über den Veganismus und so vielen Rezepten, die frei im Internet verfügbar sind, ist es für Veganer:innen naheliegend zu denken, dass diejenigen, die keine Ahnung haben, wo sie anfangen sollen, begriffsstutzig oder apathisch sind. Wir sollten jedoch bedenken, dass die vegane (oder vegetarische) Küche in den meisten westlichen Industrieländern nicht in der Tradition verankert ist. Entweder sind wir reich genug geworden, um zu jeder Mahlzeit Fleisch essen zu können, oder wir sind mit verarbeiteten und nicht mit vollwertigen Lebensmitteln aufgewachsen, oder wir haben die Verbindung zu unserer früheren Ernährungsweise verloren, in der Fleisch nur eine Beilage war.

Insofern bieten westliche Gesellschaften einen der am wenigsten fruchtbaren Böden für die Verbreitung der vegetarischen/veganen Kultur. Wenn ich mit Gruppen von Nicht-Veganer:innen spreche, bitte ich sie oft, mir ein vegetarisches (geschweige denn veganes) Hauptgericht zu nennen, das ihre Großeltern oder Eltern auf den Tisch gebracht haben. Abgesehen von einigen dürftigen Ausreden für Hauptgerichte (wie eine herzhafte Suppe), fällt den meisten von ihnen keins ein. Würde man die gleiche Frage in Mexiko, Indien, Japan, China oder dem Libanon stellen, würde man mit Sicherheit viele verschiedene Antworten bekommen. Ich komme daher zu dem Fazit, dass Menschen, die sich vegan ernähren wollen, in den reicheren Teilen der Welt das Kochen neu lernen müssen (falls sie es überhaupt jemals gelernt haben).

Auf einer eher strukturellen Ebene können wir Kochkurse entwickeln oder anderen Organisationen oder Institutionen dabei helfen, Fernsehsender zu animieren, eine vegane Kochsendung zu starten. Wir können auch Kochzeitschriften und andere Publikationen dazu anhalten, vegane Rezepte aufzunehmen. Für diejenigen, die nie kochen oder dafür keine Zeit haben, brauchen wir andere Mittel, die natürlich auch für die eifrigsten Kochbegeisterten nützlich sind.

Eine Anmerkung: Genau wie bei unseren Worten und Argumenten können wir auch bei der Wahl unserer Lebensmittel zu idealistisch sein. Wir sollten den Menschen das vegane Essen anbieten, das sie wollen, und nicht das, was wir ihnen vorsetzen wollen. Sie mögen sich mit gesunder Ernährung beschäftigen und glauben, dass wir alle kleinere Portionen essen sollten, aber es ist nicht unbedingt die beste Idee, jemandem, der:die einen herzhaften Appetit hat, einen leichten Salat anzubieten. Wichtig ist, dass die Person das Essen mag und danach zufrieden ist. Zwingen Sie Ihrem:r neuen Freund:in nicht Ihren Geschmack auf, sondern finden Sie heraus, was er oder sie mag und bedienen Sie diesen Geschmack.

Cook it Forward

Bei EVA entwickelten wir eine Kampagne namens »Cook It Forward«, analog zum »pay it forward«-Prinzip (und Film). Mit vielen Partnern boten wir Kochkurse (inklusive Mahlzeiten) an. Diese Events waren kostenlos, solange die Teilnehmer:innen sich verpflichteten, die Mahlzeit für mindestens drei andere Menschen in ihrem Zuhause oder an einem anderen Ort »weiterzukochen«. Die »Bekochten« würden wiederum das Gleiche tun. Dafür haben wir eine Facebook-App entwickelt, um das Follow-up sicherzustellen. Der Vorteil dieser Kochkurse war, dass das Konzept so attraktiv war. Es war somit ein Leichtes, die Leute dafür zu begeistern und kommerzielles Sponsoring sowie staatliche Subventionen zu erhalten.

Der Weg zu einem inklusiveren Veganismus

In diesem Buch habe ich vorgeschlagen, dass die Schaffung einer großen Gruppe von Menschen, die ihren Konsum von tierischen Produkten reduzieren, der schnellste Ansatz sein kann, um das System zu verändern. Ein solches Engagement mit dem Fokus auf das Reduzieren tierischer Produkte ersetzt nicht, sondern ergänzt eine »Go-vegan-for-the-animals«-Strategie. Auf den folgenden Seiten befasse ich mich mit Veganer:innen, Veganismus und veganen Botschaften. Ich diskutiere die Frage »*Wie vegan?*« und die Definition von Veganismus.

Der Grund, warum ich so spät im Buch zu diesem Thema komme, ist, dass es sehr umstritten ist. Die vorangegangenen Kapitel boten einige Argumente und Ideen zur Einbettung dieses Themas. Eine Erklärung dafür, warum es so umstritten ist, ist, dass viele Veganer:innen das Label »vegan« zutiefst schützen und sich damit identifizieren. Diese Selbstidentifikation hat positive und negative Auswirkungen. Zunächst untersuche ich die Vor- und Nachteile einer veganen Identität und schlage dann ein entspannteres Konzept des Veganismus vor, um als Bewegung inklusiver zu sein und so einen größeren Einfluss im Namen der Tiere zu haben.

Für viele Veganer:innen ist es ein starker Teil unserer Identität, vegan zu sein. Wir denken viel über Veganismus und das Vegan-Sein nach. Wir haben vegane Freund:innen, besuchen vegane Fachgeschäfte, gehen zu Brunches, um andere Veganer:innen zu treffen, besuchen vegane Vorträge und Konferenzen, folgen veganen Facebook-Gruppen, betreiben gemeinsam Aktivismus... Es gibt sogar ein Wort für Veganer:innen, die nur andere Veganer:innen daten wollen: *Vegansexuelle* (Potts).

In gewisser Weise gehört das Schaffen einer Identität für sich selbst zum Mensch-Sein dazu. Es ist ganz natürlich und vielleicht teilweise notwendig, sich mit einigen Menschen, Orten, Objekten und Ideen zu identifizieren und zu behaupten, dass man eine Person ist, die x liebt, y tut oder gegen z ist. Eine Identität und die Zugehörigkeit zu einer Gruppe tragen zum Selbstbewusstsein, Selbstwert und Wohlbefinden bei.

Im Fall der veganen Bewegung hat die Schaffung einer Identität rund um den Veganismus spezifische Vorteile. Diejenigen, für die Veganismus Teil ihrer Identität ist, bleiben möglicherweise länger vegan (Haverstock und Forgays). Die Faunalytics-Forschung zeigt, dass ehemalige Vegetarier:innen und Veganer:innen im Vergleich zu aktuellen

Veganer:innen seltener ihre Ernährung als Teil ihrer Identität betrachten (Asher et al. 2014). In *Vegetarianism: Movement or Moment?* schreibt Donna Maurer: »Je mehr sich eine Person mit einer Gruppe identifiziert, desto mehr fühlt sie sich an deren Erwartungen gebunden.« (S. 119) Mit anderen Worten: Wir halten uns an die Regeln unserer Gruppe, wenn wir weiterhin dazugehören wollen. Zweifellos macht uns die Identifikation mit dem Vegan-Sein auch zu engagierteren Fürsprecher:innen für unsere Anliegen: »Ein kollektives Gefühl dafür zu haben, wer sie sind, hilft, Menschen zu motivieren, nach ihren Überzeugungen zu handeln.« (Maurer, S. 119; Van Zomeren et al.) Es scheint einfacher zu sein, ein Identitätsgefühl aus einer moralischen Ideologie abzuleiten als z.B. aus der Sorge um die Gesundheit. Eine Untersuchung (Hoffman et al.) deutet auch darauf hin, dass ethische Vegetarier:innen ein stärkeres Gefühl der Überzeugung empfinden und daher weniger tierische Produkte konsumieren als Gesundheitsvegetarier:innen und somit länger Vegetarier:innen bleiben.

Es hat jedoch auch wichtige Nachteile, Veganismus als Identität zu begreifen. Eine Identität kann nur existieren, weil einige Menschen sie *nicht* teilen: Inklusivität beruht auf Exklusivität. Emile Bruneau, ein Neurowissenschaftler am M.I.T., hat herausgefunden, dass Menschen mit einer starken Gruppenidentität weniger empathisch gegenüber einer Outgroup sind. In Bezug auf Sportmannschaften sagt er, dass »je mehr die Teamzugehörigkeit eines Individuums für [Fans] mitschwang, desto unwahrscheinlicher war es, dass sie Empathie für Mitglieder des rivalisierenden Teams aufbrachten« (Interlandi).

Fans der Boston Red Sox sind normalerweise nicht daran interessiert, Fans der New York Yankees dazu zu bringen, ihre langjährigen Rivalen anzufeuern. Im Fall der veganen Bewegung jedoch sind diejenigen außerhalb unserer Gruppierung potenzielle Verbündete, die wir dazu bringen wollen, sich uns anzuschließen. Doch wie Maurer schreibt: »Wenn die vegetarische kollektive Identität zu stark wird, riskieren die Fürsprecher:innen der Vegetarier:innen, ihren Pool an potentiellen Mitgliedern zu entfremden.« (S. 121)

Daher sind in der veganen und ähnlichen Bewegungen zwei widersprüchliche Kräfte oder Ambitionen am Werk. Auf der einen Seite steht das Bestreben, inklusiv zu sein. Wir wollen so viele Menschen wie möglich erreichen und sie überzeugen, sich uns in Veganville anzuschließen. Auf der anderen Seite wollen wir uns eine Identität aufbauen, die unserer Gruppe Vorteile bei der Mitgliederbindung und Interessenvertretung verschafft.

Eine Lösung für dieses Problem könnte für Veganer:innen darin liegen, dass wir zwei verschiedene Zielgruppen unterscheiden und unsere Botschaft auf sie zuschneiden. Veganer:innen sollten sich der großen Masse der Nicht-Veganer:innen mit nützlichen Informationen nähern und nicht mit der Forderung, dass sie sich zu einer veganen Identität bekennen. Wir können kaum erwarten, dass Nicht-Veganer:innen sofort alle unsere Überzeugungen und Prinzipien akzeptieren. Diese als grundlegend zu betrachten, um »vegan zu werden«, vergrößert nur den Umfang des Handlungsaufrufs und macht den Eintritt in unseren Club unnötig schwierig und kostspielig. Menschen einzuladen, vegane Lebensmittel und Mahlzeiten zu essen und vegane Produkte zu probieren, ist für beide Seiten viel einfacher als sie aufzufordern, Veganer:in zu werden oder sich an den Veganismus zu binden.

Was das zweite Publikum betrifft: Die vegane Identität könnte unter denjenigen entwickelt werden, die bereits Vegetarier:in oder Veganer:in sind und zum Handeln motiviert werden könnten, wenn sie sich mehr mit der Bewegung identifizieren. Zwei Vorbehalte: Die Identität kann sich um die Zugehörigkeit zu einem Club bilden, aber das bedeutet nicht, dass der Eintrittspreis für den Club astronomisch hoch sein sollte. Zweitens sollten Veganer:innen darauf bedacht sein, die Outgroup nicht abzuwerten oder zu entfremden.

Leider ist es nicht nur üblich, dass Veganer:innen Nicht-Veganer:innen abschrecken, sondern wir schrecken oft unsere eigene Gruppe ab – oder zumindest diejenigen, die für Außenstehende so aussehen, als gehörten sie zu unserer Gruppe. Ich bin schon lange überrascht, wie sehr sich ansonsten ähnliche Individuen und Gruppen von Menschen an relativ kleinen Unterschieden zwischen ihnen stören. Unterschiede zwischen Veganer:innen und Vegetarier:innen oder zwischen denen, die aus ethischen Gründen vegan leben, und denen, die aus Sorge um ihre Gesundheit auf den Verzehr tierischer Produkte verzichten, *sehen* für Außenstehende nicht nur klein aus, sondern *sind* auch im Großen und Ganzen klein. Dennoch kann es manchmal zu Spannungen zwischen diesen Gruppen kommen. Freud spricht vom »Narzissmus der kleinen Unterschiede«. Er hat zwar nicht die Veganer:innen beschrieben, aber das Phänomen ist überall zu beobachten. So erklärt ein Psychologie-Lehrbuch das Phänomen:

> Menschen möchten gerne in Bezug auf die für sie wichtigen Identitäten gesehen zu werden. Einer anderen Identität zugehörend wahrgenommen zu werden, besonders einer falschen, kann eine »Kategorisierungsbedrohung« hervorrufen. Wir mögen es auch nicht, wenn eine andere Gruppe der unseren so ähnlich ist, denn das untergräbt die Essenz dessen, was unsere Gruppe ausmacht, was uns anders und besonders macht. Mit anderen Worten: Wir neigen dazu, am empfindlichsten zu sein, wenn eine andere Gruppe tatsächlich unserer eigenen ähnlich ist [...] Gruppen, die unserer eigenen zu ähnlich sind, können daher die einzigartige Identität der eigenen Gruppe bedrohen, was unter dem Phänomen »distinctiveness threat« (dt. etwa: »Unterscheidungsbedrohung«) bekannt ist. Einige Stimmen haben sogar argumentiert, dass es wichtiger ist, eine unterscheidbare Gruppenidentität zu haben als eine negative zu vermeiden. (Hewstone et al.)

Wenn wir Veganer:innen denken, dass es wichtig ist, unsere eigene Identität zu schützen, ist es nicht undenkbar, dass einige von uns unterbewusst beunruhigt sein könnten, wenn die Mitgliederzahl in unserem veganen Club *zu* groß wird. Vielleicht machen wir uns Sorgen, dass das Label »vegan« an Wert verlieren könnte, wenn »zu viele« Menschen es tragen. Vielleicht fühlen wir uns dann nicht mehr besonders genug und unser Selbstwertgefühl wird herabgesetzt. Es ist denkbar, dass wir nicht wollen, dass der Eintritt in unsere In-Group so billig wird, dass jede:r beitreten kann. Außenstehenden Beobachter:innen könnte es so vorkommen, dass wir es *nicht* einfacher machen wollen, Tieren zu helfen, vor allem, wenn Neuankömmlinge mit neuen Ideen nicht so heldenhaft gegen die Norm kämpfen müssen wie wir.

All diese Gedanken sind vielleicht nicht unbedingt mit Vorsatz verbunden, aber wir sollten uns dennoch dieser Gedanken bewusst sein, um sicherzustellen, dass wir den Preis für die Mitgliedschaft nicht erhöhen, nur um unsere Identität und unseren Selbstwert zu schützen. Wir sollten wollen, dass jede:r dem veganen Club beitritt. Dabei sollten wir so inklusiv wie möglich sein.

Warum Veganismus als Trend eine gute Sache ist

Einige Veganer:innen sind besorgt, wenn sie sehen, dass vegane (sie würden lieber »pflanzenbasierte« sagen) Ernährung mehr und mehr mit Gesundheit, Spaß, Mode oder sogar Konsum assoziiert wird – ganz im Gegensatz zu ihrer eigenen Assoziation der veganen Ernährung mit Ethik. Sie machen sich Sorgen, dass sich der Veganismus zu etwas entwickelt, bei dem es nur noch um Ernährung, den Verzehr von Muffins und den Austausch von Rezepten geht. Veganismus, so das Argument, ist keine Ernährungsform, sondern ein moralisch geprägter Lebensstil. Ich glaube, eine Art Veganismus »light« ist etwas, für das man sich einsetzen sollte. Wir müssen einen Zustand erreichen, in dem es für jede:n einfach ist, Veganer:in zu sein, auch für diejenigen, die keine eingefleischten Tierrechtsaktivist:innen oder »Gesundheitsverrückten« sind. Warum sich also beschweren, wenn manche Leute nicht mit jedem Schritt Tierrechte atmen? Da die Einstellung dem Verhalten folgen kann, ist die Chance groß, dass diese Menschen die Tierrechtsargumente ebenfalls später »verstehen«. Jede:r von uns ist auf der ewigen Suche nach dem moralisch guten Leben – egal ob mit oder ohne moralische Grundwerte. Wir sollten den Menschen erlauben, es in Schritten zu entdecken.

Regeln und Resultate

Wenn wir Veganer:innen inklusiv sein und jede:n im Vegan-Club willkommen heißen wollen, sollten wir genauestens darauf achten, wie wir die Regeln für die Aufnahme definieren. Wir wollen die Gruppenmitgliedschaft nicht bedeutungslos machen, aber wir wollen die Aufnahme auch nicht zu schwer gestalten. Wer kann also idealerweise dem veganen Club beitreten?

An der Definition von Veganismus herumzupfuschen bedeutet, Kontroversen zu provozieren. Viele Veganer:innen werden behaupten, dass Veganismus bereits eine klare Definition hat und dass es keinen Grund gibt, an dem Konzept herumzubasteln. Die Begriffe »Veganer:in« und »Veganismus« wurden von Donald und Dorothy Watson geprägt, den Mitbegründer:innen der Vegan Society in Großbritannien. Sich auf eine uralte Definition als ewige Wahrheit zu verlassen, ist nicht unbedingt die beste Vorgehensweise. Aber selbst wenn Sie zu denjenigen gehören, die glauben, dass die Definition eines:r Gründer:in im Normalfall entscheidend ist, weil er oder sie das Wort geprägt hat, sollten Sie sich bewusst machen, wie pragmatisch der Veganismus der Watsons war.

Die Watsons definierten Veganismus als »eine Lebensweise, die versucht, so weit möglich und praktisch umsetzbar, jegliche Ausbeutung von Tieren auszuschließen.« Auf den ersten Blick bietet diese vage und subjektive Formulierung eine gewisse Flexibilität. Oft sehe ich jedoch, dass Veganer:innen das, was sie für »möglich und praktisch« halten, nicht nur für sich selbst, sondern auch für alle anderen definieren – und so den Spielraum auslöschen, den die Watsons in die Definition und Praxis eingebaut haben. Im Grunde genommen erwarten viele Veganer:innen von sich selbst und anderen eine vollständige Abstinenz von tierischen Produkten. Vegan zu sein gleicht allmählich einer Schwangerschaft: 97 Prozent vegan zu sein ist genauso unmöglich wie 97 Prozent schwanger zu sein. Nach dieser Logik kann man sich nicht als Veganer:in bezeichnen, wenn man nicht vollständig auf nicht-vegane Lebensmittel und Produkte verzichtet. Für solche Veganer:innen stehen Klarheit und Konsequenz über jedem Versuch zuzugeben, dass Veganismus manchmal kontextabhängig und weder möglich noch praktisch sein kann, und solche Argumente stoßen auf entschiedenen Widerstand. Dieser Absolutismus ist bedauerlich, weil die Definition von Veganismus als völliger Verzicht auf tierische Produkte – immer und überall – die Latte für Nicht-Veganer:innen unnötig hoch legt.

Nun, Beständigkeit *kann* wertvoll sein. Eltern werden ihr Bestes tun, um bei der Erziehung ihrer Kinder konsequent zu sein, damit diese wissen, welches Verhalten akzeptabel oder inakzeptabel ist. Philosoph:innen versuchen, Theorien aufzustellen, die in sich konsistent und nicht willkürlich oder unvertretbar sind. Für manche Menschen sorgen Konsequenz und das Einhalten von Regeln für Disziplin und helfen ihnen, »Entscheidungsmüdigkeit« und, was noch schlimmer ist, selbstzerstörerisches Verhalten zu vermeiden. Allerdings ist es ein Irrglaube, Konsequenz zur conditio sine qua non für unser Verhalten und unseren Konsum zu machen. Wie Ralph Waldo Emerson es ausdrückt: »Eine törichte Konsequenz ist der Kobold der kleinen Geister.«

Der Verzicht auf den Konsum von tierischen Produkten ist ein Mittel zum Zweck, um Tierleid, Tötung und Ungerechtigkeit zu minimieren. Wenn wir nicht mehr kritisch über Regeln nachdenken und sie sich zu einem Ziel entwickeln, erstarren sie zu einem Dogma. Dogmen sind gefährlich, da sie kritisches Denken verbieten und sich der Anpassung an sich wandelnde Zeiten, bessere Ideen und neue Informationen widersetzen. Sicherlich kennen Sie jemanden, den Sie für dogmatisch halten. Das ist keine attraktive Eigenschaft und hat wenig Rekrutierungskraft. Wenn wir nicht dogmatisch sein wollen, sollten wir nicht blindlings Regeln befolgen, sondern die Folgen unseres Handelns überprüfen.

Ein Beispiel aus der religiösen Praktik mag helfen, den Unterschied zwischen Regeln und Zielen deutlicher zu machen. Wenn Veganer:innen den Verzehr von tierischen Produkten vermeiden, tun sie dies zum Teil, weil sie glauben, dass dieser Boykott den Tieren hilft. Wenn viele gläubige Muslime oder Jüd:innen hingegen den Verzehr von Schweinefleisch vermeiden, tun sie dies meist, weil es ein religiöses Gebot ist. Sie befolgen eine Regel, die definiert, wer sie sind: Ein:e Muslim:a oder Jüd:in isst kein Schwein. Nun mag es sein, dass solche Regeln von einst rationalen Überlegungen abstammen. Es könnte z.B. festgestellt worden sein, dass die Aufzucht von Schweinen ressourcenintensiv ist. Dadurch konkurrierten die Schweine bei den nomadischen Völkern in den Wüsten des Nahen Ostens möglicherweise mit den Menschen um Nahrung. Diese Tatsache endete dann als religiöses Gebot gegen die Aufzucht und den Verzehr von Schweinen. Allerdings meiden Jüd:innen oder Muslime heute Schweinefleisch nicht wegen des vermeintlich vergangenen Ziels, genug für die Menschen übrig zu lassen, sondern weil es eine Regel innerhalb ihrer Religion ist, dies zu tun.

Das Befolgen von Regeln oder das Festhalten an Prinzipien ist an sich nicht unbedingt schädlich… bis sich herausstellt, dass es das doch ist. Wenn das Befolgen von Regeln keine Konsequenzen hat, kann es eine Verschwendung von Energie sein. Wenn das Befolgen von Regeln negative Konsequenzen hat, kann es erstickend, ablenkend und unproduktiv sein.

Wenn wir glauben, dass das Befolgen von Regeln und das Festhalten an unseren Prinzipien (eine idealistische Haltung) am wichtigsten ist, dann unterstützen wir als Veganer:innen nur komplette Konsequenz (des Vegan-Seins). Somit verbieten wir womöglich den weniger Achtsamen die Bezeichnung »vegan« zu verwenden. Wenn wir dagegen mehr auf die Folgen schauen (eine pragmatischere Haltung), ist die Konsequenz nur von relativer Bedeutung. Nach dem Handlungsaufruf, den Argumenten, die wir verwenden, und der Umgebung, die wir mitgestalten, ist Konsequenz der vierte Bereich, innerhalb dessen wir pragmatisch handeln können.

Warum Konsequenz überbewertet wird

Mein Vorschlag, um die Mitgliederzahl des veganen Clubs zu vergrößern, ist, den Begriff des Veganismus dehnbarer zu machen. Wenn das bedeutet, dass Leute, die nicht ganz konsequent sind, sich vegan nennen, dann soll es so sein. Die Grenze zwischen vegan und nicht-vegan mag verschwimmen, aber sicherlich können wir eine gewisse Unschärfe tolerieren, wenn es mehr Menschen erlaubt, sich unserer Einstellung anzunähern. Wir können somit auch aufhören, so viel Zeit und Energie darauf zu verwenden, die Grenze zu überwachen.

Überlegen Sie mal: Ist es nicht akzeptabel, dass sich jemand als Veganer:in bezeichnet, der:die zwar dreimal im Jahr ein Stück Kuchen von der Großmutter, aber ansonsten keine tierischen Produkte isst? Sicherlich kann man infrage stellen, warum ein Mensch, der jeden zweiten Tag Eier isst, sich als Veganer:in bezeichnen möchte, aber über andere Dinge kann man durchaus debattieren. Auch hier ist der Blick auf Religion sehr lehrreich, da es in allen Religionen Anhänger:innen gibt, die mehr oder weniger streng sind und unterschiedliche Überzeugungen und Verhaltensweisen haben, aber es gibt bestimmte Kernpraktiken und Überzeugungen, die alle Anhänger:innen einer bestimmten Religion teilen. Wie Veganer:innen können auch sie über Definitionen streiten, was wiederum bezeichnend für die Anziehungskraft und die Ablenkungseffekte von Dogmen ist.

Anstatt die Bedeutung des Vegan-Seins herunterzuspielen, möchte ich eine relative Perspektive schaffen und die Wirkung unseres eigenen veganen Konsums mit der Bedeutung unserer Kommunikation vergleichen. Durch die Einhaltung Ihres disziplinierten und überlegten veganen Lebensstils ersparen Sie einer Reihe von Tieren ein Leben voller Leid. Die Wirkung, die Sie erzeugen können, indem Sie andere Menschen dazu bewegen, ihr Verhalten zu ändern, ist jedoch potenziell um ein Vielfaches größer.

Stellen Sie sich Ihre Freundin Jackie vor. Ihr Veganismus ist nicht so konsequent wie Ihrer, aber sie ist ein echtes Kommunikationstalent. Sie bloggt, kocht für andere und gründet sogar ein Unternehmen, das tierfreie Produkte verkauft. Es ist sehr wahrscheinlich, dass Jackies »Beinahe-Veganismus« potenziell einen viel größeren Effekt hat als Ihre beiden individuellen Praktiken zusammen. Die folgende Abbildung (Abb. 14) zeigt die relativen Auswirkungen dessen, was wir essen, im Vergleich zu dem Unterschied, den wir durch unseren Einfluss auf die Ernährung anderer machen können.

Abb. 14: Ihr Impact auf das Leiden von Tieren

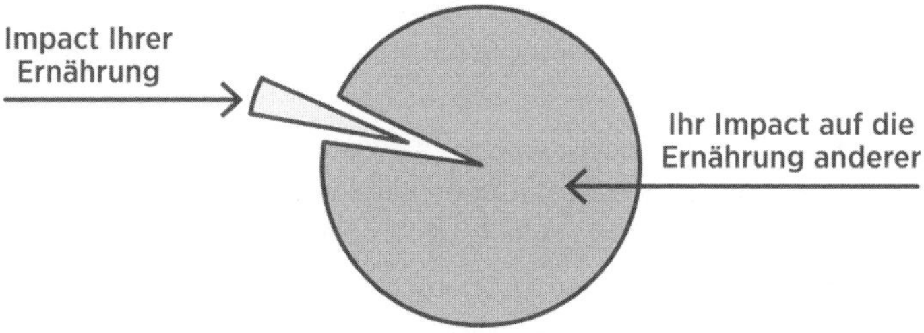

Ein weiterer wichtiger Aspekt, der unsere Wirksamkeit erhöhen kann, ist Geld. Unsere Spenden können weit reichen. Sie können Leben retten und möglicherweise einen viel größeren Unterschied machen als unser eigener Verbrauch. Die Website Animal Charity Evaluators (animalcha rityevaluators.org) schätzt, dass eine Spende von 100 Dollar an eine der von ihr am meisten empfohlenen Wohltätigkeitsorganisationen, The Humane League, das Leben von 310 bis 6.100 Tieren rettet. Die genaue Zahl ist angesichts einer solchen Spanne diskutabel, aber das Prinzip ist wichtig: Eine Spende von 100 Dollar zur Deckung der Kosten für den Druck von Flyern kann durchaus mehr Tiere retten als Ihr jahrelanger Verzicht auf Fleisch und Milchprodukte. Da Spenden so wichtig sind, sollten wir versuchen, innerhalb unserer Bewegung eine Kultur des Gebens zu schaffen. Diejenigen, die spenden, sollten offen darüber sprechen, um anderen zu zeigen, dass es normal ist und dass viele von uns es tun (ich selbst spende 10 Prozent meines Einkommens an Organisationen, die sich für die Beendigung von Tierquälerei und globaler Armut einsetzen).

Jetzt, da wir eine Perspektive haben, möchte ich darlegen, warum ich glaube, dass es ineffektiv, unnötig, unzureichend und unmöglich ist, als Veganer:in Regeln bis ins kleinste Detail zu befolgen und komplett konsequent zu sein – und warum das Zulassen einer gewissen Flexibilität Wunder bewirken kann. Ich möchte betonen, dass es mein Ziel ist, meinen veganen Mitstreiter:innen zu helfen, das Modell unseres eigenen veganen Konsums mit der Relevanz der Kommunikation unseres Modells zu vergleichen.

Gänzlich konsequent zu sein ist ineffektiv

Wenn die Art und Weise, wie wir unseren Veganismus vermitteln, potenziell so viel mächtiger ist als unsere eigenen Konsumgewohnheiten, sollten wir die Wirkung bedenken, die eine Wahrnehmung von strikter Konsequenz auf diejenigen haben kann, die noch nicht vegan sind.

In meinem Fall prüfe ich rigoros die Zutaten von allem, was ich im Laden kaufe. Wenn ich in der Öffentlichkeit bin, mache ich jedoch gelegentlich kleine Ausnahmen oder schiebe meine Zweifel an einem Produkt oder einem Gericht beiseite. Ich möchte nicht den Eindruck erwecken, dass Veganer:in zu sein gesellschaftlich schwieriger ist als es ist. Obwohl ich niemals wissentlich solche Produkte kaufen oder bestellen würde, kann ich mir z.B. vorstellen, einen Veggie-Burger zu essen, welcher vielleicht eine kleine Menge Ei als Bindemittel enthält, oder auf dem sich ein kleines bisschen Mayo, Molke oder Kasein befindet. Auch werde ich mich nicht nach den Inhaltsstoffen von Wein oder Brot erkundigen (wohl wissend, dass der:die Kellner:in ohnehin keine Antwort auf meine Frage haben wird).

Hier ist ein konkretes Beispiel: Nehmen wir an, eine nicht-vegane Bekannte (nennen wir sie Yvonne) hat sich die Zeit und Mühe gemacht, mir eine vegane Lasagne als ihr erstes veganes Kochexperiment zu kochen, und ich habe herausgefunden, dass Yvonne versehentlich Nudeln aus Eiern verwendet hat. Egal wie geschickt oder diplomatisch ich meine Prinzipien kommunizieren würde, es ist mehr als wahrscheinlich, dass Yvonne am Ende eine negative Wahrnehmung des Veganismus haben würde. Im Gegensatz zu einigen Veganer:innen glaube ich nicht, dass Yvonne meine prinzipientreue Haltung so sehr bewundern wird, dass es sie motiviert, vegan zu werden (erinnern Sie sich an die Gutmensch-Abwertung?).

Meiner Meinung nach schadet es daher dem Tierschutz mehr, wenn ich Yvonnes Pasta nicht esse, als wenn ich sie esse. Indem ich das Gericht esse, bleibe ich dem Ziel des Veganismus treu, welches für mich die Vermeidung von Leiden und Töten ist. Man könnte solche Anpassungen natürlich ad absurdum führen, und das ist nicht meine Absicht. In meinem Fall würde schon der körperliche Ekel vor einer Scheibe Käse es mir unmöglich machen, größere Ausnahmen von meinen Prinzipien zu machen.

Ein anderes Beispiel: Ich kenne mehrere Leute in Führungspositionen in Tierschutzgruppen, die häufig aus lobbyistischen Zwecken Geschäftsessen mit Politiker:innen haben. Diese Mittagessen finden im Parlament statt, wo es keine veganen Optionen gibt. Um in den Augen des:der Politiker:in nicht zu doktrinär zu erscheinen, senken diese Aktivist:innen kurzzeitig ihre Ansprüche und essen aus pragmatischen Gründen eine vegetarische Mahlzeit.

Während strikte Konsequenz für eine:n Veganer:in im Privaten schwierig und in der Öffentlichkeit unangenehm sein kann, kann es noch problematischer sein, dies von anderen zu verlangen. Meines Wissens gibt es keine Untersuchungen darüber, wie Omnivoren prinzipientreue Veganer:innen wahrnehmen, und es wurden auch keine Studien darüber durchgeführt, ob Omnivoren den Veganismus annehmen würden, wenn sie sich nicht absolut und für immer dazu verpflichten müssten. Wenn es Ihnen wie mir geht, haben Sie viele Nicht-Veganer:innen sagen hören, dass sie sich vorstellen könnten, keine tierischen Produkte zu essen… außer bei diesem *einen* Gericht, das sie einfach *sooooo* sehr lieben. Was wäre, wenn die vegane Antwort auf solche Menschen darin bestünde, ihnen Ausnahmen zu erlauben? Wäre das Konzept des Veganismus dann nicht akzeptabler? Wie unsere Metapher schon sagt: Was wäre, wenn wir den Menschen erlauben würden, Veganville hin und wieder zu verlassen?

Jack Norris, Direktor von Vegan Outreach, sagt: »Wenn mir Leute sagen, sie könnten bis auf den Käse vegan werden, sage ich ihnen, sie sollen bis auf den Käse vegan werden!« Viele von uns glauben, dass wir, wenn wir Norris' Beispiel folgen würden, implizit etwas unethisches dulden würden. Das mag unsere Wahrheit sein, und es mag mit unserer Ideologie übereinstimmen, aber ist es auch effektiv? Wie Henry Spira sagt: »Wenn man um alles oder nichts bittet, bekommt man am Ende meist nichts.« Der springende Punkt ist, dass unsere »Käse-Veganerin« (nennen wir sie Emily) über 95 Prozent ihres »Tierleid-Fußabdrucks« reduzieren würde. Außerdem glaube ich, dass Emilys Ernährungsweise sie irgendwann zu dem Schluss bringen würde, dass sie Käse sowieso nicht braucht oder er sich nicht mehr richtig anfühlt – nicht zuletzt, weil sie so viele phänomenale vegane Käsesorten probiert, dass sie den »Echten« für immer vergisst.

Haben wir Veganer:innen wirklich etwas dagegen, wenn sich Menschen als vegan bezeichnen, die einmal im Monat Käse essen, während der Rest ihres Konsums vegan ist? Wäre es falsch kleinlich zu sein, wenn sie sich »95 Prozent vegan« nennen?

Mein Punkt ist, dass es für Menschen, die auf den Veganismus hinarbeiten, ermutigender ist, in »unsere« Gruppe aufgenommen zu werden, als wenn wir sie a priori ausschließen, weil sie noch nicht vollständig vegan sind. Die letztere Verhaltensweise könnte die angehenden Veganer:innen davon abhalten, überhaupt etwas zu tun. Mit anderen Worten: Veganer:innen sollten Menschen bevorzugen, die positiv inkonsequent und nicht mit selbstgerechter Konsequenz negativ handeln. Vegetarier:innen als heuchlerisch oder inkonsequent zu bezeichnen, mag *einige* dazu motivieren, den nächsten Schritt zu tun, aber viele andere werden sich entmutigt und ausgegrenzt fühlen. Jonathan Safran Foer drückt es gut aus: »Wir müssen von der Erwartung der Perfektion wegkommen, weil sie Menschen, die sich sonst bemühen würden, wirklich einschüchtert. Die Leute benutzen die Angst vor Heuchelei, um totale Untätigkeit zu rechtfertigen.« (Levitt)

Hal Herzog bietet ein ähnliches Beispiel. Er zitiert eine Frau, die früher Vegetarierin war. Da es ihr anscheinend nicht gut ging, ging sie zu ihrem Arzt, der ihr empfahl, irgendeine Art von Fleisch in ihre Ernährung aufzunehmen. Dieser Arzt war offensichtlich nicht gut informiert. Anstatt jedoch das minimale Zugeständnis zu machen, das ihr Arzt vorschlug, dachte die Patientin, dass es heuchlerisch wäre, eine bestimmte Art von Tier zu essen aber eine andere nicht. Sie sagt: »Ich ging von keinem Fleisch zu allem Fleisch.« (S. 200) In diesem Fall war nicht nur das Perfekte, wie Voltaire schreibt, der Feind des Guten, sondern die absolutistischen Tendenzen der Frau trieben sie in die völlig entgegengesetzte Richtung.

Wir treffen oft Leute, die uns sagen, dass sie vegan sind, und uns dann im selben Zuge ihre Verbundenheit zu einem tierischen Produkt demonstrieren. Unsere Reaktion ist normalerweise, diese Person zurechtzuweisen, aber das scheint mir kontraproduktiv zu sein. Ich bin mir sicher, dass es einige selbsternannte Veganer:innen gibt, die Ihnen danken werden, wenn Sie sie auf ihre Inkonsequenz hinweisen, aber ich wette, dass sich die große Mehrheit verärgert und entfremdet fühlen würde.

Betrachten wir die Resultate dessen, was passieren würde, wenn Veganer:innen den Fast-Veganer:innen nicht erlauben würden, sich vegan zu nennen. Dann wären wir ein noch kleinerer Club. Diejenigen, die 98 Prozent der Zeit vegan sind, sind für alle praktischen Zwecke vegan, oder sie sind viel näher dran, ein:e Veganer:in als ein:e Vegetarier:in zu sein. Ihnen die Möglichkeit zu geben, ihre vegane Identität gegenüber Forscher:innen, Politiker:innen, der Industrie oder ihren Freund:innen und ihrer Familie zu signalisieren, scheint viel wichtiger zu sein als die Vermeidung der definitorischen »Verwirrung«, die einige Veganer:innen so sehr zu fürchten scheinen.

Ein weiterer Vorteil eines gelasseneren Umgangs mit dem Konzept des Veganismus ist, dass es Menschen helfen kann, länger vegan (oder fast-vegan) zu bleiben. Wir haben bereits darüber gesprochen, dass manche Menschen strenge Regeln für ihre Ernährung brauchen, um sie beizubehalten, während andere aufgeben, weil sie es zu schwer finden, diesen Lebensstil beizubehalten. Von den ehemaligen Vegetarier:innen und Veganer:innen in der Faunalytics-Studie gaben 43 Prozent an, dass sie es als zu schwierig empfanden, mit ihrer vegetarischen oder veganen Ernährung »rein« zu sein (Asher et al. 2014). Das Wort »rein« sollte Veganer:innen sagen, dass es umso schwieriger wird, Veganer:in zu sein, je höher unsere Erwartungen an uns selbst und andere sind und je mehr vegane Regeln wir erfinden.

In einem Beitrag im Tim Ferriss Podcast sprach der Journalist Ezra Klein darüber, dass er immer dann, wenn er einmal daran scheiterte, vegetarisch zu essen, komplett in den Omnivorismus zurückfiel. »Der Grund«, so Klein, »war zum Teil, dass ich die Erfolgsstruktur so aufgebaut hatte, dass ich ›vegetarisch‹ oder ›nicht vegetarisch‹ war. Das Ausmaß meines Misserfolgs war dann, wenn ich ›nicht vegetarisch‹ war, fast unabhängig von der Menge an Fleisch, die ich aß.« Klein erzählt uns von einer erfolgreicheren Herangehensweise (und Identität!), die er entwickelt hat (hier über das Vegetarier:in-Sein, aber es gilt genauso für das Veganer:in-Sein):

> Die Art und Weise, wie ich jetzt vor ein paar Jahren Vegetarier wurde, war mit einer enormen Anzahl von Vorbehalten verbunden: Ich bin Vegetarier, außer wenn ich reise, denn ich weiß, wenn ich reise, habe ich oft große Schwierigkeiten, mich an den Vegetarismus zu halten; wenn ich also Vegetarier bin, außer wenn ich reise, und dann, wenn ich reise, Fleisch esse, nun, dann verletzt das meine Identität überhaupt nicht. Und jetzt bin ich meistens vegan. Ich esse zu Hause vegan, außer wenn ich reise, dann bin ich Vegetarier. Und es gibt ein paar Ausnahmen im Jahr, wie zum Beispiel, dass ich seit meiner Kindheit mit der Mutter meines besten Freundes Sushi esse, und es ist mir wichtig, dass ich diese Tradition fortsetzen kann. Und im Gegensatz dazu, dass ich zwei-

> mal im Jahr Sushi esse und dann alle meine anderen Essgewohnheiten deswegen über den Haufen werfe, ist das jetzt fest eingebaut. Und das finde ich persönlich sehr hilfreich, um nicht so streng mit mir selbst zu sein. (Ferriss)

Wir brauchen mehr Leute wie Ezra Klein in unserer Bewegung, nicht zuletzt, weil Klein ein Super-Kommunikator ist. Je mehr Veganer:innen, Vegetarier:innen und Fleischreduzierer:innen es gibt, desto mehr wird die Nachfrage nach und die Produktion von tierischen Produkten sinken und desto weniger Tiere werden für Lebensmittel gezüchtet und getötet. Einige unserer Entscheidungen als Veganer:in machen einen positiven Unterschied, und einige bleiben ohne Folgen. Aber andere sind schädlich. Ich möchte meinen, dass es offensichtlich ist, wo unsere Bemühungen liegen sollten.

Heuchler!

Wenn wir bei anderen eine Inkonsequenz feststellen, beschuldigen wir sie manchmal, Heuchler:in zu sein. Veganer:innen bezeichnen Vegetarier:innen als Heuchler:innen, weil sie Milch trinken, Vegetarier:innen bezeichnen Omnivoren als Heuchler:innen, weil sie ihren Hund lieben, aber Schweine essen, und Omnivoren bezeichnen Vegetarier:innen und Veganer:innen als Heuchler:innen, wenn sie eine Widersprüchlichkeit entdecken.

Ich schlage vor, das Wort »Heuchler:in« weitgehend aus unserem Wortschatz zu streichen. Zunächst einmal wird das Wort in diesen Fällen nicht korrekt verwendet. Heuchler:innen sind diejenigen, die nicht das tun, was sie sagen bzw. das Gegenteil von dem praktizieren, was sie predigen. Wenn ich jemandem sage, er:sie solle seine:ihre Kinder nicht schlagen, obwohl ich selbst meine Kinder schlage, dann bin ich ein:e Heuchler:in. Wenn ich keine tierischen Produkte esse, aber Lederschuhe trage, kann man mir allenfalls Inkonsistenz vorwerfen. (Lederschuhe zu tragen und anderen Leuten zu sagen, sie nicht zu tragen, wäre heuchlerisch.)

Zweitens haftet dem Wort ein schwerwiegendes, negatives moralisches Urteil an. Wir werden uns bei niemandem beliebt machen, wenn wir dieses Wort benutzen. Wenn wir uns Luft machen, fühlen wir uns vielleicht gut, aber es ist in der Regel nutzlos.

Gänzlich konsequent zu sein ist unnötig

Streng zu sein hat manchmal keine greifbaren Konsequenzen. Die Idee hinter dem Veganismus ist ein Boykott, und die Idee eines Boykotts ist es, die Nachfrage zu senken, was wir erreichen werden, wenn es genug von uns gibt. Wenn eine Aktion keine Auswirkung auf die Nachfrage hat, können wir die Aktion, gegen die wir protestieren, immer noch als moralisch falsch betrachten, sollten aber erkennen, dass unser Boykott in der realen Welt unbedeutend ist – z.B. wenn man etwas isst, das sonst weggeworfen würde oder im Müll landet. In unserer Küchenvorratskammer steht eine Schachtel Nudeln aus Eiern, die jemand versehentlich mitgebracht hat. Sie steht schon seit geraumer Zeit da und meine Freundin und ich hüten uns, sie zu essen, aber man könnte sich fragen, warum, da unser Verzehr keinerlei Auswirkungen auf die Nachfrage haben wird.

Gänzlich konsequent zu sein ist unzureichend

Hundertprozentig vegan zu sein ist nicht frei von Ausbeutung und Grausamkeit, weder für menschliche noch für nichtmenschliche Tiere. Nicht alle veganen Produkte werden lokal von gut bezahlten Arbeiter:innen hergestellt. Einige Produkte werden von Billiglohnarbeiter:innen aus dem Ausland geerntet, andere vom anderen Ende der Welt eingeflogen – und der Klimawandel verursacht eine Menge menschliches und tierisches Leid. Bei einigen veganen Produkten leiden die Tiere immer noch direkt – durch die Ernte, Monokulturen, Chemikalien, Herbizide und andere Schädigungen. Offensichtlich sollte dieses Wissen Veganer:innen dazu ermutigen, bewusster mit unserer Lebensmittelauswahl umzugehen, anstatt die Hände in den Schoß zu legen und zum gedankenlosen Omnivorismus zurückzukehren. Zumindest würde ein wenig Bescheidenheit nicht schaden. Veganismus ist, wie alles andere auf dieser Welt, unvollkommen.

Prinzipien versus Konsequenzen: Weitere Gedankenexperimente

Ich bin einmal über eine Website gestolpert (die inzwischen verschwunden ist), die Omnivoren dazu ermutigte, ihren Fleischkonsum zu verdoppeln, um die Anzahl an Veganer:innen zu kompensieren (ich mache keine Witze). So weit hergeholt diese Idee auch war und ist, lassen wir uns auf die Vorstellung ein, dass, wenn Sie vegan werden, sich jemand anderes dazu verpflichtet, doppelt so viele tierische Produkte zu essen. Ihr Konsumverhalten an sich würde keinen greifbaren Nettonutzen bringen, da genauso viele Tiere leiden und getötet werden würden. Wenn Sie, rein hypothetisch, wüssten, dass dies geschieht, würden Sie dann immer noch vegan bleiben?

Vielleicht bleiben Sie vegan, weil es sich, wie bei mir, richtig anfühlt, oder weil Sie sich vor Fleisch ekeln. Erweitern wir jedoch die Hypothese und stellen uns vor, dass jedes Mal, wenn eine Person vegan wird, ein Omnivore sich dazu verpflichtet, ***dreimal*** so viele Tiere zu essen. Nun ist der Effekt unseres Veganismus nicht neutral: Er ist sogar negativ. In einem solchen Fall könnte sogar ich versucht sein, wieder tierische Produkte zu essen, da mein Veganismus mehr Leid in die Welt bringen würde.

Ein ähnliches Gedankenexperiment, das Sie auffordert, Prinzipien und Konsequenzen zu gewichten, ist das folgende: Würden Sie für 100.000 Dollar ein Steak essen? Sie könnten dieses Geld einer Tierrechts- oder Veganismus-Organisation geben und Sie könnten damit eine Menge Tiere retten. Nehmen wir an, dass niemand sehen würde, wie Sie das Steak verzehren. Oder dass das Steak weggeworfen werden würde und der Verzehr keinen Einfluss auf die Nachfrage hätte. Würden Sie es tun?

Zum Schluss noch eine etwas realistischere Situation. Um Videos auf Höfen mit Massentierhaltung und in Schlachthöfen zu drehen, gehen Aktivist:innen undercover und müssen möglicherweise einige ihrer eigenen Regeln brechen, um ihre Tarnung nicht auffliegen zu lassen. Sie müssen vielleicht Fleisch essen oder hilflos zusehen, wie Tiere misshandelt oder getötet werden. Glaubt wirklich jemand, dass diese Menschen schlechte Veganer:innen sind? Sie gehen diese Kompromisse ein, weil sie erwarten, dass ihre Aufzeichnungen Tieren helfen werden.

Bei diesen Themen geht es, wie Sie vielleicht erkannt haben, um die Frage nach dem Zweck und den Mitteln. Um Saul Alinsky zu zitieren: »Die immerwährende Frage ›Heiligt der Zweck die Mittel?‹ ist in ihrer jetzigen Form bedeutungslos; die wirkliche und einzige Frage in Bezug auf die Ethik der Mittel und des Zwecks ist und war immer: ›Heiligt dieser ***spezifische*** Zweck dieses ***spezifische*** Mittel?‹« (S. 24)

Gänzlich konsequent zu sein ist unmöglich

Die Vorstellung, dass wir bei irgendetwas absolut konsequent sein können, ist eine Wahnvorstellung. In unserem Fall ist die Verwendung von Tieren für menschliche Zwecke so allgegenwärtig, dass es derzeit unmöglich ist, sie absolut zu vermeiden. Betrachten Sie das Spektrum der tierischen Inhaltsstoffe in Abb. 15.

Abb. 15: Spektrum tierischer Produkte und Inhaltsstoffe

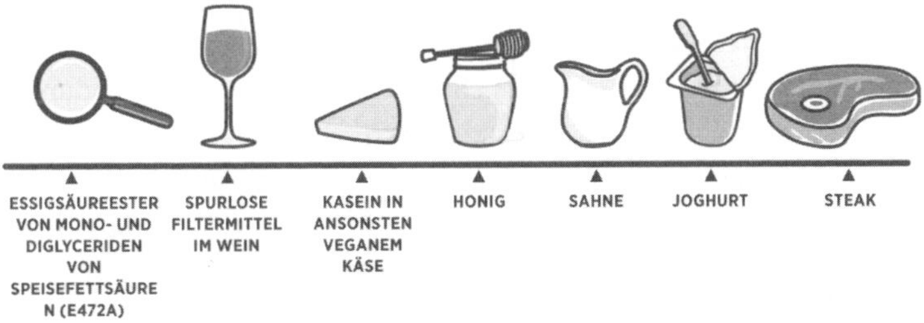

Dies ist eine willkürliche Zusammenstellung von nicht-veganen Produkten oder Inhaltsstoffen, geordnet nach einer Reihenfolge, auf die sich wahrscheinlich die meisten Veganer:innen verständigen können. Am linken Ende des Spektrums können wir Hunderte von anderen Zutaten aus tierischen Produkten hinzufügen, die in Lebensmitteln, Kosmetika und vielen anderen Haushaltsprodukten zu finden sind.

Nun findet sich jede:r (ob selbstdefinierte:r Veganer:in oder Omnivore) irgendwo auf diesem Spektrum wieder. Sie mögen Steak, Joghurt und Sahne meiden, aber bei Honig, Casein und Lebensmittelzusatzstoffen sind Sie weniger pingelig. Sie können das Steak essen, aber die Grenze zum Frosch, Hund, Delphin, Wal, Spatz oder Elefant ziehen. Die relevante Frage ist: Ab wann wird man Veganer:in und ab wann ist man es nicht mehr? Die Frage wird noch komplexer, wenn wir die *Menge* der Substanz sowie die *Häufigkeit* des Konsums berücksichtigen. Wird Kevin sein Veganer-Abzeichen vom Revers gerissen, wenn er einmal im Jahr eine Spur von Casein konsumiert? Was ist, wenn Kevin regelmäßig milchfreien Käse mit Casein isst?

Wir alle ziehen irgendwo eine Grenze, und für jede:n Veganer:in gibt es jemanden, der härter im Nehmen ist, wie Belle, unsere Superlocavore. *Veganissimo A to Z: A Comprehensive Guide to Identifying and Avoi-*

ding Ingredients of Animal Origin in Everyday Products von Lars Thomson und Reuben Proctor besteht aus über *300 Seiten* mit Inhaltsstoffen, die tierischen Ursprungs sind oder sein können, wobei das erste Element unseres Beispiels die Essigsäure ist. (Sie wird in Lebensmitteln verwendet und kann entweder mineralischen oder tierischen Ursprungs sein.) Bedeutet Veganer:in zu sein, sie alle auswendig zu kennen und jedes Produkt auf einige oder alle von ihnen zu untersuchen? Was sollen wir mit Inhaltsstoffen tun, die vielleicht nicht aufgelistet sind oder aus tierischen, mineralischen, pflanzlichen oder mikrobiologischen Quellen stammen könnten?

In ihrem Ted-Talk *How Pig Parts Make the World Turn* erklärt Christien Meindertsma die unglaubliche Bandbreite der Verwendungsmöglichkeiten von Schweinebestandteilen. Sie stecken nicht nur in Lebensmitteln und Kosmetika (noch bevor man gefrühstückt hat, so Meindertsma, ist man dem Schwein schon mehrfach begegnet), sondern können auch in Gebäuden, Zugbremsen, Porzellan, Schleifpapier, Zigaretten und vielem mehr stecken.

Noch komplizierter wird es, wenn der Veganismus Themen wie das Reiten von Pferden oder die Haltung von Haustieren und den Kauf von Futtermittel für sie anschneidet. Oder Eier von geretteten Hühnern zu essen, die Sie in Ihrem Hinterhof pflegen, oder ob Sie weiterhin Ihre zehn Jahre alten Lederschuhe tragen. Und ich habe noch nicht einmal darüber gesprochen, ob Veganismus die Aneignung bestimmter politischer Ideologien oder Urteile über Abtreibung oder verschiedene asketische Praktiken erforderlich macht. Viele Veganer:innen werden in diesen Fragen ihre eigenen Kompromisse erkennen. Was wir uns jedoch fragen sollten ist, ob wir diese Kompromisse per Definition so problematisch und damit den Veganismus so schwierig machen müssen.

Ich möchte kein »Erwischt!-« oder Strohmann-Argument schaffen. Mir ist klar, dass selbst die meisten Veganer:innen nicht vorschlagen werden, ein Leben lang tierische Inhaltsstoffe zu studieren und zu meiden. Was ich verdeutlichen möchte, ist, dass dem Konzept des Veganismus eine gewisse Schwammigkeit innewohnt, und dass es kein klares Schwarz und Weiß gibt.

Gegenargumente

Der Fairness halber: Ich sympathisiere mit denjenigen Veganer:innen sympathisieren, für die sich eine Abweichung vom vertrauten Konzept des Veganismus, der Verzicht auf *jegliche* tierische Produkte, als unmoralisch oder anstößig anfühlt. Wir haben viele dieser Argumente bereits im Buch beschrieben, aber es lohnt sich, sie noch einmal kurz zu wiederholen, da sie so allgegenwärtig sind und deshalb direkt angesprochen werden sollten.

Wenn wir nicht konsequent sind, sind die Leute verwirrt

Eine Befürchtung, die einige Veganer:innen teilen, ist, dass Veganer:innen ohne Klarheit und Konsequenz Gefahr laufen, die Öffentlichkeit zu der irrtümlichen Annahme zu bringen, dass Veganismus eine willkürliche Lebensweise ist, anstatt ein moralisches Erfordernis.

Ich denke, dass dieses Argument den Wald vor lauter Bäumen nicht sieht. In den meisten Ländern machen Veganer:innen kaum 1 Prozent der Bevölkerung aus. Es ist ein Luxus für Veganer:innen, sich über moralische Imperative Gedanken zu machen, wenn die große Mehrheit der Menschen noch nicht einmal den ersten Schritt zum Veganismus gemacht hat. Es ist nicht wichtig, dass sich die Menschen völlig im Klaren darüber sind, was Veganismus bedeutet; was wichtig ist, ist, dass sie sich *bewegen*. Wie Matt Ball sagt:

> »Ich habe noch nie jemanden getroffen, der ernsthaft deswegen weiterhin Tiere gegessen hat, weil er durch den angeblichen Mangel an ›Konsequenz‹ eines Veganers verwirrt war. Was ich gesehen (und traurigerweise auch verursacht) habe, sind Veganer, deren Selbstgerechtigkeit und Besessenheit anderen eine Ausrede lieferte, die Notlage der Tiere zu ignorieren.« (Ball, S. 96)

Einige Veganer:innen machen sich Sorgen, dass ein Mangel an Transparenz über Veganismus dazu führt, dass beispielsweise Kellner:innen und Köch:innen uns ein tierisches Produkt servieren (oder sogar bei einem Gericht lügen) und dass Familienmitglieder annehmen, dass wir genauso lässig mit unserem Veganismus umgehen. Erstens würde ich diese Bedenken hiermit entkräften wollen: Wenn ich richtig liege, dass ein entspannteres Konzept des Veganismus einen größeren Einfluss haben wird, dann ist der Umgang mit solchen Situationen ein kleiner Preis, den wir zahlen müssen. Wir können immer noch kommunizieren, was wir tun oder lassen wollen, und sollte sich etwas »Falsches« in unser Essen einschleichen, hoffe ich, dass wir erwachsen genug sind, uns daran zu erinnern, dass es beim Veganismus nicht um unsere eigene »Reinheit« geht, sondern darum, echte Veränderungen für die Tiere zu schaffen. Zweitens möchte ich wiederholen, dass der Begriff »vegan« viel nützlicher und produktiver auf Gerichte und Produkte angewendet werden kann als auf Menschen. Es ist leicht, ein Gericht oder ein Produkt herzustellen, das komplett vegan ist. Es ist viel schwieriger, hundertprozentig vegan zu *sein*.

Wir laufen Gefahr, das Konzept des Veganismus zu verwässern

Einige Veganer:innen befürchten, dass uns reduktionistische und semi-vegane Botschaften eine reduktionistische und semi-vegane Welt bescheren werden, in der einige Tiere immer noch ausgebeutet werden. Aber der Albtraum von Ausrutschern und einem verwässerten Veganismus ist ein Fiebertraum und sollte Veganer:innen im Moment nicht beunruhigen. Glauben wir wirklich, dass eine zu 97 Prozent vegane Welt nicht eine erstaunliche Verbesserung gegenüber der wäre, in der wir jetzt leben? Natürlich wollen wir, dass kein einziges Tier für unsere Bedürfnisse leiden und getötet werden muss. Aber zu dem Zeitpunkt, an dem nicht-vegane Mahlzeiten eher die Ausnahme als die Regel sind, wird nicht nur das Bewusstsein für die Probleme von Tieren beträchtlich sein (da wir nicht mehr darauf angewiesen sind, sie zu nutzen und zu essen), sondern es wird auch ein enormer Druck entstehen, diese letzten Prozente zu eliminieren.

Mikronährstoffe sowie Fisch, Milchprodukte und Eier werden ebenfalls unwirtschaftlich, ineffizient, synthetisiert oder von Menschenhand aus dem Lebensmittelsystem entfernt worden sein. Um die letzten Prozente sollten wir uns keine Sorgen machen. Die Feinheiten werden sich von selbst regeln. Wir sollten die Menschen dazu bringen, die ersten, wesentlichen Schritte zu tun. In der Zwischenzeit können besorgte Veganer:innen Halt in der Tatsache finden, dass immer mehr vegane Organisationen es schaffen, ihr eigenes Vegan-Zertifizierungssystem an Firmen zu verkaufen, und so helfen, sicherzustellen, dass Produkte, die als vegan angepriesen werden, wirklich völlig frei von tierischen Bestandteilen sind.

Wir müssen ein Vorbild für die Menschen sein

Setzt strikte Konsequenz ein gutes Leitbild, dem die Menschen folgen wollen, oder könnte die Konsequenz-Besessenheit der Veganer:innen eine zu große Distanz zwischen Veganer:innen und Nicht-Veganer:innen schaffen? Was, wenn es nicht nur wahr wäre, dass man nicht vegan sein muss, um Tieren zu helfen, sondern Nicht-Veganer:innen in manchen Situationen sogar besser positioniert sind, andere Menschen zu inspirieren, als Veganer:innen?

In meinem Heimatland Belgien gibt es eine sehr erfolgreiche Low-Budget-Kampagne namens »Tage ohne Fleisch«. Die Idee ist, in den 40 Tagen vor Ostern auf Fleisch zu verzichten. Die Kampagne hat nichts mit Religion zu tun, sondern knüpft an die Fastenzeit an, in der die Menschen aus Experimentierfreude oder auf der Suche nach Herausforderungen etwas anderes ausprobieren. Im Jahr 2017 haben 115.000 Menschen an der Aktion teilgenommen, was bei einer Bevölkerung von nur sechs Millionen keine geringe Leistung ist. Initiatorin ist Alexia Leysen, eine junge Frau, die »nicht einmal« Vegetarierin ist, aber aus Sorge um die Umwelt ihren Fleischkonsum reduziert hat. Nun mögen manche Veganer:innen ihr vorwerfen, dass sie nicht vegan ist, aber die Stärke der Kampagne liegt gerade darin, dass sich ein Omnivore an andere Omnivoren wendet. Es ist eine Gemeinschaftsleistung, bei der es keine:n Veganer:in von oben gibt, der:die ihnen sagt, was sie zu tun oder wie sie zu sein haben.

In den USA hat Brian Kateman die »Reducetarian«-Kampagne ins Leben gerufen, in der er die Menschen dazu auffordert, Reduzierer:in zu werden und weniger Fleisch zu essen (reducetarian.com). Auch in diesem Fall ist es von Vorteil, dass Kateman selbst ein Reduzierier ist. Durch seine »vergleichbarere« Position kann er vermeiden, dass ein Teil seines Publikums annimmt, er habe eine »Ich bin besser als du«-Attitüde. Er ist seinem Publikum sogar durch seine Ernährungsweise ähnlich, welches ein scheinbar einflussreicher Faktor ist (Berscheid, Eagly). (Siehe »Die Kunst des Zuhörens« auf S. 154.)

Als letztes Beispiel fällt mir der britische Schauspieler und Comedian Ricky Gervais ein. Gervais setzt sich regelmäßig für Katzen und Hunde ein, sowie für Tiere, die gejagt oder für Pelz getötet werden. Da er sich für gesellschaftlich akzeptiertere Tierbelange als den Veganismus einsetzt, ist Gervais' große Fangemeinde vielleicht eher geneigt, ihm zuzuhören. Stellen Sie sich vor, dass er oder ein:e andere:r Prominente:r ein paar Jahre später zum:r Veganer:in wird und anfängt, die Problematik von Nutztieren anzusprechen. Jede positive Empfänglichkeit der Fangemeinde des:der Prominenten für die vegane Botschaft wird wahrscheinlich zum Teil auf die vorherige nicht-vegane Haltung des:der Prominenten zurückzuführen sein. Wenn Prominente so strikt wären, wie einige von uns Veganer:innen es gerne hätten, würden ihnen wahrscheinlich viel weniger Menschen zuhören, wenn sie über das Thema des Verzehrs von Tieren sprechen.

PR-Desaster

Wie sehr manche Veganer:innen mit ihrer Auffassung über die (In-)Konsistenz der Omnivoren falsch liegen, wurde mir klar, als die Vegan Society vor ein paar Jahren eine neue Botschafterin wählte. Offenbar war sie nicht so vegan wie einige Veganer:innen sie haben wollten. Ein Posting auf Facebook rechtfertigte die Kritik an ihr mit dem Argument, dass die Veganbewegung Feinde habe und unter intensiver Beobachtung stehe. Der Verfasser des Postings argumentierte, dass, wenn diese Feinde herausfänden, dass eine Botschafterin der Vegan Society nicht wirklich vegan war, es zu einem »PR-Desaster« kommen könnte. Meiner Meinung nach sind die einzigen Leute, die daraus ein PR-Desaster machen könnten, die Veganer:innen, die die Vegan Society wegen ihrer Wahl der besagten Botschafterin angreifen wollen. So viel dazu, den Wald vor lauter Bäumen nicht zu sehen!

Fazit: Wie man Veganer:in mit maximalem Impact wird

Die Veganbewegung muss inklusiv und nicht exklusiv sein. Wir müssen weniger in »Wir gegen Sie« Kategorien denken, sondern mehr in *Wir*-Kategorien. Wir teilen gemeinsame Ziele und Bestrebungen mit vielen Nicht-Veganer:innen, und wenn wir uns auf diese Gemeinsamkeiten, statt auf unsere Unterschiede konzentrieren und unsere Vorstellungen auf eine offenere und einladende Weise kommunizieren, können wir viel schneller wachsen.

Über die Watsons und ihre Mitstreiter:innen bei der Vegan Society ist nicht bekannt, dass sie jede:n willkommen hießen, der:die den Zielen der Organisation zustimmte, unabhängig davon, ob er:sie Veganismus praktizierte oder nicht: »Ein Mitglied [der Vegan Society] gibt kein Versprechen bezüglich des Verhaltens ab, sondern erklärt sich mit dem

Ziel einverstanden. Die Tür ist also weit geöffnet, und die Gesellschaft heißt alle willkommen, die sich in der Lage fühlen, sie zu unterstützen.« (IVU) Interessant ist hier die Unterscheidung zwischen der tatsächlichen Praxis des Veganismus (d.h. dem Verzicht auf tierische Produkte) und der Zustimmung zu der Idee.

Unsere Bewegung könnte viel weiter und schneller voranschreiten, wenn wir nicht nur diejenigen als Teil unseres Teams betrachten würden, die traditionell als Veganer:in definiert werden, sondern alle, die mit der Richtung einverstanden sind – auch wenn sie, aus welchen Gründen auch immer, ihre Meinung und Überzeugung noch nicht vollständig in die Praxis umsetzen. Das ist auch der Grund, warum die Organisation ProVeg International so heißt, wie sie heißt: Pro-vegan zu sein bedeutet, die Richtung zu betonen, nicht die Position. Es geht darum, offen für alle Arten von Verbündeten zu sein. Vegan zu sein bedeutet, Tieren zu helfen und dafür zu sorgen, dass es weniger Leiden und Töten auf der Welt gibt. Da gibt es kein Alles oder Nichts.

Wenn wir ein Konzept für eine:n »echte:n Veganer:in« haben wollen, dann schlage ich vor, dass es nicht auf dem vollständigen Verzicht von tierischen Produkten basieren sollte, sondern auch auf dem Einfluss, den wir auf andere haben.

Wenn wir eine Definition von Veganismus wollen, schlage ich vor, dass wir die der Watsons als Grundlage nehmen, sie aber dahingehend abändern, dass es darum geht, tierische Produkte zu vermeiden, soweit dies praktisch, möglich *und effektiv* ist.

Wenn wir konsequent sein wollen, schlage ich vor, dass wir in erster Linie nicht mit den Regeln, der Ideologie und der Definition konsequent sind, sondern mit dem Mitgefühl und dem Bestreben, das Leiden, Töten und die Ungerechtigkeit zu reduzieren. Dies sind die zugrunde liegenden Werte des Veganismus.

Wenn wir Verbündete von Feinden trennen müssen, schlage ich vor, dass wir diejenigen als Verbündete betrachten, die in die gleiche Richtung blicken wie wir und die weitgehend mit unserem Ziel übereinstimmen, auch wenn sie es noch nicht ganz umsetzen. Und wir sollten auch die Unterstützung derjenigen suchen, die nicht einmal mit unseren Zielen übereinstimmen, aber aus anderen Beweggründen an Lösungen arbeiten, die unserem Bestreben dienlich sind.

Denn wir können es nicht alleine schaffen.

6. Nachhaltigkeit
Wie man am Ball bleibt

> Progressive Aktivisten sind die wertvollste Ressource der Welt. – *Hillary Rettig*

Wenn sich eine Person schließlich dazu entscheidet, dauerhaft oder teilweise in Veganville zu leben, ist unsere Arbeit mit ihr noch nicht getan. Zu jeder Zeit und aus unterschiedlichen Gründen können sich unsere Reisenden entscheiden, umzukehren und irgendwo weiter unten auf dem Berg zu leben oder sogar dorthin zurückzukehren, wo sie hergekommen sind. Genauso realistisch ist es, dass wir – die sich dafür eingesetzt haben, Menschen nach Veganville zu bringen – irgendwann unserer Bemühungen überdrüssig werden und ausbrennen.

Irgendwann werden wir es geschafft haben. Wenn fast jede:r in Veganville lebt, ist es eine berechtigte Annahme, dass so gut wie niemand mehr in Erwägung ziehen wird, in die ansonsten trostlosen Prärien unter uns zu ziehen. Aber bis dahin haben wir noch viel Arbeit vor uns.

In diesem Kapitel geht es um die Nachhaltigkeit sowohl des Veganer:innen- als *auch* des Aktivist:innen-Daseins. Veganer:innen können zum Omnivorismus zurückkehren; Aktivist:innen können ausbrennen und das Gleiche tun. Im Folgenden finden Sie einige Ideen, was man tun kann, um dies zu verhindern.

Veganer vegan halten

Wie wir gesehen haben, hört eine große Anzahl von Vegetarier:innen und Veganer:innen – nicht weniger als 84 Prozent – irgendwann auf, Vegetarier:in oder Veganer:in zu sein (Asher et al. 2014). In Kapitel 3 habe ich argumentiert, dass diese Statistik weniger erschreckend ist, als sie vielleicht klingt. Dennoch wäre es natürlich besser, wenn es mehr Veganer:innen gäbe und wenn diejenigen, die vegan sind, es auch blieben. Wie man im Vertrieb sagt: Es ist viel einfacher, eine:n bestehenden Kund:in zu behalten, als eine:n neue:n zu gewinnen.

Um dieses Problem anzugehen, müssen wir Veganer:innen die Menschen ernst nehmen. Es hilft uns nicht, diejenigen, die meinen, Veganismus sei zu schwer durchzuhalten, des Egoismus oder eines schwachen Willens zu beschuldigen. Es wird auch den Tieren nicht helfen, wenn wir gebetsmühlenartig wiederholen, wie einfach Veganismus ist. Stattdessen täten wir gut daran, den Nicht-Veganer:innen wirklich *zuzuhören* und offen für ihre Sorgen, Fragen und Beobachtungen zu sein. Sie werden sich nicht nur gehört fühlen, sondern wir können ihnen vielleicht sogar helfen. Die Hauptgründe, warum Menschen den Veganismus aufgeben, sind Geschmack, Gesundheit und Unannehmlichkeiten (Asher et al. 2014). Lassen Sie mich einige Empfehlungen zum Umgang mit ehemaligen Veganer:innen geben, die auf den vorangegangenen Kapiteln basieren.

Wir sollten nicht auf »veganissimo« bestehen und es vermeiden, in »in oder out«- oder »wir gegen sie«-Kategorien zu denken.

Aus der Faunalytics-Studie wissen wir, dass in einem Drittel der Fälle ehemalige Vegetarier:innen mit einem:r nicht-vegetarischen Lebenspartner:in zusammenlebten, als sie wieder begannen, tierische Produkte zu essen (Asher et al. 2014). Wie bereits erwähnt, gaben 84 Prozent der ehemaligen Vegetarier:innen/Veganer:innen an, dass sie nicht aktiv an einer vegetarischen/veganen Gruppe oder Organisation (vegane Brunches, Online-Community usw.) beteiligt waren. Demnach zu urteilen ist für Vegetarier:innen und Veganer:innen die Unterstützung von anderen offensichtlich sehr wertvoll, um an ihrer Ernährung festzuhalten. Es ist daher die Pflicht von Veganer:innen, vegane Brunches zu veranstalten und sich gemeinsam zu engagieren. Solange eine unterstützende Atmosphäre in diesen Gruppen besteht, wird die Entschlossenheit der Menschen gestärkt.

Menschen auszuschließen, weil sie ein tierisches Produkt gegessen haben, kann das auslösen, was Psycholog:innen den »Schwarzes-Schaf-Effekt« nennen. Dies ist der Fall, wenn ein Mitglied der In-Group härter und strenger beurteilt wird als ein Mitglied der Out-Group (Marques et al. 1988). Wenn ein:e Veganer:in sozusagen gegen die Regeln verstößt, wollen andere dieses Individuum möglicherweise härter »bestrafen«, entweder weil die Erwartungen an diese:n Veganer:in höher waren oder sein:ihr »Sündenfall« als eine Art Verrat angesehen wird, da wir dachten, er oder sie sei »eine:r von uns« (erinnern Sie sich an Daiya-Käse?). Was auch immer der Grund ist, es ist eine schlechte Praxis. Wenn sich Menschen zum Omnivorismus bekennen, wäre es für Veganer:innen besser, sie willkommen zu heißen und zu ermutigen, anstatt sie zu tadeln... es sei denn, es ist unser Bestreben, sie nie wieder zu sehen.

Wir sollten auf die gesundheitlichen Stolperfallen achten.

Ob wir es wollen oder nicht, es gibt berechtigte gesundheitliche Bedenken bezüglich unserer Ernährung. Wenn Menschen nicht genug Vitamin B12 zu sich nehmen, können sie z.B. einen Mangel entwickeln. Die Faunalytics-Studie über ehemalige Vegetarier:innen zeigt, dass 76 Prozent ihren B12-Spiegel nie überprüfen ließen (Asher et al. 2014). Veganer:innen sollten darauf bestehen, dass neue Vegetarier:innen oder Veganer:innen alle Ernährungsinformationen erhalten, die sie benötigen, und wir sollten vertrauenswürdige, evidenzbasierte Literatur von veganen Ernährungsberater:innen bereitstellen.

Ethik ist wichtig.

In diesem Buch schlage ich vor, dass wir nicht immer die moralischen Beweggründe für den Verzicht auf tierische Produkte betonen müssen. Moralische Argumente können auf Widerstand stoßen, und ich habe gezeigt, dass wir mit verhaltensorientierten Ansätzen eine Menge Veränderungen bewirken können. Wir sollten jedoch nicht das Kind mit dem Bade ausschütten und die Ethik ganz vergessen. Stattdessen sollten wir ihren Platz innerhalb einer Reihe von Optionen anerkennen, anstatt Veganismus als moralischen Imperativ zu präsentieren. Wie gesagt glaube ich, dass ein ethischer, ideologischer Ansatz wahrscheinlich am nützlichsten für diejenigen ist, die sich bereits auf dem Weg nach Veganville befinden. Untersuchungen legen nahe, dass eine ethische Motivation den Menschen den stärksten Grund bietet, Vegetarier:in oder Veganer:in zu bleiben. Generell scheint eine Motivation aus mehr als einem Grund (Gesundheit, Tiere, Umwelt) Menschen eher zu ermutigen, bei einer veganen Ernährung zu bleiben als nur ein einzelner (Asher et al. 2014, Hoffman et al.).

Wir müssen den Veganismus noch einfacher machen.
In diesem Buch ging es größtenteils darum, es einfacher zu machen, vegan zu werden. Mehr Reduzierer:innen bedeuten eine größere Verfügbarkeit besserer Produkte und eine größere Aufgeschlossenheit gegenüber Vegetarier:innen und Veganer:innen. Das ist ein Mittel, um eine förderliche Umgebung zu schaffen, die es Reduzierer:innen und Vegetarier:innen erleichtert, sich auf den Weg zum Veganismus machen, und in der Veganer:innen sich wohlfühlen können. Deshalb müssen sich alle, die sich mit Veganismus identifizieren, dafür einsetzen, dass es überall mehr und bessere Alternativen gibt. Wir müssen einen institutionellen Wandel herbeiführen und Gesetze und Richtlinien ändern. Wir müssen den Verzehr von tierischen Produkten schwieriger und teurer machen. Wir müssen das, was gut ist, einfach, und das, was einfach ist, zum Standard machen.

Aktivisten aktiv halten

Nachdem ich 15 Jahre lang EVA geleitet hatte, erlebte ich einen schweren Fall von Burnout. Eine andere Organisationsleiterin sagte zu mir: »Ich kann mir kein Burnout leisten.« Sie hatte das Gefühl, dass sie für die Tiere Tag und Nacht arbeiten müsste, da sie auf die Arbeit ihrer Organisation angewiesen sind.

Das von Menschenhand verursachte Leid der Tiere ist unermesslich. Jede Sekunde werden Hunderttausende von Kreaturen mit einer Grausamkeit missbraucht, die unergründlich und systemisch ist und all unseren Einfallsreichtum und unser technisches Wissen ausnutzt. Solches Wissen zu ertragen und sich zu bemühen, es zu stoppen – vor allem, wenn praktisch jede:r um einen herum dem Leiden nicht nur gleichgültig gegenübersteht, sondern sich sogar freudig an seiner Fortsetzung beteiligt – bedeutet, die schwerste aller Lasten zu tragen. Deshalb müssen wir uns schützen und nachhaltig arbeiten, nicht nur für uns, sondern auch für die Tiere selbst. Vertrauen Sie mir: Es ist leicht, als Aktivist:in davon auszugehen, dass man aus stärkerem Holz geschnitzt ist als andere, oder sich selbst einzureden, dass es besser ist, den Tieren fünf Jahre maximale Anstrengung zu schenken, als Jahrzehnte mit geringerer Intensität zu arbeiten.

Sie liegen in beiden Punkten falsch. Wenn ich mich nicht irre, denkt man nur dann über Burnout nach, wenn es einen bereits erwischt hat.

Deshalb bin ich der Auffassung, dass man als Aktivist:in der Prävention eines Burnouts eine ständige und besondere Aufmerksamkeit widmen sollte. Hier sind meine Tipps, die Ihnen helfen sollen weiterzumachen und durchzuhalten

Es ist ein Marathon, kein Sprint.

Im ersten Kapitel habe ich gesagt, dass unser Kampf der vielleicht härteste überhaupt ist. Auch wenn es vielleicht nicht danach klingt, sollte das eine große Motivation sein. Sowohl individuell als auch kollektiv ist der Schritt zum Veganismus eine große Herausforderung, und es ist unumgänglich, dass dieser Zeit braucht. Wir sollten nicht gleich verzweifeln, wenn sich der Wandel nicht schnell genug bemerkbar macht. Ich teile nicht die Ansicht, dass wir uns Geduld nicht leisten können. Ich glaube sogar, wir können es uns nicht leisten, *nicht* geduldig zu sein. Ungeduld kann uns ausbrennen, und wenn wir ausbrennen, haben die Tiere einen Verbündeten verloren. Wir müssen als Bewegung langfristig durchhalten.

Behalten Sie diesen strategischen Ansatz im Hinterkopf.

Die Strategie, die ich in diesem Buch beschreibe, kann Ihnen helfen, Ihren veganen Aktivismus nicht nur effektiver, sondern auch nachhaltiger zu machen. Zu wissen, dass jede:r Reduzierer:in dazu beiträgt, das Vegan-Werden für alle einfacher zu gestalten, und dass die Leute das Tierrechtsargument nicht sofort begreifen müssen (da eine Einstellungsänderung einer Verhaltensänderung folgen kann), könnte Ihnen zu mehr Geduld und weniger Verzweiflung verhelfen.

Es liegt nicht nur an Ihnen.

Stellen wir uns vor, die Menschen sind wie Eimer, in die Mitgefühl hineingegossen werden muss. Jedes Mal, wenn ein:e Nicht-Veganer:in mit jemandem über Veganismus spricht, einen Blick auf ein Infoblatt wirft oder etwas in den Medien sieht, werden weitere Tropfen hinzugefügt und der Eimer füllt sich langsam. Von außen betrachtet wissen wir nicht, wie voll der Eimer ist oder wie nahe er am Kippen oder Überlaufen ist. Wir haben vielleicht eine allgemeine Vorstellung von jemandes Interesse, aber meiner Erfahrung nach ist es oft die Person, von der man es am wenigsten erwartet, die sich plötzlich völlig verändert. Das ist das Ergebnis von Hunderten von Tropfen in diesen Eimer, der sich im Laufe der Zeit füllt, bis er schließlich überläuft. Es ist wichtig, immer wieder etwas hinzuzufügen, aber es ist noch entscheidender zu erkennen, dass niemand von uns allein dafür verantwortlich ist, den Eimer eines:r anderen zu füllen.

Haben Sie Vertrauen in die Menschen.

Eine Kritik an Veganer:innen ist, dass sie misanthropisch sind. Leider ist das meiner Erfahrung nach häufiger zutreffend als ich es mir wünsche. Wenn einige Veganer:innen den Menschen als »Krebs der Erde« bezeichnen und argumentieren, dass es unserem Planeten und seinen nichtmenschlichen Bewohnern besser ginge, wenn es uns nicht gäbe, ist das nicht hilfreich – nicht zuletzt, weil sie vergessen, dass die Natur für viele Tiere oft unangenehm ist, mit oder ohne unser Tun.

Obwohl ich verstehe, dass es schwer ist, eine positive Einstellung zum Menschen zu haben, wenn man bedenkt, wie viel Gewalt wir gegen andere Spezies ausüben, glaube ich dennoch, dass eine positive Haltung gegenüber unseren Mitmenschen für alle Beteiligten fruchtbarer ist. Ich bin der Auffassung, dass sich die meisten von uns für die humanere Option entscheiden würden, wenn man uns die Wahl leicht machen würde. Natürlich ist es bedauerlich, dass Menschen nur dann menschlich handeln, wenn es für sie mit keinen großen Umständen verbunden ist, aber wir sollten dennoch nicht zynisch sein.

Bis zu einem gewissen Grad ging es in diesem Buch darum, worauf wir Tierrechtsaktivist:innen unsere Aufmerksamkeit richten. Jede:r Veganer:in (mich eingeschlossen) könnte innerhalb weniger Sekunden eine lange Liste der grausamen Dinge erstellen, die von Menschen begangen werden. Inwiefern würde es jedoch unsere Sichtweise ändern, wenn wir uns etwas Zeit nehmen würden, um die erstaunlichen Errungenschaften unserer Spezies aufzuzählen: Die Lösungen, die wir für Probleme gefunden haben, oder diejenigen, die wir dafür bewundern, dass sie versuchen, Probleme anzugehen, für die wir bisher noch keine Lösung gefunden haben? Zu keiner Zeit in der Geschichte der Menschheit haben so viele versucht, den Planeten für Menschen und andere Spezies besser zu machen. Das sollte etwas sein, auf dem wir aufbauen können.

Ich glaube – ähnlich wie Stephen Pinker für den Rückgang der Gewalt im Laufe der Menschheitsgeschichte plädiert –, dass sich unsere Gesellschaften langsam aber sicher in eine Richtung von mehr Empathie und Rationalität bewegen, und dass wir sowohl individuell als auch kollektiv ethischer werden. Ob Sie meine Überzeugung teilen oder nicht, wir haben die Wahl, worauf wir uns konzentrieren. Vielleicht ist, wie der Philosoph Karl Popper sagt, Optimismus eine moralische Pflicht, weil wir mit einer positiven Denkweise mehr erreichen können. Obwohl einige argumentieren könnten, dass die Fokussierung auf das Grauen ein Gefühl der Dringlichkeit fördert, denke ich eher, dass es in uns das Gefühl von Hoffnungslosigkeit auslöst. Der Glaube an das Gute kann uns weiter und nachhaltiger voranbringen.

Deshalb funktioniert die leitende Metapher dieses Buches für mich so gut: Der Weg nach Veganville – eine Reise, auf die wir uns alle begeben haben (gelegentlich fallen wir zurück, aber letztendlich bewegen wir uns vorwärts). Jede:r von uns befindet sich in einem anderen Stadium, manche sind anderen voraus. Aber irgendwann werden wir alle dort ankommen.

Seien Sie nicht (zu) wütend.

Wut ist eine mächtige, sogar süchtig machende Emotion. Wir können wütend sein auf Tierquäler:innen, auf diejenigen, die mit Tierleid Geld verdienen, auf rücksichtslose Politiker:innen, auf öffentliche Gleichgültigkeit oder auf Veganer:innen, die zum Omnivorismus zurückkehren. Ich verstehe das: Das Grauen ist überall, und Wut lindert und spornt an.

Doch obwohl moralische Empörung in vielen epochalen Momenten der Geschichte eine bedeutende Rolle gespielt hat, gibt es zu wenige Veganer:innen, als dass unsere kollektive Empörung einen wesentlichen Einfluss haben könnte. Diese Realität mag sich eines Tages ändern, aber im Moment sollten wir mit unserer Wut vorsichtig sein. Wut sollte nicht als Zeichen des eigenen Engagements für die Sache gesehen werden, als Hauptquelle für Energie und Leidenschaft oder als der Treibstoff, der uns am Laufen hält. Außerdem ist ständige Empörung weder nachhaltig noch effektiv in der Kommunikation mit anderen. Wenn wir wütend sind, neigen wir dazu, urteilend, irrational, hyperbolisch, anklagend und feindselig zu werden und alles als schwarz oder weiß zu sehen. Würden Sie sich mit solch einer Person abgeben wollen?

Wenn wir versuchen, in den Schuhen anderer Menschen zu gehen, glaube ich, dass sich unser Zorn auflösen wird. Das erfordert Übung, aber wenn Sie sich darauf einlassen, kann es zur Gewohnheit werden. Nach einer Weile wird der Zorn seltener auftauchen und umso effektiver sein, je seltener er auftritt. Es wird Ihnen auch leichter fallen, auf Menschen zuzugehen und ihnen zu helfen. In der Zwischenzeit können Sie auf Ihre Kissen einschlagen, ins Fitnessstudio gehen oder sich in der Privatsphäre einer geschlossenen Facebook-Gruppe oder bei gleichgesinnten Freund:innen auslassen.

Sollten wir verurteilen?

Was sollten Veganer:innen gegen diejenigen tun, die sich vorsätzlich an Tierquälerei beteiligen oder jegliche Versuche, den Konsum tierischer Produkte zu reduzieren, verspotten und heruntermachen? Angesichts dessen, was wir wissen, ist es einfach für uns, jede:n zu verurteilen, der:die die grauenvolle Realität nicht gesehen hat.

Ich bin kein moralischer Relativist: Manche Handlungen sind objektiv falsch. Allerdings ist es wichtig, bei unseren Urteilen die Zeit zu berücksichtigen, in der die Menschen leben, sowie den Druck der sozialen Konformität (erinnern Sie sich an das Experiment von Solomon Asch?). Ein Großteil unserer Gesellschaft – Bildung, Gesetze, Handel und andere Strukturen – unterstützt und fördert Veganismus-feindliches Denken und Verhalten. Daher sollten wir uns immer überlegen, welche Ressourcen einer einzelnen Person oder einer Gruppe von Menschen überhaupt zur Verfügung stehen, um ihr eigenes Denken und Verhalten zu ändern und sollten dementsprechend unser oft zu forsches Verhalten manchen Menschen gegenüber überdenken.

Tun Sie etwas, anstatt im Elend zu versinken

Es ist leicht, sich bei der Vorstellung des Leids der Tiere gelähmt oder deprimiert zu fühlen, oder sogar das Gefühl zu haben, dass man verpflichtet ist, mit ihnen zu leiden. Ich gebe zu, dass es schwer ist, diese Art von Gefühlen zu kontrollieren, aber wir können dennoch die bewusste Entscheidung treffen, uns nicht im Elend zu suhlen. Ich bin mir sicher, dass die Tiere glücklicher wären, wenn wir effektiver wären, und effektiv zu sein erfordert Energie und einen Fokus auf das, was vor einem liegt. Wenn Sie sich von den vielen Grausamkeiten zu sehr vereinnahmt fühlen, sollten Sie versuchen, die Narrative von der anderen Seite zu betrachten: Fokussieren Sie sich z.B. mehr auf Geschichten über die Rettung von Tieren durch Tierheime und Auffangstationen, anstatt sich mit den Gräueltaten zu beschäftigen, vor denen diese Tiere gerettet wurden.

Seien Sie dankbar.

Inmitten des Elends gibt es viel, wofür wir dankbar sein können. Dankbarkeit nährt uns, statt an uns zu zehren. Wir können dankbar sein, dass wir die Möglichkeit und die Mittel haben zu helfen und uns zu engagieren. Viele Menschen können sich das aufgrund von Armut, Obdachlosigkeit, Gewalt, Krankheit oder politischer Unterdrückung nicht leisten. Selbst unsere Verwundbarkeit kann eine Quelle der Dankbarkeit sein. Sie kann uns motivieren, die Realität für andere zu verbessern.

Sie sind auch nur ein Tier!

Es ist absolut akzeptabel, in besetzten Häusern zu schlafen, Geld abzulehnen und sich um fünf streunende Hunde zu kümmern – aber nur aus freien Stücken. Persönliche Härte ist nicht die Voraussetzung für eine:n effektive:n Aktivist:in. Berufstätige mit gut bezahlten Jobs und Sozialleistungen können genauso effektiv sein wie diejenigen, die näher am Rande der Gesellschaft leben – wahrscheinlich sogar noch effektiver, da der höhere materielle Komfort es einfacher macht, ein aktivistisches Leben aufrechtzuerhalten und sie über mehr Geld zum Spenden verfügen. Wie ich schon früher argumentiert habe, ist es völlig akzeptabel, seinen Lebensunterhalt mit Tierschutz und Veganismus zu verdienen – sowohl im privaten als auch im öffentlichen Sektor, als Geschäftsinhaber:in oder als Aktivist:in in der Zivilgesellschaft.

Auch Sie haben sich Ruhe und Entspannung verdient. Wenn Sie sich nicht dazu durchringen können, eine Pause zu machen, weil Sie das Gefühl haben, dadurch die Tiere im Stich zu lassen, sagen Sie sich, dass Sie ein:e effektivere:r Aktivist:in sind, wenn Sie energiegeladen und erholt sind. Ignorieren Sie nicht Ihre eigenen Bedürfnisse. Wenn Sie lieben, was Sie tun, gut darin sind und das Gefühl haben, etwas zu bewirken, dann ist es Ihre Aufgabe, sicherzustellen, dass Sie dieses Gefühl aufrechterhalten. Das haben Sie und die Tiere verdient.

Fazit
Die Zukunft veganer Strategie und Kommunikation

> Die Revolution ist keine Frage der Tugend, sondern der Wirksamkeit. – *Jean Paul Sartre*

Ich habe in diesem Buch argumentiert, dass die Veganbewegung eine gesunde Dosis an Pragmatismus braucht. Ich habe dargelegt, dass Individuen und die Gesellschaft als Ganzes zu sehr in die Tiernutzung investiert und von ihr abhängig sind, als dass idealistische, moralische Botschaften allein ausreichen würden. Wir müssen die Botschaft »Werde vegan für die Tiere« mit der Botschaft »Reduziere, aus welchem Grund auch immer« kombinieren. Wir müssen ein förderliches Umfeld schaffen, indem wir Lobbyarbeit betreiben und mit der Privatwirtschaft zusammenarbeiten, indem wir ihre Bemühungen unterstützen, gute Alternativen zu tierischen Produkten zu schaffen und zu vermarkten. Zudem müssen wir Lobbyarbeit bei Gesundheits- und Umwelt-NGOs und der Regierung leisten, um das Bewusstsein zu stärken und Gesetze und Vorschriften zu schaffen, die einen Wandel erleichtern. Wenn wir inklusiver sein wollen, müssen wir letztendlich unser Konzept des Veganismus lockern.

Irgendwann wird sich das System ändern. Wann das der Fall sein wird, wissen wir nicht. Aber wenn es so weit ist, wird es einen tiefgreifenden Wandel mit sich bringen. Es wird nicht nur wegen der Veganer:innen passieren, sondern wegen einer hohen Anzahl von Reduzierer:innen. Es wird nicht nur wegen des moralischen Erwachens geschehen, sondern wegen der Nachhaltigkeits- und Gesundheitsprobleme, die im Zusammenhang mit tierischen Produkten entstehen. Dies wird die Preise tierischer Produkte erhöhen und zu einem größeren Angebot von Alternativen zu diesen führen.

Ich glaube, dass nach diesem Wendepunkt das Bedürfnis nach Pragmatismus abnehmen und die idealistische Botschaft wieder in den Vordergrund treten wird. Die Herzen und Köpfe werden viel empfänglicher für die Botschaften von Mitgefühl und Rechten für Tiere sein. Mit jedem neuen Restaurant oder Geschäft, das einen Veggie-Burger anbietet, wird es einfacher, die Menschen von den ethischen Argumenten zu überzeugen. Tierrechtsaktivist:innen werden in der Lage sein, speziesistisches Verhalten zu entlarven, wann immer wir es sehen. Direkte Aktionen und Konfrontationen werden effektiver sein, da mehr Menschen mit unserer Sichtweise übereinstimmen werden. Die Rettung von Tieren aus Massentierhaltungen wird mehr öffentliche Unterstützung bekommen. Es wird nicht mehr nötig sein, die Messlatte niedrig zu legen. Veganville wird nicht mehr auf einem entfernten Berg liegen, sondern in einem nahegelegenen Tal.

Noch sind wir dort nicht angekommen, aber ich bin absolut zuversichtlich, dass wir es schaffen werden.

Anhang

Ressourcen

Nachstehend finden Sie von mir empfohlene Bücher, Blogs, Websites, Podcasts und andere Ressourcen, die Ihnen helfen können, ein:e noch bessere:r Tierrechtsaktivist:in zu werden. Manche konzentrieren sich auf die Veganismus- und Tierrechtsbewegung, andere sind allgemeinerer Natur. Bei allem, was nicht nach einer Website aussieht, handelt es sich um Bücher, deren genaue Referenzen Sie in der Bibliographie finden.

Projekte, an denen ich persönlich beteiligt bin

- ***Veganstrategist.org***: Auf meinem Blog poste ich wöchentlich Erfahrungen, Gedanken und Tipps – manchmal kontrovers, immer zum Nachdenken anregend – zu Strategie und Kommunikation. Siehe auch facebook.com/veganstrategist.
- Das ***Center for Effective Vegan Advocacy*** (veganadvocacy.org), welches ich als Co-Direktor zusammen mit Melanie Joy leite: Ziel von CEVA ist es, den Impact der veganen Tierrechtsbewegung weltweit zu erhöhen. Wir bieten zweitägige Schulungen zu Strategie und Kommunikation für Veganer:innen auf der ganzen Welt an und vergeben zudem Zuschüsse. Auf der Website des CEVA gibt es außerdem eine Ressourcenbibliothek für Aktivist:innen. CEVA ist ein Programm von Beyond Carnism, einer Organisation, die sich der Aufdeckung und Umwandlung von Karnismus und dem unsichtbaren Wertesystem verschrieben hat, welches Menschen dazu bringt, bestimmte Tiere zu essen.
- ***ProVeg International*** (proveg.com) ist eine globale Ernährungsorganisation, die ich gemeinsam mit Melanie und Sebastian Joy gegrün-

det habe, um unseren strategischen Ansatz in die Tat umzusetzen. Die Mission von ProVeg besteht darin, den weltweiten Konsum tierischer Produkte bis 2040 um 50 Prozent zu reduzieren. Unsere Vision ist eine Welt, in der sich alle für genussvolles und gesundes Essen entscheiden, das gut für alle Menschen, Tiere und unsere Erde ist.

Strategie

- *The Accidental Activist: Stories, Speeches, Articles, and Interviews by Vegan Outreach's Founder* von Matt Ball
- *The Animal Activist's Handbook: Maximizing Our Positive Impact in Today's World* von Matt Ball und Bruce Friedrich
- *Animal Impact: Secrets Proven to Achieve Results and Move the World* von Caryn Ginsberg
- *Changing the Game: Animal Liberation in the Twenty-first Century* von Norm Phelps
- *Made to Stick: Why Some Ideas Take Hold and Others Come Unstuck* von Chip und Dan Heath
- *The Reducetarian Solution: How the Surprisingly Simple Act of Reducing the Amount of Meat in Your Diet Can Transform Your Health and the Planet* von Brian Kateman
- *Strategic Action for Animals: A Handbook on Strategic Movement Building, Organizing, and Activism for Animal Liberation* von Melanie Joy
- *Switch: Veränderungen wagen und dadurch gewinnen!* von Chip und Dan Heath
- *The Tipping Point: How Little Things Can Make a Big Difference* von Malcolm Gladwell
- Veganstrategist.org: mein eigener Blog (auch auf Facebook)

Effektivere Kommunikation und Einflussnahme

- *Wie man Freunde gewinnt: Die Kunst, beliebt und einflussreich zu werden,* von Dale Carnegie
- *Die Psychologie des Überzeugens: Wie Sie sich selbst und Ihren Mitmenschen auf die Schliche kommen* von Robert Cialdini

- *Gewaltfreie Kommunikation: Eine Sprache des Lebens* von Marshall Rosenberg
- *Robin Hood Marketing: Stealing Corporate Savvy to Sell Just Causes* von Katya Andreesen

Menschen besser verstehen

- Carnism.org: Karnismus erklärt die Psychologie des Tierkonsums
- *Change of Heart: What Psychology Can Teach Us about Spreading Social Change* von Nick Cooney
- *Meathooked: The History and Science of Our 2.5-Million-Year Obsession with Meat* von Marta Zaraska
- *The Righteous Mind: Why Good People Are Divided by Politics and Religion* von Jonathan Haidt
- *Wir streicheln und wir essen sie – unser paradoxes Verhältnis zu Tieren* von Hal Herzog
- *Veganomics: The Surprising Science on What Motivates Vegetarians, from the Breakfast Table to the Bedroom* von Nick Cooney
- *Warum wir Hunde lieben, Schweine essen und Kühe anziehen: Karnismus – eine Einführung* von Melanie Joy

Wissen, was wirkt

- Animalcharityevaluators.org: vom effektiven Altruismus inspirierte Forschung und Empfehlungen zu den effektivsten Organisationen, die sich für Tiere einsetzen.
- Faunalytics.org: die weltweit größte Sammlung von Forschungsergebnissen über Tiere
- Mercyforanimals.org/research: Studien von Mercy For Animals zur Verbesserung der Wirksamkeit der Interessenvertretung von Nutztieren
- Effective Animal Activism: Facebook-Gruppe mit Nachrichten und Diskussionen zu diesem Thema

Effektiver Altruismus

- 80000hours.org: Karriereberatung für effektive Altruisten
- Effectivealtruism.org: Anlaufstelle für alles rund ums Thema EA
- Sentience-politics.org/philosophy: eine großartige Einführung in die Philosophie des Effektiven Altruismus
- *Gutes besser tun: Wie wir mit effektivem Altruismus die Welt verändern können* von William MacAskill
- *How to Be Great at Doing Good: Why Results Are What Counts and How Smart Charity Can Change the World* von Nick Cooney
- *The Most Good You Can Do: How Effective Altruism Is Changing Ideas about Living Ethically* von Peter Singer

Klar Denken und Offenheit bewahren

- Lesswrong.com: ein Community-Blog, das sich einem Neudenken der Kunst menschlicher Rationalität widmet
- Samharris.org/podcast: Der Neurowissenschaftler und Philosoph Sam Harris spricht mit Gästen über verschiedene, oft kontroverse Themen
- *Die Kunst des klaren Denkens* von Rolf Dobelli

Produktiv und organisiert sein

- *Die 7 Wege zur Effektivität: Prinzipien für den persönlichen und beruflichen Erfolg* von Stephen R. Covey
- *Wie ich die Dinge geregelt kriege: Selbstmanagement für den Alltag* von David Allen
- *Making Ideas Happen: Overcoming the Obstacles between Vision and Reality* von Scott Belsky
- *Weniger bringt mehr: Die Kunst, sich auf das Wesentliche zu beschränken* von Leo Babauta

Weitermachen & Durchhalten

- Friendly and Pragmatic Vegans and Vegetarians: eine von mir empfohlene Facebook-Gruppe
- *The Lifelong Activist: How to Change the World without Losing Your Way* von Hillary Rettig
- *Trauma Stewardship: An Everyday Guide to Caring for Self While Caring for Others* von Laura van Dernoot Lipsky

Gesund bleiben und für Gesundheit werben

- *Becoming Vegan: Comprehensive Edition: The Complete Reference to Plant-based Nutrition* von Brenda Davis und Vesanto Melina
- Jacknorrisrd.com: Blog des veganen Ernährungswissenschaftlers Jack Norris
- Nutritionfacts.org: eine Fülle von Informationen zur veganen Ernährung von Dr. med. Michael Greger
- Theveganrd.com: Blog der veganen Ernährungsberaterin Ginny Messina
- *Vegan for Life: Everything You Need to Know to Be Healthy and Fit on a Plant-based Diet* von Jack Norris und Virginia Messina

Business und Unternehmertum

- Futuremeat.org: Website der Modern Agriculture Foundation
- GFI.org: Website des Good Food Institute
- New-harvest.org: New Harvest fördert die Wissenschaft, die der Herstellung tierfreier Tierprodukte zugrunde liegt
- *The Personal MBA: A World-class Business Education in a Single Volume* von Josh Kaufman
- Plantbasedfoods.org: Website der Plant Based Foods Association
- Theplantbasedentrepreneur.com: Podcast über vegane Startup Gründer, Geschäftsinhaber und weitere Themen

Kulinarische Bildung und Fürsprache

- Chefchloe.com: Website von Chloe Coscarelli mit Rezepten, Videos, Büchern und anderen Materialien
- Foodphotographyschool.com: ein Videokurs, in dem Sie lernen, wie Sie gute Fotos Ihrer veganen Mahlzeiten machen
- Naturalgourmetinstitute.com: dieses New Yorker Institut ist ein etablierter Treffpunkt für gesundes, pflanzenbasiertes Kochen
- Plantlab.com: die Marke des Kochs und Unternehmers Matthew Kenny, der in verschiedenen Ländern Kochkurse auf pflanzlicher Basis und vieles mehr anbietet
- Rouxbe.com: Online-Kochkurse für Amateure und Profis, mit traditionellen und pflanzenbasierten spezifischen Inhalten

Spezifische Themen

- Preventsuffering.org: Website von OPIS, der Organisation for the Prevention of Intense Suffering
- Reducing Wild Animal Suffering: Facebook-Gruppe zu diesem Thema
- Vegangmo.com: Website, die sich für einen rationalen Umgang mit der Biotechnologie im anhaltenden Kampf für Tiergerechtigkeit einsetzt

Weitere Ressourcen

- Colleenpatrickgoudreau.com: Podcasts, Videos und Blogposts der Schriftstellerin Colleen Patrick-Goudreau
- Mattball.org: Blog des Mitbegründers und Autors von Vegan Outreach, Matt Ball
- https://mainstreetvegan.net/category/podcast/: Podcast der Autorin Victoria Moran
- Medium.com/@TheAnimalist: pragmatisches, evidenzbasiertes Blog zur Tierrechtsbewegung
- Ourhenhouse.org: langjähriger Podcast über alles rund um die Themen Veganismus und Tierrechte

- Unnatural Vegan (YouTube): nüchterner, rationaler Zugang zu veganen Themen
- Vegan.com: Website und Facebook-Seite, die beide von Erik Marcus betrieben werden und großartige Inhalte anbieten

Anmerkungen

1 Speziesismus ist die Zuschreibung von moralischem Status und Wert an ein Individuum (z.B. einen Menschen), nur weil es zu einer Spezies (z.B. Homo sapiens) gehört.

2 Für einen Überblick über einige der Anstrengungen, die die Fleischindustrie unternimmt, damit wir weiterhin tierische Produkte essen, und über das Geld, das sie dafür hat, siehe Zaraska, *Meathooked*, Kapitel 6: »Wagging the Dog of Demand«.

3 Der englische Begriff »welfarist« (hier mit »tierwohlorientert« übersetzt) wird von einem Teil der Tierrechtsbewegung abwertend verwendet, um Kampagnen, Botschaften oder Einstellungen zu bezeichnen, bei denen es um die Verbesserung des Tierwohls geht und nicht um die Abschaffung der Nutzung von Tieren durch den Menschen.

4 Speziesismus ist die Zuschreibung von moralischem Status und Wert an ein Individuum (z.B. einen Menschen), nur weil es zu einer Spezies (z.B. Homo sapiens) gehört.

5 Für einen Überblick über einige der Anstrengungen, die die Fleischindustrie unternimmt, damit wir weiterhin tierische Produkte essen, und über das Geld, das sie dafür hat, siehe Zaraska, *Meathooked*, Kapitel 6: »Wagging the Dog of Demand«.

6 Der englische Begriff »welfarist« (hier mit »tierwohlorientert« übersetzt) wird von einem Teil der Tierrechtsbewegung abwertend verwendet, um Kampagnen, Botschaften oder Einstellungen zu bezeichnen, bei denen es um die Verbesserung des Tierwohls geht und nicht um die Abschaffung der Nutzung von Tieren durch den Menschen.

7 Dieses Beispiel ist eine Adaption von *Compromise Isn't Complicity*, einem Gastbeitrag von Gastbeitrag von Hillary Rettig auf meinem Blog, veganstrategist.org, und basiert auf Adam Hochschilds *Bury the Chains*.

8 Es wäre natürlich falsch zu leugnen, dass auch Gruppen von Veganer:innen einen spürbaren und konkreten Einfluss auf die Nachfrage haben können. Wenn Tesla Autos mit einer lederfreien Option herausbringt oder wenn die britische Regierung erwägt, die tierische Zutat aus ihren neuen Fünf-Pfund-Noten zu entfernen, dann tun sie dies für Veganer:innen, nicht für Reduzierer:innen.

9 »Wahrgenommene Verhaltensänderung« (im Gegensatz zur realen Änderung) kann tatsächlich Teil einer Dissonanz reduzierenden Strategie sein (Rothgerber).

10 Natürlich könnte man die Argumentation umdrehen und sagen, da die Fleischindustrie unsere moderaten Botschaften ohnehin durchschaut, könnten wir unsere Wahrheit genauso gut offen aussprechen. Wir können jedoch davon ausgehen, dass die allgemeine Öffentlichkeit nicht so defensiv und misstrauisch ist wie die Fleischindustrie.

11 Ich sehe ein interessantes Paradoxon in der Tatsache, dass diejenigen, die behaupten, dass vegan zu leben außergewöhnlich *einfach* ist, es gleichzeitig oft *besonders schwierig* wirken lassen, indem sie auf das höchste Maß an Konsequenz beharren.

12 In *Meathooked* erklärt Marta Zaraska, wie ähnliche nationalistische und in diesem Fall antifranzösische Gefühle dazu beitrugen, den Briten den Geschmack an Pferdefleisch zu nehmen (S. 157).

13 Zu den anderen Elementen, die die Verbindung zwischen Einstellung und Verhalten beeinflussen, gehören die Spezifität der Einstellung, die (wahrgenommene) Schwierigkeit des Verhaltens, Persönlichkeitsfaktoren wie der Grad der Selbstkontrolle, und die Stärke der Einstellung. Was den letzten Faktor betrifft, ergab eine Studie, dass Teilnehmer:innen mit einer starken positiven Einstellung gegenüber Greenpeace eine Woche später mit höherer Wahrscheinlichkeit Geld an die Organisation spendeten. Bei Teilnehmer:innen, die eine schwache positive Einstellung hatten, sagte die Einstellung das Spendenverhalten jedoch nicht voraus. Stattdessen war es ihr Spendenverhalten, das ihre Einstellung gegenüber Greenpeace vorhersagte, nachdem sie die Möglichkeit gehabt hatten, zu spenden oder nicht. Für diese Teilnehmer:innen wurde ihre Einstellung also durch ihr Verhalten geprägt (Hewstone et al.).

14 Im Original: Creating A Facilitating Environment (CAFE).

15 Weitere Informationen über mögliche Vorteile der GVO-Technologie finden Sie unter www.vegangmo.com.

Bibliografie

Abelson, Robert P. 1972. »Are Attitudes Necessary?«, in B. T. King und E. McGinnies (Hg.), *Attitudes, Conflict and Social Change* (New York: Academic Press): 19-32.

Adams, Carol J. 2015. *The Sexual Politics of Meat: A Feminist-Vegetarian Critical Theory: 25th Anniversary Edition* (London: Bloomsbury).

Alinsky, Saul 1989. *Rules for Radicals: A Pragmatic Primer for Realistic Radicals* (New York: Vintage).

Allen, David 2004. *Wie ich die Dinge geregelt kriege. Selbstmanagement für den Alltag* (München: Piper).

Andreesen, Katya 2006. *Robin Hood Marketing: Stealing Corporate Savvy to Sell Just Causes* (San Francisco: Jossey-Bass).

Animal Charity Evaluators 2015. Vegetarian Recidivism https://animalcharityevaluators.org/research/dietary-impacts/vegetarian-recidivism/.

Asch, Solomon E. 1951. »Effects of Group Pressure upon the Modification and Distortion of Judgment«, in H. Guetzkow (Hg.), *Groups, Leadership and Men* (Pittsburgh: Carnegie Press): 117-90.

——. 1955. »Opinions and Social Pressure« *Scientific American* 193(5): 31-35.

——. 1956. »Studies of Independence and Conformity: I. A Minority of One against a Unanimous Majority« *Psychological Monographs: General and Applied* 70(9): 1– 70.

Asher, K., C. Green, H. Gutbrod, M. Jewell, G. Hale und B. Bastian. 2014. Study of Current and Former Vegetarians and Vegans: Initial Findings https://faunalytics.org/wp-content/uploads/2015/06/Faunalytics_Current-Former-Vegetarians_Full-Report.pdf.

——. 2016a. Study of Current and Former Vegetarians and Vegans: Secondary Findings https://faunalytics.org/wp-content/uploads/2016/02/

Faunalytics-Study-of-Current-and-Former-Vegetarians-and-Vegans-%E2%80%93-Secondary-Findings-.pdf.

——. 2016b. A Summary of Faunalytics Study of Current and Former Vegetarians and Vegans https://faunalytics.org/a-summary-of-faunalytics-study-of-current-and-former-vegetarians-and-vegans/.

Babauta, Leo 2009. *Weniger bringt mehr: Die Kunst, sich auf das Wesentliche zu konzentrieren* (München: Riemann Verlag).

Ball, Matt 2014. *The Accidental Activist: Stories, Speeches, Articles, and Interviews by Vegan Outreach's Founder* (New York: Lantern).

Ball, Matt und Bruce Friedrich 2009. *The Animal Activist's Handbook: Maximizing Our Positive Impact in Today's World* (New York: Lantern).

Bandura, Albert 1977. »Self-efficacy: Toward a Unifying Theory of Behavioral Change« *Psychological Review* 84(2): 191-215.

Beardsworth, Alan und Teresa Keil 1997. *Sociology on the Menu: An Invitation to the Study of Food and Society* (London: Routledge).

Belsky, Scott 2011. *Making Ideas Happen: Overcoming the Obstacles between Vision and Reality* (London: Penguin).

Berscheid, Ellen 1966. »Opinion Change and Communicator–Communicatee Similarity and Dissimilarity« *Journal of Personality and Social Psychology* 4: 670-80.

Bird, Susan 2016. *Vegan Butcher Opens Doors and the Meat Industry Goes Nuts*, Care2.com http://www.care2.com/causes/vegan-butcher-opens-doors-and-the-meat-industry-goes-nuts.html.

Bolotsky, Josh. *Use Your Radical Fringe to Shift the Overton Window, Beautiful Trouble* n.d. http://beautifultrouble.org/principle/use-your-radical-fringe-to-shift-the-overton-window/.

Brennan, Linda und Wayne Binney 2010. »Fear, Guilt, and Shame Appeals in Social Marketing« *Journal of Business Research* 63(2): 140-46.

Carnegie, Dale 2000/1936. *Wie man Freunde gewinnt: Die Kunst, beliebt und einflussreich zu werden* (Augsburg: Weltbild Verlag).

Choi, Candice 2015. »End of Meat? Startups Seek Meat Alternatives for the Masses« *The Big Story* (AP), December 29 https://www.limaohio.com/news/159679/end-of-meat-startups-seek-meat-alternatives-for-the-masses.

Cialdini, Robert 2017/1984. *Die Psychologie des Überzeugens: Wie Sie sich selbst und Ihren Mitmenschen auf die Schliche kommen* (Göttingen: Hogrefe AG).

Cialdini, R., J. Demaine, B. Sagarin, D. Barrett, K. Rhoads und L. Winter 2006. »Managing Social Norms for Persuasive Impact« *Social Influence* 1(1): 3-15.

Coetzee, J. M. 2006. *Elizabeth Costello* (Frankfurt a.M.: Fischer Verlag).

Cooney, Nick 2011. *Change of Heart. What Psychology Can Teach Us about Spreading Social Change* (New York: Lantern).

——. 2014. *Veganomics: The Surprising Science on What Motivates Vegetarians from the Breakfast Table to the Bedroom* (New York: Lantern).

——. 2015. *How to Be Great at Doing Good: Why Results Are What Counts and How Smart Charity Can Change the World* (San Francisco: Jossey-Bass).

Costello, Kimberly und Gordon Hodson 2010. »Exploring the Roots of Dehumanization: The Role of Animal–Human Similarity in Promoting Immigrant Humanization« *Group Processes & Intergroup Relations* 13: 3-22.

——. 2014. »Lay Beliefs about the Causes of and Solutions to Dehumanization and Prejudice: Do Non-experts Recognize the Role of Human–Animal Relations?« *Journal of Applied Social Psychology* 44: 278-88.

Covey, Stephen 2018/1989. *Die 7 Wege zur Effektivität: Prinzipien für persönlichen und beruflichen Erfolg* (Offenbach: Gabal Verlag).

Cuddy, Amy 2016. *Dein Körper spricht für dich: Von innen wirken, überzeugen, ausstrahlen* (Gütersloh: Mosaik Verlag).

Davis, Brenda und Vesanto Melina 2014. *Becoming Vegan: Comprehensive Edition. The Complete Reference to Plant-based Nutrition* (Summertown, Tenn.: Book Publishing Company).

Dhont, Kristof und Gordon Hodson 2014. »Why Do Right-wing Adherents Engage in More Animal Exploitation and Meat Consumption?« *Personality and Individual Differences* 64: 12-17.

——. 2015. »The Person-based Nature of Prejudice: Individual Difference Predictors of Intergroup Negativity« *European Review of Social Psychology* 26: 1-42.

Dhont, K., G. Hodson und A. C. Leite 2016. »Common Ideological Roots of Speciesism and Generalized Ethnic Prejudice: The Social Dominance Human–Animal Relations Model« (SD-HARM), *European Journal of Personality* 30: 507-22.

Dobelli, Rolf 2013. *Die Kunst des klaren Denkens* (München: Piper).

Duhigg, Charles 2013. *Die Macht der Gewohnheit. Warum wir tun, was wir tun* (München: Piper).

Eagly, Alice H. 1978. »Sex Differences in Influenceability« *Psychological Bulletin* 85: 86-116.

Faunalytics 2007. *Advocating Meat Reduction and Vegetarianism to Adults in the US* https://faunalytics.org/wp-content/uploads/2016/02/HRC-Veg-Study-2007-Full-Report-HRC-MASTER.pdf.

——. 2012. Why or Why Not Vegetarian? http://faunalytics.org/wp-content/uploads/2015/05/Fundamentals_Why-Why-Not-Vegetarian.pdf.

Ferriss, Tim 2016. »Ezra Klein: From College Blogger to Political Powerhouse«, 12. Dezember http://tim.blog/2016/12/13/ezra-klein/.

Festinger, Leon 1995/1957. *Theorie der kognitiven Dissonanz* (Göttingen: Hogrefe AG).

Fhaner, Gunilla und Monica Hane 1979. »Seat Belts: Opinion Effects of Law-induced Use« *Journal of Applied Psychology* 64: 205– 12.

Fiddes, Nick 2001. *Fleisch: Symbol der Macht* (Frankfurt a.M.: Zweitausendeins).

Freedman, Jonathan und Scott Fraser 1966. »Compliance without Pressure: The Foot-in-the-door Technique« *Journal of Personality and Social Psychology* 4: 195-203.

Ginsberg, Caryn 2011. *Animal Impact: Secrets Proven to Achieve Results and Move the World* (Arlington, Va.: Priority Ventures).

Gladwell, Malcolm 2002. *Tipping Point: Wie kleine Dinge Großes bewirken können* (Leipzig: Goldmann Verlag).

Godin, Seth 2015. »How Idea Adoption Works: The Idea Progression«, Seth Godin's website, September http://sethgodin.typepad.com/seths_blog/2015/09/how-idea-adoption-works-the-idea-progression.html.

——. 2017. »The Two Vocabularies (Because There Are Two Audiences)«, Seth Godin's website, February http://sethgodin.typepad.com/seths_blog/2017/02/the-two-vocabularies-because-there-are-two-audiences.html.

Haidt, Jonathan 2013. *The Righteous Mind: Why Good People Are Divided by Politics and Religion* (New York: Vintage).

Haines, Herbert 2013. »Radical Flank Effects«, in D. Snow, D. della Porta, B. Klandermans und D. McAdam (Hg.), *The Wiley Blackwell Encyclopedia of Social and Political Movements* (Chichester, Eng.: Wiley Blackwell).

Hamilton, Malcolm 2006. »Eating Death: Vegetarians, Meat and Violence« *Food, Culture & Society* 9(2): 155-77.

Harrison-Dunn, Annie-Rose 2014. »Brits Moving to Non-dairy Pastures: Mintel Report« www.foodnavigator.com/Market-Trends/Dairy-alternatives-on-the-up-Mintel.

Haverstock, Katie und Deborah Forgays 2012. »To Eat or Not to Eat: A Comparison of Current and Former Animal Product Limiters« *Appetite* 58: 1030-36.

Heath, Chip und Dan Heath 2008. *Made to Stick: Why Some Ideas Take Hold and Others Come Unstuck* (London: Arrow).

——. 2011. *Switch: Veränderungen wagen und dadurch gewinnen!* (Frankfurt a.M.: Fischer Scherz).

Herzog, Hal 2012. *Wir streicheln und wir essen sie. Unser paradoxes Verhältnis zu Tieren* (München: Hanser).

Hewstone, Miles, Wolfgang Stroebe und Klaus Jonas 2012. *An Introduction to Social Psychology: Fifth Edition* (Oxford: Blackwell).

Hochschild, Adam 2006. *Bury the Chains: Prophets and Rebels in the Fight to Free an Empire's Slaves* (New York: Mariner).

Hoffman, S., S. Stallings, R. Bessinger und G. Brooks 2013. »Differences between Health and Ethical Vegetarians: Strength of Conviction, Nutrition Knowledge, Dietary Restriction, and Duration of Adherence« *Appetite* 65: 139– 44.

Holland, R., B. Verplanken und A. Van Knippenberg 2002. »On the Nature of Attitude-behavior Relations: The Strong Guide, The Weak Follow« *European Journal of Social Psychology* 32(6): 869-76.

Humane League Labs 2014. »Diet Change and Demographic Characteristics of Vegans, Vegetarians, Semi-vegetarians, and Omnivores« www.humaneleaguelabs.org/blog/2014-04-07-large-scale-survey-vegans-vegetarians-and-meat-reducers/.

Interlandi, Jeneen 2015. »The Brain's Empathy Gap: Can Mapping Neural Pathways Help Us Make Friends with Our Enemies?« *New York Times*, March 19.

Ivox research, commissioned by EVA 2016. Research among 1,000 Flemish people.

IVU (International Vegetarian Union). n. d. »The Vegetarian World Forum« 1(5) (Spring 1951): 6-7 www.ivu.org/history/world-forum/1951vegan.html.

Joy, Melanie 2008. *Strategic Action for Animals: A Handbook on Strategic Movement Building, Organizing, and Activism for Animal Liberation* (New York: Lantern).

——. 2013. *Warum wir Hunde lieben, Schweine essen und Kühe anziehen: Karnismus – eine Einführung* (compassion media).

Kateman, Brian 2017. *The Reducetarian Solution: How the Surprisingly Simple Act of Reducing the Amount of Meat in Your Diet Can Transform Your Health and the Planet* (New York: Tarcher Perigee).

Kaufman, Josh 2012. *The Personal MBA: A World-class Business Education in a Single Volume* (London: Penguin).

Knowles, Eric S. und Jay A. Linn 2004. *Resistance and Persuasion* (Mahwah, N.J.: Erlbaum).

Kolbert, Elizabeth 2017. »Why Facts Don't Change Our Minds. New Discoveries about the Human Mind Show the Limitation of Reason« *New Yorker*, February 27.

Kraus, S. 1995. »Attitudes and the Prediction of Behavior: A Meta-analysis of the Empirical Literature« *Personality and Social Psychology Bulletin* 21(1): 58-75.

Kreausukon, P., P. Gellert, S. Lippke und R. Schwarzer 2012. »Planning and Self-efficacy Can Increase Fruit and Vegetable Consumption: A Randomized Controlled Trial« *Journal of Behavioral Medicine* 35(4): 443-51.

Lea, Emma und Anthony Worsley 2003. »Benefits and Barriers to the Consumption of a Vegetarian Diet in Australia« *Public Health Nutrition* 6(5): 505-11.

Leenaert, Tobias 2017. »When Activists Mean Business: An Interview with David Benzaquen« *Vegan Strategist*, February 8 http://veganstrategist.org/2017/02/08/business-is-not-a-four-letter-word-an-interview-with-david-benzaquen/.

——. 2016. »The Extremely Inconvenient Truth of Wild Animal Suffering« *Vegan Strategist*, 1. Juni http://veganstrategist.org/2016/06/01/the-extremely-inconvenient-truth-of-wild-animal-suffering/.

Levitt, T. 2011 »Jonathan Safran Foer: Environmentalists Who Eat Meat Have a Blind Spot« *The Ecologist*, 24. Januar https://theecologist.org/2011/jan/24/jonathan-safran-foer-environmentalists-who-eat-meat-have-blind-spot.

Loughnan S., N. Haslam und B. Bastian 2010. »The Role of Meat Consumption in the Denial of Moral Status and Mind to Meat Animals« *Appetite* 55(1): 156-59.

MacAskill, William 2016. *Gutes besser tun: Wie wir mit effektivem Altruismus die Welt retten können* (Berlin: Ullstein).

Marques, J., V. Yzerbyt und J.-P. Leyens 1988. »The ›Black Sheep Effect‹: Extremity of Judgments towards Ingroup Members as a Function of Group Identification« *European Journal of Social Psychology* 18(1): 1-16.

Maurer, Donna 2012. *Vegetarianism: Movement or Moment?* (Philadelphia: Temple University Press).

McEwen, Annie und Matt Kielty 2016. »Alpha Gal« *Radiolab*, 27. Oktober radiolab.org/story/alpha-gal.

Meindertsma, Christien 2010. »How Pig Parts Make the World Turn« *TEDtalk* https://www.youtube.com/watch?v=BRETz2F-heQ.

Messina, Virginia 2015. »Preventing Ex-Vegans: Why Feeling ›Normal‹ Matters« *VeganRD*, Juli www.theveganrd.com/2015/07/preventing-ex-vegans-why-feeling-normal-matters.html.

Meyers, David G. 2011. *Psychology: Tenth Edition* (New York: Worth Publishers).

Minson, Julia A. und Benoît Monin 2012. »Do-Gooder Derogation: Disparaging Morally Motivated Minorities to Defuse Anticipated Reproach« *Social Psychological and Personality Science* 3(2) 2012: 200-7.

Mullee, A., L. Vermeire, B. Vanaelst et al. 2017. »Vegetarianism and Meat Consumption: A Comparison of Attitudes and Beliefs between Vegetarian, Semi-vegetarian, and Omnivorous Subjects in Belgium« *Appetite* 114: 299-305.

Nibert, David 2002. *Animal Rights/Human Rights: Entanglements of Oppression and Liberation* (Lanham, Md.: Rowman & Littlefield).

Norris, Jack und Virginia Messina 2011. *Vegan for Life: Everything You Need to Know to Be Healthy and Fit on a Plant-based Diet* (Boston: Da Capo).

Our Hen House 2016. »The Good Food Institute's Bruce Friedrich and a Review of Vegan Everyday Stories from Eric Milano and Laura Delhauer«, July, Episode 338 www.ourhenhouse.org/2016/07/episode-338-the-good-food-institutes-bruce-friedrich-and-a-review-of-vegan-everyday-stories-from-eric-milano-and-laura-delhauer.

Phelps, Norm 2015. *Changing the Game: Animal Liberation in the Twenty-first Century* (New York: Lantern).

Piazza J., M. B. Ruby, S. Loughnan, M. Luong, J. Kulik, H. M. Watkins und M. Seigerman 2015. »Rationalizing Meat Consumption. The 4Ns« *Appetite* 91: 114-28.

Piazza, J. und S. Loughnan 2016. »When Meat Gets Personal, Animals' Minds Matter Less: Motivated Use of Intelligence Information in

Judgments of Moral Standing« *Social Psychological and Personality Science* 7(8): 876-84.

Pinker, Stephen 2011. *Gewalt. Eine neue Geschichte der Menschheit* (Frankfurt a.M.: Fischer Verlag).

Potts, Annie 2010. »Vegan Sexuality: Challenging Heteronormative Masculinity through Meat-free Sex« *Feminism & Psychology* 20: 53-72.

Purdy, Chase 2016. »Inside the Battle to Convince America to Eat Meatless Burgers« *Quartz*, 11. Dezember https://qz.com/853332/behind-the-fight-to-convince-people-to-buy-meatless-burgers/.

Regan, Tom 2004/1983. *The Case for Animal Rights* (Oakland: University of California Press).

Rettig, Hillary 2006. *The Lifelong Activist: How to Change the World without Losing Your Way* (New York: Lantern).

——. 2016. »Compromise Isn't Complicity« *Vegan Strategist*, 6. November http://veganstrategist.org/2015/11/06/compromise-isnt-complicity-four-reasons-vegan-activists-should-welcome-reducetarianism-and-one-big-reason-reducetarians-should-go-vegan/.

Reuter, T., J. P. Ziegelmann, A. U. Wiedemann, C. Geiser, S. Lippke, B. Schüz, B. und R. Schwarzer 2010. »Changes in Intentions, Planning, and Self-efficacy Predict Changes in Behaviors: An Application of Latent True Change Modeling« *Journal of Health Psychology* 15: 935-47.

Robbins, James 1992. »How Capitalism Saved the Whales« *Foundation for Economic Education* https://fee.org/articles/how-capitalism-saved-the-whales/.

Rogers, Everett M. 2003. *Diffusion of Innovations: Fourth Edition* (New York: Free Press).

Rosenberg, Marshall 2002. *Gewaltfreie Kommunikation: Aufrichtig und einfühlsam miteinander sprechen* (Paderborn: Junfermann Verlag).

Rothgerber, Hank 2014. »Efforts to Overcome Vegetarian-induced Dissonance among Meat Eaters« *Appetite* 79: 33.

Schwitzgebel, Eric 2013. »The Moral Behaviour of Ethics Professors and the Role of the Philosopher«, Schwitzsplinters.com, 3. September http://schwitzsplinters.blogspot.co.uk/2013/09/the-moral-behavior-of-ethics-professors.html.

Schwitzgebel, Eric und Joshua Rust 2014. »The Moral Behavior of Ethics Professors: Relationships among Self-reported Behavior, Expressed Normative Attitude, and Directly Observed Behaviour« *Philosophical Psychology* 27(3): 1-35.

Serpell, James 1996. *In the Company of Animals: A Study of Human–Animal Relationships* (Cambridge: Cambridge University Press).

Sethu, Harish 2015. »How Many Animals Does a Vegetarian Save?« *Counting Animals,* 16. März www.countinganimals.com/how-many-animals-does-a-vegetarian-save/.

Shore, Randy 2015. »B.C. Companies Thrive as Meatless Eating Goes Mainstream« *Vancouver Sun,* 20. November https://vancouversun.com/business/meatless-eating-goes-mainstream.

Singer, Peter 2006/1990. *Die Befreiung der Tiere* (Erlangen: Harald Fischer Verlag).

——. 2001/1998. *Henry Spira und die Tierrechtsbewegung* (Erlangen: Harald Fischer Verlag).

——. 2015. *The Most Good You Can Do: How Effective Altruism is Changing Ideas about Living Ethically* (New Haven: Yale University Press).

Spiegel, Marjorie 1989. *The Dreaded Comparison: Human and Animal Slavery* (New York: Mirror Books).

Thaler, Richard und Cass Sunstein 2009. *Nudge: Wie man gute Entscheidungen anstößt* (Düsseldorf: Econ Verlag).

Thomson, Lars und Reuben Proctor 2013. *Veganissimo A to Z: A Comprehensive Guide to Identifying and Avoiding Ingredients of Animal Origin in Everyday Products* (New York: The Experiment).

Tuttle, Stacey 2013. »Lincoln Movie—Thoughts on a Compass« *Shepherd Project,* 21. Februar http://shepherdproject.com/lincoln-thoughts-on-a-compass/.

Van Dernoot Lipsky, Linda 2009. *Trauma Stewardship: An Everyday Guide to Caring for Self While Caring for Others* (San Francisco: Berrett-Koehler).

Van Zomeren, M., T. Postmes und R. Spears 2008. »Toward an Integrative Social Identity Model of Collective Action: A Quantitative Research Synthesis of Three Socio-psychological Perspectives« *Psychological Bulletin* 134: 504-35.

Vegan Bros. n.d. »Say This to Convince a Hunter to Go Vegan« http://veganbros.com/hunters-go-vegan/.

VRG 2016. »How Many People Are Vegetarian or Vegan?« *Vegetarian Resource Group* www.vrg.org/nutshell/faq.htm#poll.

Wansink B., and J. Kim 2005. »Bad popcorn in Big Buckets: Portion Size Can Influence Intake as Much as Taste« *Journal of Nutrition Education and Behavior* 37(5): 242-45.

Wicker, A. 1969. »Attitude Versus Actions: The Relationship of Verbal and Overt Behavioral Responses to Attitude Objects« *Journal of Social Issues* 25(4): 41-78.

Williams, Daren 2012. »What's Wrong with Meatless Monday?« *Beltway Beef*, 16. Februar https://beltwaybeef.wordpress.com/category/meatless-monday/.

Williams, Nancy 2008. »Affected Ignorance and Animal Suffering: Why Our Failure to Debate Factory Farming Puts Us at Moral Risk« *Journal of Agricultural and Environmental Ethics* 21(4): 371-84.

Winslow, Gren 2015. »Dropping in on the Animal Rights Movement« *Canadian Cattlemen*, 19. Oktober http://www.canadiancattlemen.ca/2015/10/19/dropping-in-on-the-animal-rights-movement/.

Zane D., J. Irwin und R. Walker Reczek 2015. »Do Less Ethical Consumers Denigrate More Ethical Consumers? The Effect of Willful Ignorance on Judgments of Others« *Journal of Consumer Psychology* 26(3): 337-49.

Zaraska, Marta 2016. *Meathooked: The History and Science of Our 2.5-Million-Year Obsession with Meat* (New York: Basic).

Danksagung

Wie viele Tierrechtsaktivist:innen, die sich für Strategien interessieren, habe ich im Laufe der Jahre an vielen Online- und Offline-Diskussionen und Debatten darüber teilgenommen, was funktioniert, was besser funktioniert und was nicht funktioniert. Ebenfalls habe ich unzählige Artikel, Blogposts und Bücher von vielen Menschen gelesen. Ich werde sicher viele der Menschen vergessen, denen ich für die Prägung meines Denkens zu Dank verpflichtet bin, aber hier ein Versuch, einige von ihnen zu nennen:

Lyra Alves, Matt Ball, Martin Balluch, Brock Bastian, Vincent Berraud, Carolina Bertolaso, Jon Bockman, Lewis Bollard, Maarten Boudry, Stijn Bruers, Wolf Bullman, Angela Carstensen, Chen Cohen, Nick Cooney, Hans Dagevos, Jasmijn De Boo, Helen Duke, John Edmundson, Joe Espinoza, Lucie Evers, Joanne Fairbrother, Bernie Fischlowitz-Roberts, Swayze Foster, Rebecca Fox, Dan Friedman, Bruce Friedrich, Moritz Friedrich, Sarah Gilroy, Caryn Ginsberg, Matthew Glover, Dobrusia Gogloza, Che Green, Lisa Green, Zach Groff, Gabi Helfert, Alex Hershaft, Wayne Hsiung, Louis Jans, Brian Kateman, Andrew Kirschner, Jonathan Leighton, Matt und Phil Letten, Axel Lieber, Jeffrey Lins, Christine Lofgren, Jo-Anne McArthur, Adriano Mannino, Jesse Marks, Ricardo Marques, Eisel Mazard, Suzanne McMillan, Kristina Mering, Pablo Moleman, Mikael Nielsen, Sharon Nuñez, David Olivier, Fouke Ombelet, Heather Patrick, David Pearce, David Pedersen, Kurt Peleman, Jared Piazza, Jacy Reese, Hillary Rettig, Luc Rombaut, Jeff Rosenberg, Hank Rothgerber, Stijn Scholts, Harish Sethu, Paul Shapiro, Allison Smith, Charles Stahler, Kim Stallwood, Eva Supply, Brett Thompson, Seth Tibbott, Brian Tomasik, Gabriele Vaitkevičiūtė, Jose Valle, Wannes Van Giel, Patrick Van Wynsberghe, Michel Vandenbosch, Pieter Vanderwegen, Jef Vervoort, Elaine Vigneault, Jeroen Willemsen und all meinen ehemaligen Kollegen bei EVA. Ich bin auch der Arbeit von Dale Carnegie, Jonathan Haidt, Chip und Dan Heath, Erik Marcus, Colleen Patrick-Goudreau, Norm Phelps, Tom Regan, Peter Singer und vielen anderen zu Dank verpflichtet.

Besonderer Dank gilt nochmals Peter Singer für das Vorwort zur englischen Ausgabe und für lebenslange Inspiration, Sebastian Joy für das deutsche Vorwort und unsere langjährige Freundschaft, Amy Hall-Bailey für die Illustrationen sowie Kathryn Asher, Margaret Chandler, Kristof Dhont, Melanie Joy, Alex Lockwood und Jens Tuider für ihre umfassenden Kommentare zum Manuskript. Martin Rowe, mein Verleger bei Lantern Books, war mir mit seinem akribischen Lektorat und seiner guten Kenntnis der Themen dieses Buches eine unglaubliche Hilfe. Besonders dankbar bin ich auch meiner Partnerin und Mitaktivistin Melanie Jaecques und unserem Rudel von Hunden und Katzen für ihre Unterstützung. Besonderer Dank für die Organisation, Erstellung und Begleitung der deutschen Übersetzung gebührt Jens Tuider, Francesca Zeni und Philipp Derichs von ProVeg International.

Schließlich auch ein großes Dankeschön an Sie für das Lesen dieses Buches und für alles, was Sie tun, um diese Welt zu einem besseren Ort für alle fühlenden Wesen zu machen.

Über den Autor

© ProVeg International, Matthias Schillig

Tobias Leenaert ist langjähriger Referent, Trainer und Stratege. Er ist außerdem Mitbegründer und ehemaliger Direktor der belgischen Organisation EVA (Ethical Vegetarian Alternative), die erste vom Staat geförderte vegetarisch/vegane Organisation. Unter Tobias' Leitung startete EVA eine erfolgreiche Kampagne, die dazu führte, dass die Stadt Gent die erste Stadt überhaupt wurde, die offiziell einen wöchentlichen vegetarischen Tag unterstützt. Zusammen mit Melanie Joy gibt Tobias weltweit Workshops zur veganen Tierrechtsarbeit für das Center of Effective Vegan Advocacy (CEVA). Er ist außerdem Mitbegründer von ProVeg International, einer international führenden Ernährungsorganisation, mit dem Ziel, den weltweiten Konsum tierischer Produkte bis zum Jahr 2040 um 50 Prozent zu verringern. Tobias lebt mit seiner Partnerin, zwei Hunden und sechs Katzen in Gent, Belgien. Er bloggt unter www.veganstrategist.org und freut sich über Ihre Rückmeldungen unter tobias@veganstrategist.org.

Kulturwissenschaft

Michael Thompson
Mülltheorie
Über die Schaffung und Vernichtung von Werten

April 2021, 324 S.,
kart., Dispersionsbindung, 57 SW-Abbildungen
27,00 € (DE), 978-3-8376-5224-6
E-Book:
PDF: 23,99 € (DE), ISBN 978-3-8394-5224-0
EPUB: 23,99 € (DE), ISBN 978-3-7328-5224-6

Erika Fischer-Lichte
Performativität
Eine kulturwissenschaftliche Einführung

April 2021, 274 S., kart., 3 SW-Abbildungen
22,00 € (DE), 978-3-8376-5377-9
E-Book:
PDF: 20,99 € (DE), ISBN 978-3-8394-5377-3

Stephan Günzel
Raum
Eine kulturwissenschaftliche Einführung

2020, 192 S., kart.
20,00 € (DE), 978-3-8376-5217-8
E-Book:
PDF: 17,99 € (DE), ISBN 978-3-8394-5217-2

Leseproben, weitere Informationen und Bestellmöglichkeiten finden Sie unter www.transcript-verlag.de

Kulturwissenschaft

María do Mar Castro Varela, Nikita Dhawan
Postkoloniale Theorie
Eine kritische Einführung

2020, 384 S., kart.
25,00 € (DE), 978-3-8376-5218-5
E-Book:
PDF: 22,99 € (DE), ISBN 978-3-8394-5218-9

Thomas Hecken, Moritz Baßler, Elena Beregow,
Robin Curtis, Heinz Drügh, Mascha Jacobs,
Annekathrin Kohout, Nicolas Pethes, Miriam Zeh (Hg.)
POP
Kultur und Kritik (Jg. 10, 2/2021)

September 2021, 176 S., kart.
16,80 € (DE), 978-3-8376-5394-6
E-Book:
PDF: 16,80 € (DE), ISBN 978-3-8394-5394-0

Marcus Hahn, Frederic Ponten (Hg.)
Deutschland-Analysen
Zeitschrift für Kulturwissenschaften, Heft 2/2020

2020, 240 S., kart., Dispersionsbindung, 23 Farbabbildungen
14,99 € (DE), 978-3-8376-4954-3
E-Book:
PDF: 14,99 € (DE), ISBN 978-3-8394-4954-7

Leseproben, weitere Informationen und Bestellmöglichkeiten finden Sie unter www.transcript-verlag.de